国宝迷踪 Ⅲ

NATIONAL TREASURE
MYSTERIES III

傅小凡　著

文物出版社

图书在版编目（ＣＩＰ）数据

国宝迷踪. Ⅲ ／ 傅小凡著. —— 北京 ： 文物出版社，
2020.7
　　（百家讲坛）
　　ISBN 978-7-5010-6718-3

　　Ⅰ．①国… Ⅱ．①傅… Ⅲ．①文物－考古－中国－通
俗读物 Ⅳ．①K87-49

中国版本图书馆CIP数据核字(2020)第102604号

国宝迷踪Ⅲ

著　　者：傅小凡

选题策划：刘铁巍
责任编辑：张朔婷
责任校对：安艳娇
责任印制：张　丽
封面设计：林大可

出版发行：文物出版社
社　　址：北京市东直门内北小街2号楼
网　　址：http://www.wenwu.com
邮　　箱：web@wenwu.com
经　　销：新华书店
制版印刷：天津图文方嘉印刷有限公司
开　　本：710mm×1000mm　1/16
字　　数：173千字　　图幅数：105幅
印　　张：18.5
版　　次：2020年7月第1版
印　　次：2020年7月第1次印刷
印　　数：1-8000册
书　　号：ISBN 978-7-5010-6718-3
定　　价：68.00元

序

　　《国宝迷踪》第三部，在内容安排、结构设计以及篇章排列顺序上，与第一、二部基本一样，写作与讲述的目的也没有变化。但是，我在整理材料、写作讲稿和录制讲述时，内心的体会与心态与第一、二部相比有了很大的不同，变化的关键是，使命感和责任感更加强烈。

　　我们知道，国宝都是文物。所谓"文物"就是承载着丰富历史信息的古代遗存。然而，无论是价值连城，还是世上唯一，它们都是物，都是死的。因此，国宝的意义不在于国宝本身，而在创造它的人，在于它体现的历史背景，更在于国宝自身承载的精神内涵。可是，死物无语，难以告白。因此，解读这种精神内涵，让它一代代地传下去，就是我制作《国宝迷踪》第三部时，强烈感受到的使命与责任。

　　现如今大力提倡"民族文化自信"，《国宝迷踪》系列也算是应运而生。那么，什么是"文化"呢？其含义众说纷纭。究其根本，文化就是人的生活方式，它包括生产方式、思维方式、情感方式等活的人际关系和精神内容。文化是以人为载体的活动过程，所有的国宝都是这种过程的凝聚和结晶，或者叫"物化"。当文化结晶为物质的存在方式之后，随着时光的流逝，它就成了一个个无语的存在，后人对它们的意义很难理解，它们的价值也就无从体现。因此，需要我们这些学者和老师在严格的科学考古和历史考证的基础之上，将死的文物解读成活的思想，变成我们内心的情感体验，然后再以一种生动形象的方式，娓娓地讲述给听众和读者。如此才能感动后人，薪火相传，让中华民族的精神得以传承。

毫无疑问，很多国宝虽然极其珍贵和重要，但是仅从器物表面很难引起受众的兴趣。为了让观众和读者产生强烈的兴趣，必须介绍国宝产生的宏大历史背景，寻找国宝在流转过程中的离奇故事，描述创造者和收藏家的遭遇和命运。当然，并非所有国宝都具备这些内容，它们各有自己独特的内容，因此意义和价值也就不同。比如，通过《吴王夫差盉之谜》，可以让观众和读者了解作为父亲的吴王夫差对子女的态度，了解春秋时期青铜礼器的类型和制造，了解吴国的历史以及一些民间传说的起源和本来面目；通过《〈十咏图〉之谜》，可以了解作者对父亲的一片深情，以及当时社会对老人的尊敬；通过《〈草书前后赤壁赋〉之谜》和《〈黄州二帖〉之谜》，可以了解古代艺术家空灵的境界和多舛的命运；通过《神秘的马槽》《子龙鼎之谜》和《金编钟之谜》，可以了解国家的命运，民族的危难以及重大的历史变故。

文化是生活方式，是生命过程的创造，因此，传承文化需要以生命为载体，将国宝承载的精神内涵呈现出来，让它成为现代人的精神品质。比如，通过《〈座右自警辞卷〉之谜》，讲述文天祥的爱国主义精神。这种精神具有一种超越性，不受时代和民族的局限。因为，文天祥所忠的君已降，所爱的国已亡，可是他依然在坚守。那么，他究竟在坚守什么呢？我的结论是：一份承诺，忠贞不二。这完全是精神意义的坚守，超越个人利益，超越个体生命，因此也就超越任何王朝和时代，注入中华民族的精神内涵，具有永恒的意义和价值。

再比如，颜真卿的《祭侄文稿》，无论是欣赏字体，还是阅读文本，都让人荡气回肠。通过这件国宝我们不但了解了颜真卿的书法艺术，更让人深切体会到，如何在暴政和死亡面前大义凛然，如何保持人格尊严和英雄气概。这种尊严和气概作为中华民族的精神内涵，需要一代一代地传承下去。

当我整理、写作和讲述此类国宝的时候，我似乎感受到作者内心的痛苦，命运的残酷和历史的悲怆。无论是研读还是讲述，都是与作者心灵的对话和沟通，让古人的精神在我的心灵中鲜活，我被他们的精神深深地打动。只有在此时进行讲述，才有可能感动观众和读者。只有能够感动别人的精神，才会产生影响，只有产生了影响的精神，才可能继续传承下去。

目 录

吴王夫差盉之谜

在上海博物馆的展厅里，陈列着一件制作精美的青铜器，从外表上看，很像我们寻常百姓家使用的茶壶，有壶嘴，有提梁还有壶盖，只是没有把手，却多了三条腿。它高27.8厘米，口径11.7厘米，腹径24.9厘米，大小和我们生活中使用的茶壶差不多，大约有4.3公斤重，作为茶壶的确重了一些。不过，这件青铜器的制作可非同一般，它的提梁设计成一条龙的形状，中间镂空，身上有无数条小龙缠绕，花纹细如发丝，制作极其精美。无论是工艺水平还是艺术价值都非常高，而且历史悠久，距今至少有2400多年了。那么，这件制作如此精美的青铜器究竟是干什么用的呢？对此人们的意见并不一致。

目前，人们普遍接受专家们对上海博物馆陈列的这件青铜器最初的命名"盉"。盉是古人用来温酒或调酒的器具。当然，也有专家提出不同的观点，认为它不是酒具，而是在重大节日和社交活动时，或者贵族在日常生活中洗手时盛水用的器具，不过依然称它为"盉"，显然盉的功能是多样的。

最近又有人提出不同观点，认为它不是盉，而是卣。这位学者的理由是，盉是调酒器，卣是盛酒器。从出土的器物看，盉的后部有"鋬"，也就是茶壶的把手，便于调酒时把持；而卣只有提梁没有鋬。这件青铜器有提梁而没有鋬，因此更符合卣的特点。可是，这位学者忽略了一点，卣固然有提梁没有鋬，同时也没有壶嘴。因此，我还是坚持专家们最初的意见，这个青铜器不是卣而是盉，通俗地说，就是一个没把手的壶。

其实，这件青铜器如果是生活用品，用来做什么都行。就像我们寻常百姓家的壶，可以装酒，可以盛水，也可以泡茶，在饭馆里用来装酱油、醋也很方便。可是，有学者认为，这件青铜器根本不是生活用品，而是祭祀用的礼器，从这件青铜器制作的精美程度和用料的讲究来看，的确有道理。那么，它究竟是生活用品，还是祭祀的礼器呢？这只能通过它的流传过程追溯它的源头，看它最初从哪儿来，也许可以找到答案。

说起这件青铜盉的流传，还真有些传奇色彩。时光倒回到1995年年末的一天，上海博物馆馆长马承源和副馆长汪庆正在香港著名的古董街上逛，他们的目的很明确，就是想在各家的古董店里淘些宝物。当时，新建的上海博物馆刚刚落成，需要添置一些文物，二人这才来到香港。结果逛了一整天没有什么收获，当二人略带失望准备离开的时候，一家古董店里一件锈迹斑斑的青铜器引起了马承源的注意。他走上前去捧起这件青铜器仔细地端详起来。

马承源是国内著名的青铜器鉴定专家，因此，他一眼就看出，这是一件

吴王盉

提梁卣

春秋时期的青铜器，并且认定是盛酒的盉。从器物通体装饰的龙纹看，应该是王公贵族的用具。更令马馆长惊异的是，在青铜盉的肩上，也就是盉口的周边有一圈铭文。马馆长不仅是青铜器专家，也是古文字专家，

铭文

因此稍加辨认就识别出此铭文的内容"敔王夫差吴金铸女子之器吉"。意思是，我王夫差用吴国的青铜为一位女子铸造的青铜器吉利。解读完铭文之后，马馆长不禁大喜过望，天啊！吴王夫差的东西！这可是国宝级的文物啊！

极度兴奋的马馆长来不及认真思考，就决定买下这件青铜器。经过与古董商讨价还价之后，双方最终达成一致，以150万元港币的价格成交。但是，古董商却提出要求，必须在半个月之内付清货款，否则，这件青铜器他就要另做处理了。半个月之内，让马馆长到哪儿去找这150万元港币呢？就在马馆长不知如何是好，可能与这件珍贵的青铜宝贝失之交臂的时候，香港富商、慈善家何鸿章听说了这一消息。问明情况之后，他立刻买下了吴王夫差盉，随后又将这件宝物捐给了上海博物馆。

幸亏爱国商人仗义出手，否则，这件国宝级的文物很有可能流失海外。可是，当进一步追问古董商这件文物的来路时，古董商却根本说不清楚，只知道它曾经在土里埋藏了很久。这岂不是废话，春秋战国时期的青铜器，哪件不是从土里挖出来的。可是，什么时间，在什么地方挖出来的，古董商根本不知道。这一下，线索全断了。没有出土时的基本信息，人们就没有办法判断它的实际用途和功能。那么，这件青铜器究竟是盉还是卣，是生活用品还是祭祀礼器呢？失去了考古线索之后，人们再次把目光集中到吴王夫差盉的铭文上，这可是唯一的线索了。

按照最初对吴王夫差盉铭文的解释，夫差用吴国最好的青铜，专门为一位女子铸造了这件青铜盉。显然，这件盉既不是日常生活用品，也不是祭祀用的礼器，而是吴王夫差专门给一位女子制作的礼物。众所周知，吴王夫差是春秋时期吴国的君主，他为什么要给这位女子制作如此精美的礼物呢？这位神秘的女子又是谁呢？吴王夫差和她究竟是什么关系呢？为了解答这些问题，还是让我们从吴国和越国之间的争霸说起，在这两国争霸的过程中，据说在吴王夫差身边曾经出现过一位神秘的女子。

据《史记》记载，公元前496年，越国第一代国王允常去世，其子勾践即位。吴王阖闾趁越国举行国丧之际，发动战争，攻打越国。可是，信心满满的吴王阖闾不但吃了败仗，而且中箭负伤，回到国内之后不久就咽气了。吴王阖闾临死前对儿子夫差说："不要忘了为我报仇！"阖闾死后，夫差即位。为了报杀父之仇，夫差让大臣伍子胥和伯嚭操练兵马，准备攻打越国。

越王勾践听说吴王夫差日夜练兵，准备发动战争报杀父之仇，就决定先发制人，发兵进攻吴国。大臣范蠡却坚决反对，他说："千万不能这样，臣听说，武器是杀人的凶器，战争违背人类的道德，选择战争解决问题是最下策。暗中做不道德的事，喜欢使用杀人的凶器，这些都会遭到诅咒，对发动战争者极为不利。"可是，越王勾践却说："我已经决定了。"于是发动了对吴国的战争。吴王夫差听说消息之后，立刻亲自率领吴国的全部军队，与越国大军展开决战。

两国军队经过一番惨烈的战斗之后，越国的军队被打败了。越王勾践带着五千多残兵逃到了会稽山，被吴国军队团团包围。面对这种情况，勾践惭愧地对范蠡说："我真后悔没听你的话，落到这步田地，现在该怎么办呢？"范蠡说："只能向吴王求和了。"勾践只好派文种到吴国大营面见吴王，转告自己求和的意愿，并且承诺："句践请为臣，妻为妾。"（《史记》）意思是，只要吴王答应和平，越王勾践愿意对吴王称臣，勾践的妻子情愿做吴王的妾。文种在夫差面前转达了勾践求和的意愿，吴王夫差本来想答应勾践的请求，可是身边的大臣伍子胥却坚决反对，夫差只好拒绝了越王勾践的请求。

遭到拒绝的越王勾践，要"尽杀其妻子，燔其宝器，悉五千人触战，必有当也"（《史记》）。意思是要杀了所有的妻子儿女，焚毁国宝，尽五千人之力与吴国大军决战到死。结果被文种阻止了。文种告诉勾践，他听说吴王夫差的宠臣伯嚭特别贪财好色，决定送一批美女和珍宝给伯嚭，请伯嚭在吴王夫差面前说说好话，接受求和。收受了越国贿赂的伯嚭立刻劝吴王夫差接受越王勾践的请求。吴王夫差听从了伯嚭的劝告，不顾伍子胥的反对，答应了越王勾践的求和。

可是，据《吴越春秋》记载，越国贡献美女的对象不是伯嚭而是吴王夫差。在越国贡献的美女中，有一位美丽的女子名叫西施。她原本是乡下卖柴人的女儿，以在河中浣纱为生，在越国与吴国爆发战争之前，经由一个偶然的机会被范蠡发现。范蠡教她种种礼仪和才艺，因为她的绝世美色，越王勾践将她进贡给了吴王夫差。

据说西施因美貌深受吴王夫差的宠爱，为了博得佳人欢心，夫差特地为西施在吴国的首都，也就是今天的苏州，建造了一座豪华的宫殿。在那里，夫差和西施日夜饮酒欢歌，不再过问朝政。结果越王勾践骗取吴王夫差的信任之后，回到越国。经过三年多时间的卧薪尝胆，东山再起，复国成功，最终灭掉吴国，吴王夫差自尽，西施下落不明。因此，有专家认为这件吴王夫差盉就是当年吴王夫差为西施制作的礼物。

这位专家的理由是，周代的贵族为某位女子铸造青铜器，都会在铭文中标明其姓氏。迄今为止，几乎所有出土的青铜器上的铭文都是如此。但奇怪的是，吴王夫差盉上并没有标明该女子的姓氏，因此这位专家推断，此女子一定是一位平民，因为周代的平民是没有姓氏的。吴王夫差给一位民间女子制作青铜器，这个女子自然非西施莫属了。

可是，据《国语·越语》记载："句践女，女于王。"意思是，越王勾践献给吴王夫差做妾的是自己的亲生女儿，而不是民间的浣纱女西施。据《国语·吴语》记载："句践请盟，一介嫡女，执箕帚以晐姓于王宫。"意思是，勾践请求与吴国结盟，并且将自己和王后所生的女儿献给吴王，让她每天手持清扫工具，侍奉于吴王宫中。这与《史记》中记载的越王勾践让自己的妻子给吴王夫差当妾意思相近，只是将妻子换成了女儿。这显然与《吴越春秋》记载勾践用西施对吴王夫差施美人计根本没有任何关系，更不可能发生吴王夫差宠幸西施，并且铸造青铜盉作为礼物送给西施这种事情。

有学者辩解说，勾践在极度绝望之时，曾经想要"尽杀其妻子"，就是为了避免妻子和女儿被俘受辱，因此，勾践不可能把妻子或者女儿送去侍奉吴王夫差。勾践送给夫差的女子名义上是他和王后生的嫡女，实际上是一位名叫西施的民间女子，目的是为了增加西施在夫差心目中的分量，以表示勾践对夫差的"忠诚"，同时又不让自己的妻子或女儿受辱。

吴王夫差不知是假，以为得到越国公主，非常高兴地说："越贡二女，乃句践之尽忠于吴之证也。"（《吴越春秋》）意思是，越国贡献了两个女子，这是勾践对吴国尽忠的最好证据。从此，吴王夫差不但信任勾践的忠诚，而且完全被西施的美丽所迷惑，中了越王勾践的美人计。可是，《史记》中明明记载"句践请为臣，妻为妾"，那么到底谁的记载更接近历史事实呢？这还得从西施这个人物的真实性说起，因为，她很有可能是个虚构的人物。

有学者坚持认为西施是真实存在的历史人物，为了论证自己的观点，还专门考证了西施最后的下场。据这位学者考证，吴国灭亡之后，西施被杀，而且死得很惨，是被装在皮制的口袋里沉到江中淹死的。可是，人们不禁要问：越国为什么要用沉江的方式，杀害一个为越国报仇雪耻的功臣呢？这个疑点得不到解答，西施这个人物的真实性还是会遭到质疑。

这位学者论证道，越王勾践之所以杀西施，与范蠡在越王勾践复国成功之后离开越国的原因是一样的。因为，越王勾践曾经屈辱地对吴王夫差称臣，让妻子或者女儿给吴王夫差当妾，同时对吴王夫差施行了令人不齿的美人计，这种阴谋诡计一旦泄露出去，必然会影响勾践卧薪尝胆的英雄形象。所以，杀西施就是为了灭口，让勾践屈辱的遭遇和无耻的行径成为永久的秘密。

这种说法，听起来的确有一定的道理。可是，也有学者详细地考证出越王勾践"卧薪尝胆"的故事完全是虚构的。理由如下:其一,卧薪是误传。据《吴越春秋》记载:越王勾践归国之后,励精图治,日夜操劳,"目卧则攻之以蓼"。意思是,困得睁不开眼睛时,用一种辛辣的草刺激眼睛,后人就将"目卧则攻之以蓼"简化为"卧薪"。其二,胆是无法尝的。因为可以悬挂的只能是动物的胆囊,而胆囊并不苦,苦的是胆囊中的胆汁。显然,尝胆并非真尝苦胆,而是吃苦精神的一种比喻。其三,没有史料记载。翻阅春秋战国时期的史料,找不到任何关于勾践卧薪尝胆的事迹。其四,艺术虚构。北宋文学家苏轼在《拟孙权答曹操书》一文中,第一次使用"卧薪尝胆"一语,说的是孙权如何励精图治以防范曹操,这是苏轼的艺术想象,纯属虚构,与勾践毫无关系。

既然卧薪尝胆是虚构的,那么西施这个人物以及美人计,是否也是虚构的呢?《清华大学藏战国竹简》(以下简称《清华竹简》)中的《越公其事》一文,对这个疑点做了很好的回答。《清华竹简》是春秋战国时期楚国的文献,它躲过了秦始皇焚书之灾,比《史记》和《吴越春秋》等历史文献都早,因此,学者们普遍认为《清华竹简》的可信度还是很高的。那么,在《越公其事》中记载的历史与其他历史文献相比,都有哪些不同呢?概括起来主要有以下几点:

第一,越国战败之后还有实力。比如,在文种出发去吴国求和之前,勾践说:"寡人有带甲八千,有旬之粮。"显然,与《史记》等史料中所说的五千残兵不同,不但是八千带甲的武士,而且还有十几天的军粮,说明越国还有一定的实力。其实,春秋时期诸侯国之间的战争规模并不大,八千带甲武士已经是一个不小的数目了。

第二,谈判的态度不同。比如,文种对夫差说:如果接受越国的和平请求,那么越王将率领他的全部人马加盟吴国,吴国因此会更加强大,天下诸侯都会听命于吴王。如果吴王不答应和平的请求,那么,越国将与吴国血战到底。

第三,答应求和的原因不同。吴王夫差之所以答应越国的求和,根本不是因为接受了越国贡献的美女和财富,而是基于几个方面的考虑,其一，吴国虽然取得战争的胜利，但是却损失了一半的兵力；其二，越国虽然打了败仗，但是还保存着相当的军事力量，而且准备决一死战；其三，越国军队并没有被吴国大军围困在会稽山，如果再发动攻势，吴国军队势必付出巨大代价。

第四，双方都做出了让步。既然和平是明智的选择，就不会是越国单方面对吴国的臣服，而吴国也做出了一些改善和让步。比如，吴越之间的战争，主要是因为边境争议。因此在越国表示求和的同时，吴越两国相互都做出了一些调整，边境冲突的状况得到了改善。

第五，没有人质，更没有美人计。既然双方都做出了让步，吴越两国就不是主从关系，更不需要越王勾践夫妻到吴国去做人质了。实际上，吴越两国为了和平盟誓之后，双方就各自撤兵了。勾践既没有做人质，越国也没有给吴王夫差送美女西施。这一来，西施与吴越两国争霸就没有任何关系了。历史上究竟有没有西施这个人，再次受到质疑。

说起西施这个人物，春秋战国时期的历史文献和诸子的著作中都多次提到过她，的确很难否认她的真实存在。但是，西施的故事与吴越两国争霸的故事，至少在西汉之前还没有任何关系。只是到了东汉时期，这两件事情才开始相互联系，并且逐渐融合，最后形成"西施复国"的故事。虽然不能完全否认西施的真实存在，但是《越公其事》作为记载吴越两国关系的早期史料，没有记载西施的任何事迹，显然，西施与吴越两国争霸无关。既然如此，吴王夫差盉就不可能是为西施制作的了。那么，吴王夫差盉的铭文中提到的那位神秘的女子，究竟是谁呢？

面对制作如此精美的青铜器，有学者指出，吴王夫差不可能给一个女子铸造这样的礼器。因为，春秋时期虽然"礼崩乐坏"，致使天子地位下降，礼乐征伐自诸侯出，可是，各诸侯国内部的礼制还存在，甚至很严格。在礼制的约束之下，哪个女子能有如此福分，享用以龙为装饰的器物呢？因此，这位学者得出结论，此青铜盉绝对不可能是给某位女子制作的，用龙为装饰的青铜器只能用于王子一类的贵族，那么这位王子，很有可能就是夫差的儿子。

吴王夫差一共有两个儿子，一个是太子友，一个是王子地。王子地在吴国灭亡之后被勾践流放，此时夫差已死，所以不可能是王子地；而太子友在越国进攻吴国的时候，在战斗中阵亡。因此，这位学者推断，这件青铜盉很可能是夫差为阵亡的太子友制作的。因为，这件青铜盉上的铭文中有"吉器"两个字，所谓"吉器"就是祭祀用品，甚至是陪葬的明器。可是，太子友阵亡的时候，吴王夫差并不在吴国，这又如何解释呢？

这位学者解释道：公元前482年，吴王夫差在黄池（今河南省新乡市封丘县一带）会盟诸侯与晋国争霸。越王勾践乘虚而入，攻打吴国，结果吴国太子友在战斗中阵亡。吴王夫差听说太子阵亡的噩耗之后，非常痛心。可是，会盟诸侯与晋国争霸的事正在进行之中，究竟是撤兵回国征讨越国，还是继续北上会盟诸侯呢？吴王夫差向手下大臣咨询。一位大臣回答：无论是北上还是南下都不利。可是，两害相权取其轻，还应选择继续北上。因为，如果南下，既无法挽回太子友的生命，还让会盟诸侯一事半途而废。听了这番话之后，吴王夫差决定封锁消息，等到争霸之战结束后，再返回吴国找勾践算账。就这样，吴王夫差继续北上，对越王勾践的进攻不理不顾。在北上的过程中，夫差为了排解丧子之痛，命令随行的工匠铸造了这件青铜盉，用于祭奠死去的太子。太子友的身份，完全符合这件器物提梁上的小龙和腹部的龙纹装饰。

可是，吴王夫差盉的铭文中明明说的是"女子"，怎么会成了太子呢？这位学者为了解决这个矛盾，将铭文的语序做了调整，结果就成了这个样子："敢王夫差吴金铸，吉器之子女"，意思是，吴王夫差用吴国的青铜，铸造吉器给自己的子女，因为，吴王夫差不但纪念自己战死的太子，还捎带纪念早夭的女儿。

这位学者的观点虽然很有道理，但是，他最大的问题是对铭文语序随意的颠倒。仔细分辨铭文，可以发现这十二个字在书写时是首尾相衔的，汉字书写有方向，如果从上往下写，就会首尾相衔，这既是书写的顺序，也是阅读的顺序，更是词意的逻辑关系。因此，"女子之器吉"

是不能颠倒为"吉器之子女"的。尤其是"器吉"，颠倒为"吉器"，意思就完全变了。从美好的祝福，变成了陪葬的明器。

变化语序铭文

其实，早在吴王夫差盉被上海博物馆收藏之后不久，就有学者对这十二个字的铭文做出了比较合理的解释，却没有引起人们足够的重视，因此才会产生争议。这位学者认为，古人对自己的孩子，无论男女，都称"子"，儿子称"男子"，女儿称"女子"。一般王公贵族的女儿出嫁时，父亲都会给女儿制作礼物，并且铸有铭文。因此，这位学者将"敆王夫差吴金铸女子器吉"解释为：吴王夫差选用吴国的青铜，为自己的女儿铸造了这件青铜盉，并且寄予美好的祝福。根据这位学者的解释，这位"女子"就不是某个神秘的女人，而是吴王夫差自己的亲生女儿。我完全赞同这个观点，这件青铜盉就是吴王夫差给自己的女儿制作的。吴王夫差有三个女儿，那么，这件青铜盉，究竟是为哪个女儿制作的呢？

吴王夫差的大女儿叫琼姬。据《吴郡志》记载："晏子娶吴王女。"晏子就是晏婴，春秋时期齐国的政治家、外交家。可是，据我考证这根本不可能。晏婴死于公元前 500 年，终年 78 岁；夫差于公元前 495 年即位时才三十三岁，此时晏婴已经去世五年。显然，晏子与吴王夫差根本不是同时代人，所以，吴王夫差的大女儿琼姬不可能嫁给晏婴。不过，苏州一带有这样的民间传说，当越国的军队兵临城下的时候，夫差为了保命，准备将女儿琼姬作为礼物送给勾践请罪求和。琼姬听说消息之后，痛不欲生，投湖自尽了。后人为了纪念琼姬，就将这个湖命名为"琼姬湖"，久而久之读走了音，就读成"金鸡湖"了。

吴王夫差的小女儿叫玉姬。据《太平广记》记载，玉姬十八岁的时候，与一个名叫韩重的十九岁少年相爱，并且私订终身。韩重要离开吴国，到当时学术水平最高的齐国和鲁国去读书，临行前请自己的父母到吴王那里去求婚。可是，吴王一听却大怒，根本不同意这桩婚事。结果"玉姬气死，葬阊门外"，意思是，玉姬非常难过，最终抑郁而死。吴王夫差觉得玉姬丢了自己的面子，因此将玉姬草草地葬在了苏州城的西门外。

那么，吴王夫差盉究竟是给哪个女儿制作的呢？前文我们说过，王公贵族在女儿出嫁的时候，父亲都会给女儿制作礼物作为嫁妆，并且铸有铭文，但一般情况之下，都会标明女儿的姓氏。可是，吴王夫差盉的铭文中却没有女儿的姓氏，显然，用"吉"字表达父亲美好祝福的青铜盉也许并不是嫁妆。因为，吴王夫差的两个女儿都没有嫁人，而且都是自杀身亡。那么，这件并非嫁妆的礼物究竟是送给谁的呢？大女儿自杀不久，夫差也自杀了，所以完全可以排除；小女儿死后草草而埋，似乎也不太可能，那么这件吴王夫差盉究竟为谁而作，这就得等待考古新发现提供进一步的证据了。

《簪花仕女图》之谜

在辽宁省博物馆内，收藏着一幅古代绘画作品，名叫《簪花仕女图》，此画绢本设色，纵46厘米，横180厘米，画面描绘仕女的生活场景。所谓"仕女"有两个意思：一是古代贵族和官宦家的女子，二是美丽聪慧的女子。她们是历代画家热衷塑造的美女形象，从而构成中国画的一个重要类别——仕女画，《簪花仕女图》就是此类绘画的典型。此画描绘了五位浓妆艳服的贵族女子和一位手持扇子的女侍者在幽静空旷的庭院里嬉戏玩乐的场景，形象极为生动。《簪花仕女图》是世界范围内唯一认定的唐代仕女画传世的孤本，不仅具有唯一性，而且代表了唐代绘画的现实主义风格，其艺术价值非常高。可是，这幅稀世珍宝却差一点毁于战火或流失民间。究竟是怎么回事呢？这还得从清朝废帝溥仪说起。

1911年10月10日，辛亥革命爆发，末代皇帝溥仪年仅六岁尚未亲政，只好由隆裕太后于宣统三年，即1911年12月25日，颁布退位诏书，宣告统治中国268年的大清王朝彻底灭亡。民国临时政府答应给予清室以"优待条件"，其中一项重要的内容是每年拨款400万两白银，后改为400万元大洋，供给清皇室，废帝溥仪及皇室成员暂时居住在紫禁城内。

从此，北京有个中央政府，紫禁城内还存在着个小朝廷，这种怪现象维持了很久。小朝廷的内外事务由内务府打理，皇室成员依然排场不减，过着享乐的生活。每逢节庆之日，废帝溥仪赏赐依旧。虽然为了缩减开支，遣散过宫女和太监，但仍然入不敷出。更严重的问题是，紫禁城内的收藏品不计其数，可是，皇宫内管理混乱，上至溥仪，下到太监、宫女，盗卖珍宝的事情不断发生。而且，内务府官员监守自盗，皇宫的收藏品流失无数。

其中，废帝溥仪是最大的盗贼，而且方法非常简单。溥仪让他的弟弟溥杰和溥佳进宫陪他读书，溥仪将内府收藏的字画以"恩赐"的名义赏给两个弟弟，然后让他们利用放学的机会，用黄绫包裹带出紫禁城。直到1924年11月，清皇室成员被赶出皇宫为止，溥仪与他的兄弟合伙盗走了将近1200件宫中收藏品，《簪花仕女图》就是其中之一。

盗运出宫的书画起初存放在醇王府内。1925年，在日本人的协助下，这批书画被运到天津，溥仪先后将它们藏在日租界的张园和静园内。1934年，溥仪到长春做了伪满洲国的皇帝，这批书画被运到长春，收藏在伪皇宫的小白楼内。所谓"小白楼"是日本人为溥仪修建的保存善本图书及古玩字画的库房，里边的收藏品总数大约1300多件，对外号称"图书馆"。

1945年8月，日本宣布战败投降之前，日本关东军司令决定将伪满洲国的首都迁到吉林通化。溥仪于1945年8月12日离开了长春，一行六十辆大车，浩浩荡荡沿着长春通往通化县的大道撤离，当他们到达鸭绿江上游的大栗子沟时无路可走了，只好暂时留在大栗子沟，等待时局的变化，再决定下一步的行动。

可是，溥仪一行人很多，"伪满皇帝"的谱还得摆，因此每天的开支相当大。伪满洲国的货币此时如同废纸，只好拿出随身携带的珠宝和名贵书画交换生活用品。古代名人书画虽然是无价之宝，可是在战乱时代和逃亡的路上，一来有钱人不识货，二来识货人没有钱，因此，这些无价之宝，只能以最低廉的价格出手。

在走投无路的情况之下，溥仪最后决定将随行人员全部遣散，自己带着几个亲信离开大栗子沟，临行前将随身携带的古物、字画和一些珠宝都送给了被遣散的人员。这些被遣散的人员辗转来到吉林省临江县（今吉林省临江市）的一家公寓住下。不久，东北民主联军进驻临江县，发现了这些人和他们手中的宫中收藏品，于是将这些人手中的宫中收藏品全部没收。

后来国共两党内战爆发，东北民主联军将这些宫中收藏品交给当时的东北银行保管。东北解放之后，东北银行又将这些宫中收藏品转交给

簪花仕女图

了东北博物馆，也就是今天的辽宁省博物馆。杨仁恺先生就是在这批宫中收藏品中发现了一幅《仕女图》，经过仔细辨认，确定是唐代画家周昉的作品，因为此图并没有题目，杨先生根据图中每位仕女头上都簪着鲜花，就将此图命名为《簪花仕女图》，现在此图已经成了辽宁省博物馆的镇馆之宝。《簪花仕女图》被辽宁省博物馆收藏之后，对这幅画的研究也相继展开。随着研究的深入，关于此画的疑点也越来越多。

首先，是关于此画的作者。画面上并没有作者的落款和钤印，人们凭什么确认它是周昉的作品呢？《宣和画谱》著录有周昉的《游春仕女图》《游行仕女图》《游戏仕女图》《玩鹤仕女图》等十一幅以表达仕女为主题的作品，可是，没有具体内容介绍，因此，根本无法确认其中哪一幅是我们今天看到的《簪花仕女图》。不过，在《石渠宝笈》中却明确记载，清宫内府收藏了一幅唐代周昉的《仕女图》。杨仁恺先生当初就是根据《石渠宝笈》的记载，知道清宫内府有周昉的《仕女图》，这幅《簪花仕女图》又是从皇宫中流失出去的，便将其确认为周昉的作品。令人不解的是，《石渠宝笈》是清朝乾隆、嘉庆年间的文献，它的编撰者又是根据什么确认清宫内府收藏的《仕女图》是周昉的作品呢？

　　许多学者在讨论《簪花仕女图》的流传过程时都认为，第一个指认此图作者的人是号称清初大收藏家的安岐，而《石渠宝笈》的依据正是安岐的观点。说起安岐，这可是个富有传奇色彩的人物。他生活在康熙、雍正和乾隆三朝，在所谓的"康乾盛世"的太平岁月里先后在天津、扬州等地经营盐业，因而富甲天下。经商发了大财之后，安岐开始附庸风雅地玩起了收藏。由于有钱，出手特别阔绰，因此能够到处搜集名人翰墨，只要他认为是精品，一定会重金收购。安岐钱多不怕打眼，在古董市场中摸爬滚打久了，练就了一副好眼力，鉴赏文物的水平极高。就这样，经过四十多年的积累，安岐成了清初著名的大收藏家。

　　安岐晚年将他的收藏编入《墨缘汇观》，所收录的古代书画作品，从东晋顾恺之的绘画到明朝董其昌的墨宝，可以说是应有尽有，并且记述了作品的内容、名人的题识、钤印和收藏经过。在《墨缘汇观》中就有一幅周昉的《仕女图》。后来，安岐收藏的精品大都进入了清宫内府，成为皇室的收藏。因此，《石渠宝笈》的编录者在著录清宫内府收藏品的时候，就沿袭了安岐的说法，认定这幅《仕女图》就是周昉的作品。

　　可是，安岐是朝鲜人，他最初的身份是康熙年间朝中重臣纳兰明珠的家奴，起初在纳兰明珠家做杂役，后来凭着自己的聪明才智，得到纳兰明珠的赏识之后入了旗。几年后，安岐开始经商，可是清朝政府规定，旗人不能经营盐业，所以安岐就一直以朝鲜人自称。一个家奴要经商哪来的资本呢？其实，安岐只是个经理人，真正的老板是纳兰明珠。

说起纳兰明珠，这可是康熙王朝一位不得了的人物，他是努尔哈赤第十二个儿子英亲王阿济格的女婿，精通满汉文化，做事干练，对人热情，能言善辩，并且早年为官还算正直。他担任内阁大臣的十几年中，在撤三藩、收复台湾、抵御沙俄入侵等重大事件上都起到了关键性的作用。不过后来，也利用康熙皇帝的信任，独揽朝政，权倾朝野，贪财纳贿，卖官鬻爵。纳兰明珠最后倒台时被抄家，却没抄出什么财产，人们一直为此感到困惑。其实，精明的纳兰明珠早就把财富藏匿或转移了。安岐经商的资本就是纳兰明珠生前藏匿起来或者转移到安岐名下的巨额财富。

安岐以家奴的身份为主子经商，而且主要经营盐业。这样的出身和社会地位，不可能有深厚的学养和艺术品位。经商发财之后，他热衷于收藏名人字画和各类古玩，虽然收藏品颇丰，但他不是艺术家，充其量是一个古玩收藏家。鉴赏古物的真伪，把握文物的价格和行情，他非常在行。但是，收藏家与艺术家之间是有本质区别的。安岐将这幅《簪花仕女图》认定为唐朝大画家周昉的作品，依据是什么呢？我带着这个疑问查阅了安岐著录的《墨缘汇观》，让我感到意外的是，其中并没有任何与周昉的《仕女图》有关的著录。

显然，《簪花仕女图》并不是通过安岐的收藏而转入清宫的。那么，杨仁恺先生根据什么认定《簪花仕女图》是唐朝画家周昉的作品呢？杨先生为此多次写论文论证自己的观点，不过并非直接论证此画的作者是谁，而是论证此画创作的年代。作品与作者之间很难找到直接证据，可是根据画面的内容和风格，大致可以推断此画创作的年代。杨先生主要从以下几个方面论证《簪花仕女图》的创作年代：

第一，根据画面表现的贵族妇女的生活特征来确定年代。通过《簪花仕女图》的描绘，可以体会到画面表现的是宫廷贵族仕女的生活，一个个浓妆艳抹，衣着华贵，体态丰腴，闲来无事，整天嬉戏玩乐，过着奢靡的生活。这一切与唐德宗贞元时期崇尚奢靡的风气完全符合。

第二，用绘画作品《引路菩萨图》佐证年代。《引路菩萨图》是中唐时期的作品，这幅绘画作品从敦煌莫高窟藏经洞中流失，现收藏于英国伦敦大英博物馆。在这幅图的右下角，有一位妇人的形象，与《簪花仕女图》中的妇女形象极为相似。

第三，对比唐代仕女画中的化妆推断年代。《簪花仕女图》中的仕女，其"短眉""娥眉"和"八字眉"都是中唐时期的典型妆容，仕女梳的高发髻是中唐时期妇女典型的发型，发髻上插的步摇钗也是中唐时期特有的首饰。

第四，用图中出现的动物、植物证明年代。《簪花仕女图》中出现的动物名叫猁子，这是中唐时期从西域引入中原的宠物狗；图中出现的牡丹花也是在中唐时期开始在长安地区广泛种植的花卉；还有画面中的人物使用的折枝团扇，家养的丹顶鹤，都是中唐时期长安城的风气。

第五，分析作品的艺术特色来推断年代。杨先生认为，此图的绘画技法，特别是敷色技术、图案绘制、花卉画法尚不成熟，而且有着强烈的写实风格，这些都是中唐时期绘画的特征。以上观点被人们概括为"中唐说"。

那么，如果此说成立，就能够证明《簪花仕女图》的作

引路菩萨图

仕女眉毛

猧子

者是周昉吗？或者说，只要确认此图是中唐时期的作品，就能间接地证明此图是周昉所绘吗？这就得说说周昉这个人了。

周昉，字景玄，京兆（即今陕西西安）人，生卒年不详。不过，通过与他交往的同时代人，完全可以判定他生活的具体年代。周昉出身于官宦之家，是一位公子哥，因此交往的都是一些达官贵人。后来，他还曾经担任过节度使。唐代的节度使地位很高，权力很大，往往是封疆大吏，朝中重臣。可是，担任节度使的周昉却有自己的爱好，"学画穷丹青之妙"（《太平广记·周昉传》），意思是，学习绘画达到最高水平。显然，这位节度使有些不务正业，却因此名声很大。有一天，他的哥哥周晧找上门来，有事要求弟弟周昉帮忙。

周昉的哥哥周晧的为人与周昉完全不同，他擅长骑马射箭，曾随同大将哥舒翰远征吐蕃（即今天的西藏），并且收复了石堡城（即今青海省湟源县日月山城）。周晧因为立了战功，回来之后被提拔为执金吾，也就是皇帝警卫部队的首领，掌管京都的治安，因此有机会经常与皇帝交往。当时的皇帝是唐德宗李适，正在修建章敬寺，有一天李适召见周晧，对他说："爱卿，听说你的弟弟周昉擅长绘画，我想请他给章敬寺绘制一幅神像，你去告诉他。"为了满足皇帝的要求，哥哥周晧上门求弟弟周昉给皇帝画画。周昉虽然答应了，可是几天过去了，却不见动静，显然周昉这是在摆谱。德宗皇帝只好让周晧再去请，周昉这才开始给章敬寺画神像。皇帝请画神像，得请两次才动笔，这谱可真够大的！

之所以谱大，是因为周昉被称作"天下第一"。不过，这个天下第一，当得还真不容易。比如，当周昉将神像的底稿画好之后，就把它挂在寺院的墙上，自己躲在墙壁后面听观画人的议论。章敬寺就在京城，离皇宫很近，到寺里烧香的人很多，而且社会各阶层的人都有，因此，对周昉画的神像的评价不可能一致。有人说好，有人说不好，有人甚至可以挑出具体的毛病。周昉躲在墙壁之后，将这些意见一一记下，然后加以改正。经过一个多月的修改，再也没有人说周昉画的神像不好了，周昉这才"下笔成之，为当代第一"。

这事让郭子仪将军听说之后，就请周昉给他的女婿赵纵画像。说起郭子仪，大家应该听说过，他曾经在平定"安史之乱"的战争中，为大唐王朝立下汗马功劳。郭子仪很喜欢他的女婿赵纵，据说赵纵长得非常帅，郭子仪曾经请画家韩干给赵纵画过一幅像。虽然大家都说画得好，可是，郭子仪却总觉得不太满意，于是再请周昉给他女婿画一幅像。画完之后，郭子仪将两张画像放在一块儿，让人们评价哪幅画得更好。韩干和周昉在当时都是最有名气的画家，他们两个人的作品，一般人是区别不出来谁画得更好的。

这个时候，郭子仪的女儿，即赵纵的夫人回来了，郭子仪就问女儿："这两幅像画的是谁啊？"赵夫人回答说："这还用问，是我丈夫啊。"郭子仪问："那么，哪幅画最像呢？"赵夫人回答："两幅都很像。但是，第二幅更好。"郭子仪问："为什么这样说呢？"赵夫人回答说："前一幅只画出了我丈夫的容貌，后一幅将我丈夫的神态、表情、说笑的姿态都画出来了。"郭子仪问身边的人："后一幅是谁画的？"身边的人回答："是周昉画的。"于是，郭子仪让人给周昉送去几百匹锦彩，以表示谢意。这个故事说明，周昉画人物善于表现神态，的确可以称之为"天下第一"。

据说，周昉每次画完人物或者神佛的像之后，都会梦见这些人物或者神佛，人们都说周昉有通神的能力，因此画得好。其实，这是艺术创作中的一种现象。当一位艺术家在画人物的时候，必须全身心投入，达到与所画人物神交的程度，把握人物的精神世界，这才能画好笔下的人物。周昉就是这样的艺术家，因此他画的人物画非常受欢迎。比如，贞元末年，朝鲜半岛东南部有个新罗国，一位新罗国人来到江淮一带经商，回国时用高价收购了周昉的几十卷作品，说明周昉的绘画不但水平高，而且受欢迎。以周昉的绘画水平，《簪花仕女图》的作者一定是非他莫属了。

可是，如果《簪花仕女图》的作者是周昉，那为什么在画上留下最早收藏印记的是南宋绍兴年间的高宗皇帝赵构呢？此时距离周昉生活的中唐时期已将近三百年，在这段时间里，关于这幅画的行踪没有任何著录。在《宣和画谱》中，虽然记载了周昉的十一幅以仕女为主题的作品，可是无法证明其中哪一幅是《簪花仕女图》。到了南宋后期，此图被宰相贾似道收藏，从此下落不明。整个元代与明代，此图的流传完全是空白的，四百多年不见踪影，不但没有著录文献，也没有收藏印记。直到清代初年，此画突然出现，后于乾隆年间被收入清宫内府。面对这些疑点，开始有人否定杨先生的"中唐说"。

反对"中唐说"的学者，首先引用《引路菩萨图》的盗取者斯坦因的观点，认为此画是五代时期的作品，但是并没有提供有力的证据。然后，这位学者又参考各类文献，从服饰、发髻式样到簪花形象等方面论证，最终将《簪花仕女图》的创作时间，定位于中晚唐时期。

这种观点得到许多学者的认同，并且通过对此画艺术风格的分析来寻求支持。其中有学者认为，《簪花仕女图》的笔法细腻中带拙朴，绢的质地和色泽也比较古旧，画法自然生动，显然不是摹本；综合画中仕女的形象、服饰以及艺术风格来看，《簪花仕女图》应该属于中晚唐时期的作品。

还有学者将《簪花仕女图》与《韩熙载夜宴图》《阆苑女仙图》和《瑶台步月图》中的仕女的脸形和体形，进行对比分析，最终得出结论，《簪花仕女图》中的仕女，脸形和体形都明显大于五代和宋代的仕女形象，具有典型的中晚唐仕女画的特征。

还有学者认为，画面上的人物大小不同，比如，主大仆小，近大远小。用主大仆小表示人物关系，至少在西汉就已经出现；用近大远小表示透视关系，到北朝时期才出现。那么，在一个画面中同时表现这两种比例关系，只有中晚唐时期才有可能，因此认定此画是中晚唐时期的作品。以上种种观点，被称之为"中晚唐说"。

我个人认为，无论是"中唐说"，还是"中晚唐说"，都在逻辑上存在着一个致命的问题，就是用来支持自己观点的证据本身存在着争议。比如，《引路菩萨图》有人认为是唐代作品，有人认为是五代的作品。况且，艺术风格、审美情趣、社会风俗的界限是很模糊的，在不同的时代，它们会交替出现。所以，这些内容是不能用来断代的；同理，通过这些内容寻找否定"中唐说"和"中晚唐说"的证据，也是很容易的。

比如，有学者提出《簪花仕女图》创作于五代的南唐时期，他的理由有三：其一，画中仕女的发型与南唐陵墓中出土的女俑的发型很相似；

《簪花仕女图》和《引路菩萨图》中的仕女比较

宫中图

其二，画中仕女的打扮和装束，与陆游对南唐后主大周皇后的描述，可以相互印证；其三，画中的仕女身上穿着纱衣，表明是夏天，可是画面上却盛开着玉兰花，表明是春天。纱衣与玉兰花同时出现，只能是江南而不是长安。

再比如，有学者将《簪花仕女图》与《引路菩萨图》加以比较，认为二者之间没有共同点。他的理由是，这两幅画中的仕女虽然都穿宽衣大袖，可是一个穿的是日常生活的服装，一个穿的是宗教场合的礼服，不存在可比性。并且指出，《引路菩萨图》中使用的花钗，是唐代妇女普遍使用的首饰模式；而《簪花仕女图》中使用的花钗，与南唐陵墓出土的花钗样式相似。因此得出结论，《簪花仕女图》是南唐时期的作品。

否定了"中唐说"，《簪花仕女图》的作者自然就不可能是周昉了！那么，《簪花仕女图》的作者究竟是谁呢？人们开始为《簪花仕女图》寻找其他作者。既然认为它是南唐时期的作品，那么作者就只能是南唐画家。于是，有人将《簪花仕女图》与南唐画家周文矩的《宫中图》进行比较。通过比较人们发现，两图中的仕女，都在翘起的发髻上插着一朵鲜花，恰恰与南唐后主大周后的装束一样。因此得出结论，《簪花仕女图》的作者，很可能是南唐画家周文矩。

可是，无论是中唐的贞元末年，还是唐朝晚期或者南唐晚期，都与南宋高宗的绍兴年间相距很远。因此，这三种观点面对着共同的疑点，那就是《簪花仕女图》自中唐、晚唐经五代，越北宋到南宋绍兴年间，

为什么几百年没有任何流传记录。这个疑点不解释清楚，这三种说法都很难成立。因此，有人提出《簪花仕女图》很有可能是北宋年间创作的。

虽然持此观点的人只有沈从文，但是他却言之凿凿。他认为《簪花仕女图》表现的是"太真出浴"和"纳凉"的主题，所谓"太真"就是杨贵妃，人物虽然是唐代的，但是，表现杨贵妃出浴纳凉的主题，只有在宋代才比较流行。沈从文先生对图中仕女头上簪的花作了考证，认为头上簪鲜花是北宋时期的时尚。

可是，如果沈先生的观点成立，那么《簪花仕女图》的作者又会是谁呢？沈先生的结论是，《簪花仕女图》是宋朝人用宋朝的风俗绘制唐朝的故事，或者根据唐朝的作品加以修改和增饰的结果。他尤其指出，倒数第二个女子的金项圈附于衣服之外，这种式样在唐宋时期是没有的，只有清初的贵族妇女才会经常使用。沈先生因此得出结论，这个金项圈，很有可能是清朝画工随意增加的。也就是说，《簪花仕女图》已经不是最初创作的原貌了，它的创作年代和作者将成为永久

戴项圈仕女

的谜。

　　其实，判断《簪花仕女图》创作年代比较有力的证据是古人的评价，因为他们离周昉的年代比较近。比如，北宋《宣和画谱》的编撰者评价周昉的作品时是这样说的："昉画妇女多为丰厚态度者，亦是一敝。"意思是，周昉画的仕女，大多身材肥胖，是他作品的一大缺陷。可是，这位作者又为周昉辩解道：周昉是贵族子弟，经常见到的贵族女子的体态都比较肥胖，因为，关中的妇人纤弱者太少。这也回答了唐代贵族为什么以胖为美的原因：一来贵族生活富贵、悠闲；二来大唐王朝首都地处西北高原，这里的女子相貌粗壮，再加上唐朝贵族本来就有北方游牧民族的血统，因此，以胖为美就很正常了。

　　当然，更有力的证据是对此画使用材料的分析。1972年，《簪花仕女图》被送到故宫博物院重新装裱时发现，它不是一块完整的绢，而是由三块绢拼接而成，有人认为这幅画原本可能是三幅，后来组合在一起，其实，用几块绢拼接成一幅画，这是初唐和中唐时期普遍使用的方式。比如，初唐时期的作品《历代帝王图》，也是绢本设色，就是由六块绢拼接而成。所以，《簪花仕女图》的用料证明，它毫无疑问是中唐时期的作品，以此画所达到的艺术水平看，它的作者只能是中唐绘画艺术大师周昉。

《草书前后赤壁赋》之谜

在上海博物馆的展厅里，陈列着一幅大型书法艺术作品《草书前后赤壁赋》，它是明朝著名书法艺术家祝允明用狂草书写的北宋大文豪苏轼的《前后赤壁赋》。此作品纵 31.3 厘米，横 1001.7 厘米，从书法艺术作品的规模看，的确可以称之为鸿篇巨制。苏轼和祝允明都是文学家和大书法家，一个生活在北宋，一个生活在明朝，两个人之间相距四百多年。为什么祝允明要用狂草书写苏轼的《前后赤壁赋》呢？《前后赤壁赋》究竟靠什么力量打动了祝允明，让这位大书法家创作出这样一篇绝世之作呢？为了回答这些问题，还是先从苏轼的《前后赤壁赋》说起。

北宋元丰五年七月的一天晚上，苏轼和几位客人一起乘一叶扁舟，在黄州（今湖北省黄冈市）城外的江面上饮酒、赋诗、赏月。这天晚上，天空晴朗，景色宜人。当船行驶到黄州城西北的江面上时，岸边一座悬崖峭壁出现在眼前，月光之下格外的雄伟壮观。苏轼就问船工，这是什么地方，船工回答："赤鼻矶。""赤鼻"就是红色的鼻子，"矶"就是江岸边突出的岩石。出生于蜀地眉州（即今四川省眉山市）的苏轼和船中的客人们都将"赤鼻矶"听成了"赤壁"，就以为这里就是三国时期吴国都督周瑜，火烧曹操百万大军的赤壁古战场。

可是，三国时期压根就没有发生过所谓的"赤壁之战"，又何来的古战场呢？按照《三国演义》的作者描述，双方投入的兵力加在一起超过一百万，并且说赤壁大战之后，三分天下的局面和三国鼎立的态势终于形成了。那么，历史意义如此重要的一次战役，在历史著作《三国志》中为什么只字不提呢？其实，曹操南下进攻东吴时，大军遇到瘟疫蔓延，曹操只好下令撤兵了，根本没有发生任何大的战事。不过，江上有没有古战场，这儿是赤壁还是赤鼻矶，此时已经不重要了。

此时，月亮升起了，清风缓缓吹来，平静的江面上，波光粼粼。这一天是七月十六日，月亮特别的圆，月光也特别的亮。苏轼和客人们举杯同饮，仰望明月，吟诵《诗经》中的篇章，船上的人都沉浸在诗的意境中。月光下的江面雾气笼罩，波光与星空连成一片。

小船轻轻地如芦苇一般，在雾茫茫的江面上漂浮，像要凌空飞去，却不知会停留在何方；船中的人觉得体态飘逸起来，似乎要飞离尘世，升入仙境。几杯酒下肚，苏轼格外地兴奋，敲着船舷唱起歌来，歌词的大意是："用桂枝做棹，以兰木为桨，划过清澈的江水，穿越粼粼的波光。情意深长，思念佳人在远方。"

歌声未落，船中的一位客人吹起了洞箫。箫声呜咽，如泣如诉，余音袅袅，延绵不断。动心之处，令深渊中的蛟龙起舞，催孤舟上的寡妇落泪。苏轼不禁也感伤起来，整理衣襟，端正坐好，问吹箫的客人："你的箫声为什么如此悲切？"客人回答："'月明星稀，乌鹊南飞'，这不是曹孟德的诗吗？向西望是夏口，朝东看是武昌，其间山峦起伏，江水苍茫，这不正是当年周公瑾打败曹孟德的地方吗？当年曹孟德夺取荆州，攻破江陵，顺江而下，战船连千里，旌旗蔽长空，'酾酒临江，横槊赋诗'，是何等的英雄豪气！可如今这一切，又都在哪儿呢？想想我等，在江中打鱼，在沙洲砍柴，与麋鹿为友，以鱼虾为伴，驾一叶扁舟，举杯劝酒；好像昆虫寄生在天地之间，渺如沧海之一粟；哀叹生命短暂，羡慕江水无穷。多希望与神仙一起遨游，与明月一同长存啊！可是我知道，此景难再，不可重现，因此将箫声寄托于悲凉的秋风。"

苏轼听完客人这番话之后，微笑着劝道："你看今夜的江水和月亮多美啊！水不停地流逝，可是江却一直存在；月亮总有圆缺，但终究没有增减。万物都在变化，天地间的一切，转瞬即逝；万物又都不变，一直与我们同在，何必羡慕它们呢！更何况，天地之间，万物有主，不属于你我者，一丝一毫也得不到。可是，这江上的清风，山间的明月，耳听才成其为声音，眼见方有其颜色，只因有你我存在，才会有这一切，而且取之不尽，用之不竭。这才是大自然无尽的宝藏，让我们一起共享吧！"

这位客人听了苏轼这番话之后，欣慰地笑了，立刻用江水清洗酒杯，

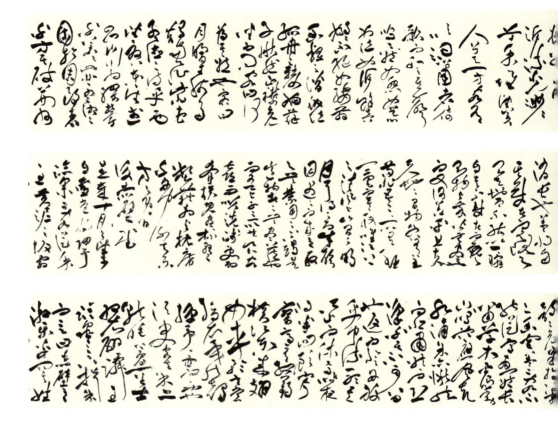

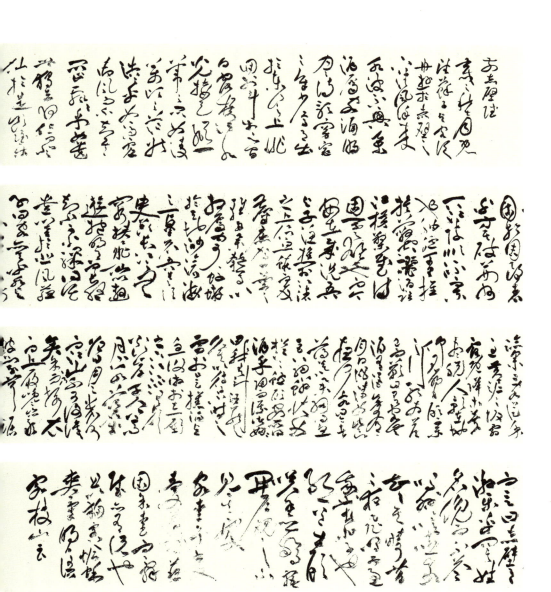

草书前后赤壁赋

继续互相斟酒，再次开怀畅饮。最后，酒喝光了，菜肴和果品都吃完了，人也全都醉了。小船中一片狼藉，人们互相枕着、靠着进入梦乡。不知不觉，东方泛白，天渐渐地亮了。苏轼回到住处，将这天晚上的美景、意境和感悟，一挥而就，写成千古名篇《赤壁赋》。

三个月之后，也就是这一年的十月十五日晚上，苏轼再次来到赤鼻矶，可是这次的情况与上次却完全不同了。发生什么事了呢？其实，什么事也没有发生，只是时过境迁。这天晚上，苏轼从雪堂出来，要回临皋亭，也就是临皋驿站，这里是苏轼被贬黄州时的寓所。

苏轼将破败的临皋驿站修葺之后，由于生活困难，为了贴补家用，在临皋驿站对面的山坡上，开垦了一块田地。因为，这块地在驿站东面的山坡之上，因此人称"东坡"，从此，苏轼自称"东坡居士"。东坡上的田地开垦好之后，苏轼又在田地的旁边修建了一间草屋。草屋修建好时，恰好天降大雪，苏轼就给这间草屋起了个名字叫"雪堂"。

这一天，苏轼从雪堂出来回临皋驿站，身后跟着两位客人，顺山路往下走时，苏轼看到草上结着霜，树叶全都凋落了。低头看地上投下的身影，抬头望天空明月高悬。环顾四周，一片初冬时的月下景色，苏轼觉得心情格外舒畅，于是一边走一边吟诗，并且与客人相互以诗对答。

吟完诗之后，苏轼叹惜地说："有客人没有酒，有酒却没有菜。月色皎洁，清风吹拂，如此美好的夜晚，岂不可惜啊？"一位客人说："今天傍晚，我撒网捕到了一条鱼，大嘴细鳞，就像吴淞江中的鲈鱼。不过，到哪儿去弄酒呢？"苏轼回到家中和妻子商量，妻子说："我这里有一斗酒，保存很久了，就是为了应付你的突然需要。"古人的一斗酒大致有6.4公斤，虽然度数不高，可是只有三个人喝，也不是个小数字了。

就这样，苏轼和两个客人携带着酒和鱼，再一次来到赤鼻矶。上次是乘一叶扁舟在江面上行驶，水面平静，波光粼粼。这次是驻足江岸，浪花拍打礁石，发出巨大轰响。陡峭的赤鼻矶高峻直耸，显得月亮比往日小了许多，由于是初冬季节，水位降低，礁石露出水面。苏轼不禁感慨道，这才相隔几天啊，上次观赏赤壁时所见的江景和山色，再也看不见了！

感慨完之后，苏轼发现，虽然旧景难以重现，可新景也别有一番景致。视角不同，景色自然变化；时空转换，感受更是别样。苏轼被眼前的景色所吸引，立刻撩起衣襟开始登山，踏着险峻的山岩，拨开纷乱的野草；坐在虎豹形的怪石上喘口气，拉住形如虬龙的树枝，攀上猛禽做窝的悬崖；回望长江，如水神之宫，幽深得令人目眩。两位客人跟不上苏轼的脚步，停在了半山腰。苏轼登临到峰顶之后，高声长啸，草木震动，群山共鸣，深谷回响。这个时候起风了，波浪汹涌，撞击江岸，浪花飞溅。

突然，苏轼感到内心有一种无名的忧伤和恐惧，觉得这里不可久留。于是迅速下山，回到岸边，和客人一起登上一艘小船，将船划到江心。然后，不再操控这只小船，任凭它漂流，漂到哪儿就在哪儿停泊，停泊在哪儿，就在哪儿上岸。时间已经是半夜了，几人环顾四周，冷清寂寞。此时一只仙鹤，横穿江面从东边迎面飞来，翅膀像车轮，尾部的羽毛如同黑裙子，身上的羽毛如同白衣衫，它拉长声音鸣叫着掠过船头，向西飞去。

登岸之后，客人离开，苏轼回到家中。当天夜里梦见一位道士，穿着羽毛编织成的衣裳，轻快地走来，路过临皋亭时向苏轼拱手作揖："赤壁的游览快乐吗？"苏轼问他的姓名，他低头不语，苏轼突然明白了："噢！我知道你是谁了，昨天晚上，边飞边叫经过我头顶的，不就是你吗？"道士回头笑了笑，苏轼忽然惊醒，开门一看，却不见了道士的踪影。睡醒之后，苏轼将前一天晚上的经历和梦中的情景，一一描写下来，同样是一篇以赤壁为主题的赋。三个月前写的那篇《赤壁赋》就成了《前赤壁赋》，而三个月之后写的这篇《赤壁赋》就是《后赤壁赋》。

《前赤壁赋》主要写月光下江面上看赤壁，《后赤壁赋》主要写登上赤壁崖顶，观山峦和大江。《前赤壁赋》表现智者乐水，《后赤壁赋》表现仁者乐山。一山一水，相映成趣，构成整个大千世界。《前赤壁赋》追求物我为一，有庄子的自由和佛家的洒落；《后赤壁赋》渴望超越生死，有老子的自然和道家的飘逸。前后两篇赤壁赋，可以说是相得益彰的姊妹篇，一起流传千古，代代吟诵。人们不禁要问，苏轼究竟是什么样的人啊，他怎么能写出如此思想深邃，意境幽远，景色怡人的文章来呢？这就得说说苏轼那坎坷的人生了。

少年时期的苏轼志向高远。比如，苏轼十岁的时候，母亲教他读书，听完母亲读东汉《范滂传》之后，苏轼感慨道："我如果做范滂，母亲能答应我这样做吗？"母亲回答："你能做范滂，我也能做范滂的母亲！"那么，范滂是什么人，他和母亲究竟做了什么事，让苏轼母子如此敬仰呢？

范滂是东汉时期人，曾经担任冀州清诏使，就是朝廷派到地方清理诏书落实情况的官员。有一回范滂响应皇帝的号召，检举贪官污吏二十多人。吏部尚书认为范滂弹劾的人太多，怀疑他有私心。范滂回答说："最近时间仓促，先举报亟须惩办的，那些没有调查清楚的，还要进一步考察核实。铲除贪官污吏，才能伸张正义，世道才能清平。我的举报如果与事实不符，甘愿接受死刑！"范滂在职期间，不但整治腐败，清理官

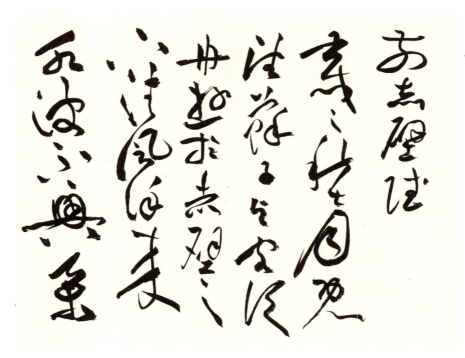

草书前后赤壁赋局部

吏队伍，同时还发现优秀人才，推荐给朝廷。

范滂此举得罪了许多人，因此，有人诬告他结党，范滂被关进大牢。不久，皇帝下旨诛杀党人，范滂被判死刑。临刑前，母亲前来与范滂诀别。范滂对母亲说："有弟弟孝敬您就够了，我跟随先父去黄泉，死得其所。只是希望母亲大人不要为我悲伤。"母亲说："好名声和长寿是不可兼得的，你现在能够与历史的贤臣齐名，虽死无憾！"范滂跪倒拜别母亲，然后对儿子说："我想让你作恶，但恶事不能做；我想让你行善，可我只是不作恶，便是今天这个结果！"此语包含了范滂对当时现实政治的彻底绝望。说完这话之后，范滂坦然赴死，年仅33岁。

苏轼母子敬仰范滂母子，说明苏轼母亲按照儒家的理念教育儿子，希望苏轼做一个正直和清廉的人。但是，范滂临死前表达的对现实政治的绝望，也深深地震撼了苏轼，使他滋生了出世的情怀。比如，有一回他读完《庄子》之后，感叹说："我从前有的见解，嘴里说不出，现在看到这本书，说到我心里去了。"庄子就是对现实政治彻底绝望之后，采取与统治者不合作态度的人。苏轼从小就喜欢庄子，说明他追求独立和自由的人格，这就注定他要走坎坷的道路，同时为他承受各种政治迫害和打击提供了精神资源。

虽然喜欢庄子，苏轼还得参加科举考试。苏轼才华横溢，文章又写得非常好，因此得到主考官欧阳修的赏识。神宗皇帝看了苏轼的文章之后，也非常欣赏，甚至将苏轼的文章放在床头，时不时拿出来读一读。得到朝中重臣和皇帝的赏识，使得苏轼更加高傲，甚至有些狂放不羁，即使是深受皇帝信任的王安石，苏轼也不放在眼里。

王安石在神宗皇帝的支持之下，开始实行新法。苏轼并不反对变法，只是不同意王安石的一些做法。比如，王安石想要改革科举、兴办学校。苏轼上奏提出不同意见。苏轼说："求得人才的道路，在于了解人；了解人的方法，在于注重实际。"苏轼的意思很明白，治理国家的人才不是学校能够培养的；适应变法的官吏，更不是科举考试能够选拔出来的；治国理政需要智慧，这些智慧书本上是没有的。显然，苏轼看问题比王安石更深远。这次上奏使得王安石非常生气，这就为苏轼日后的磨难埋下了种子。

　　苏轼与王安石更尖锐的矛盾，是由于新法推行过程中出现的各种弊端造成的。比如，青苗法，就是青黄不接时，政府给农民发放的小额贷款，帮助农民度过春荒。可是，地方官员不管农民是否需要，强行摊派，增加了农民的负担。苏轼见上疏和建议都无效，就只好在科举考试的试题中，影射王安石独断专行。王安石大怒，将苏轼贬为杭州通判。

　　苏轼担任地方官之后，尽最大可能让新法有利于百姓。可是，面对新法弊端对百姓的伤害，苏轼既无能为力，又不能实话实说，只好写诗加以讽刺。朝廷大臣对变法的不同见解掩盖着官场的权力之争，因此，苏轼的讽刺诗就成了支持新法官员，打击政敌的把柄。这些官员从苏轼的奏章中摘取一些话，结合苏轼的诗，给皇帝上书，弹劾苏轼诽谤皇上。苏轼因此被逮捕，关进御史台的监狱，这就是北宋年间著名的"乌台诗案"。苏轼在监狱里受尽了折磨，这些官员想置苏轼于死地，却找不到确凿证据，"乌台诗案"久拖不决。

　　神宗皇帝爱惜苏轼是个人才，喜欢他的文章和书法，为了保全苏轼的性命，下旨将苏轼贬到黄州担任团练副使。就这样，苏轼来到了黄州，住在临皋驿站，并且在驿站对面的荒山上开垦出一块地，自称"东坡居士"，过起了与世无争的田园生活。他与年轻时对庄子境界的追求在黄州不期而遇了。人生的磨难，在苏轼的心中似乎早有准备。儒家的仁政爱民，道家的逍遥自然，佛家的空灵澄明，三者结合在一起，构成苏轼特有的精神境界，洒落而旷达。正所谓"血管里流出来的只能是血"，只有如此的心境，才会创作出《前后赤壁赋》这样的千古名篇。

　　《前后赤壁赋》写好之后的第二年，苏轼用正楷抄写了一份《前赤壁赋》，送给他的朋友。众所周知，苏轼不仅是著名的文学家，更是一位成就卓著的书法家，而且真、行、草各体精绝。所以，苏轼亲笔用楷书写的《前赤壁赋》也就成了传世之宝。可是，此书法作品问世之后不久，就在民间消失了，一直不知所踪。

光阴似箭,转眼来到明朝。有一天,著名书画艺术家文徵明兴致勃勃地请他的三位挚友祝允明、唐伯虎和徐祯卿,到家中做客,并且神秘地说,有一件宝贝让三位仁兄一饱眼福。文徵明、祝允明、唐伯虎和徐祯卿,当时号称"吴中四才子",吴中就是现在的苏州。祝允明、唐伯虎和徐祯卿都知道文徵明爱好收藏名家字画,估计一定是淘到什么宝贝了,三个人兴致勃勃地来到文徵明的家。文徵明从书房中取出一幅卷轴,在书桌上缓缓地铺开。当文徵明将整个卷轴完全展开的时候,三位才子大声惊呼道:"天啊,苏轼亲笔书写的《前赤壁赋》!"四个人在一起仔细地观赏这幅苏轼的书法作品,不禁感慨万千!而祝允明更是心情久久不能平静。他太喜欢赋中所描述的意境和人生感悟了。这又是为什么呢?因为,祝允明的人生道路也非常坎坷。

祝允明是苏州人,祖父祝颢进士出身,精于诗文,喜欢草书。外祖父徐有贞也是进士出身,擅长行草,深得怀素、米芾的笔意。祝允明禀赋极高,又有两位书法大师的指导,很早就显露出过人的才华。他五岁时就能写一尺见方的大字,九岁时就能作诗,而且一目数行,十岁时已经博览群书,文章瑰丽,才智非凡。因此被称为"神童"。

由于祖父和外祖父都是进士出身,这对祝允明形成了一种压力,必须参加科举考试,取得功名,建功立业,以光宗耀祖。因此,祝允明一边准备科举考试,一边严格地按照前辈的教导练习书法。将读书和练字结合起来,是一种非常有效的学习方法。祝允明诗文书法的才华渐渐被人认可,当时任中书舍人,也就是宰相府秘书的李应祯,非常欣赏祝允明的才华,就把女儿嫁给了祝允明。李应祯同样精于书法,对各体都有研究,而且提倡创新,自成一格。所以,祝允明受岳父的影响很大。

祝允明三十三岁参加乡试,考中举人。主考官对他的文章很赞赏,祝允明很自信,认为参加会试获得进士身份易如反掌。可是,让他万万没有想到的是,每三年一次的会试,他连续参加了七次,却每次都名落孙山,后来儿子都考中了进士,祝允明依然是榜上无名。五十岁以后,祝允明的心情极度矛盾,科举考试屡屡失败,让他焦虑不安,异常痛苦,常常彻夜失眠,只能借酒消愁。第七次会试失败之后,祝允明心灰意冷了,彻底放弃科举考试,由儒家的建功立业转向道家的纵情山水,甚至放浪形骸,不再想光宗耀祖之事,一味追求个性自由,书体也渐渐由楷书转向行书和草书,甚至是狂草。

祝允明放弃科举考试之后,由于生活所迫,以举人的身份参加了吏部对官员的选拔,被派到广东惠州府兴宁县担任知县,这一年祝允明已经五十五岁了。显然,此时的祝允明,已经不再想要建功立业,只是谋个差事而已。今天的人们可能不理解,既然举人就可以出任官职,为什么还非得考进士不可呢?因为,明朝政府对官员的功名有严格的规定,如果没有进士出身,不能担任四品及以上的官职。所以说,以举人身份参加吏部选官,不可能建功立业,只能是谋个差事罢了。

祝允明骨子里的儒家观念始终无法改变,也很难适应明朝官场的腐败和倾轧。比如,祝允明在治理兴宁县的过程中,本来很有成效,却得不到上司的欢心。五十七岁那年冬天,因为收税的任务没有完成,被上级停发俸米。这让祝允明产生了辞职归乡之心。

就在这个时候,祝允明的老朋友文徵明来到惠州看望祝允明。老朋友多年不见,再次重逢,格外高兴。二人一起游历惠州的名胜景致,尤其是当年苏轼被贬此地时留下的遗迹。二人一路游历、一路感慨,不知不觉地来到了海边。当时也是一个秋天的夜晚,怪石嶙峋的岛屿中,明月初升,仿佛《赤壁赋》中描绘的景象。祝允明触景生情地吟诵起苏轼的《赤壁赋》。突然,祝允明产生了一个念头,为何不将《赤壁赋》写成一幅狂草作品呢?这岂不更能准确地表达此时的心情,再现《赤壁赋》描绘的意境吗?

想到这儿,祝允明拉着文徵明回到住处,立刻铺纸研墨,稍作沉吟之后,便开始挥毫落笔。此时的祝允明,似乎早已成竹在胸,一旦落笔便纵横驰骋,所向披靡,越写越酣畅,越写越激动。写完《前赤壁赋》之后,祝允明意犹未尽,接着又写了《后赤壁赋》。这幅传世名作《草书前后赤壁赋》就这样诞生了。细细品味这幅作品,字体如脱缰的骏马,纵横驰骋；中锋攒劲，力透纸背；笔端轻带，细若游丝；侧锋取势，利如刀剑；结构笔画，变换无穷；整个篇章，一气呵成。苏轼旷达豪迈的胸襟，祝允明狂放恣肆的大草，二者水乳交融，相得益彰。

同样是书法家的文徵明在一旁看呆了！祝允明见老友文徵明那副如痴如醉的样子，不由得哈哈大笑："徵明老弟，你我相隔千里，难得一见；你能不远千里来看望我，让我很感动，此次再分手，不知何日相逢。这幅字就送给你，留做纪念吧！"文徵明郑重地收下了这件书法艺术的瑰宝，这也是他们之间友谊的见证。都说文人相轻，所以，惺惺相惜是艺术家之间最珍贵的感情。

从此以后，文徵明一直珍藏着祝允明的《草书前后赤壁赋》，并传给文家的后世子孙。前面说到，文徵明还收藏着苏轼用楷书写的《前赤壁赋》，加上祝允明的这幅《草书前后赤壁赋》，两幅书法艺术珍品，一直作为文家的传家之宝，悉心收藏，从不轻易示人。

卷后文徵明题跋

卷后文嘉、文从简、文震亨题跋

可是，祝允明去世之后不久，就出现了大量的伪作或者赝品，其中以祝允明的外孙吴应卯学得最像，足以以假乱真，即使行家也很难分辨。因此，有学者认为，上海博物馆收藏的这幅祝允明的《草书前后赤壁赋》，很有可能是吴应卯伪造的。理由是，整篇全用偏侧尖锋，缺少变化。

但是，也有专家认为，吴应卯是模仿祝氏书法的高手，在他所做的赝品中，有和祝允明作品中的字迹相同的字，是十分自然的事。所以，不能因此而认定上海博物馆收藏的《草书前后赤壁赋》就是伪造的。再加上，祝允明多才多艺，掌握多种书体，能够模仿各位书法大师的笔迹，而且喜欢变化艺术风格，以显示自己的才艺。因此，祝允明的书法作品真伪非常难辨识。所以，仅仅以字体笔锋的运用，是无法判定《草书前后赤壁赋》的真伪的。

那么，上海博物馆收藏的这幅《草书前后赤壁赋》究竟是不是赝品呢？我认为不是，理由很简单，《草书前后赤壁赋》卷后的钤印和题跋表明，此卷在文氏家族有着清晰的传承，卷后有文徵明本人、次子文嘉、曾孙文从简、文震亨的题跋。后来，这幅作品不知何故流出了文家，被后世诸多书法家所珍爱和收藏，卷后有多位名家的题跋和钤印，包括明代的著名诗人黄省曾，清朝的大书法家李端清，以及近代的国学大师罗振玉等等。这些流转有序的题跋和钤印证明，现在被上海博物馆收藏的《草书前后赤壁赋》的确是祝允明的真迹。

第4讲

子龙鼎之谜

在中国国家博物馆的展览大厅里，陈列着一座青铜圆鼎。此鼎整体高103厘米，口径77.8厘米，重153.3公斤。这座青铜大鼎是迄今为止发现的中国商代最大的一座三足圆鼎，鼎身上部铸有精美的饕餮纹饰，鼎口内壁铸有"子龙"两个字的铭文，因此，人们称这座大鼎为"子龙鼎"。目前，在中国发现铸有"龙"字铭文的青铜器，大约有20多件，这件"子龙鼎"是其中年代最早、规模最大的一件。可是，这件珍贵的商代青铜圆鼎，险些永远流失海外。那么，这件青铜圆鼎究竟经历了怎样的磨难，它又是如何最终回归祖国，围绕它又有哪些难解的谜团呢？这还得从日本大阪举办的一次中国古代文物展览会说起。

　　2004年6月，在日本大阪的美术俱乐部，一个名叫千石唯司的日本企业家和收藏家，举办了一场规模很大的私人收藏品展览会，主要展品是中国古代的青铜器，展览会的名称是"中国王朝之萃"。在这次展览会上，有一件中国古代的青铜大鼎，首次向世人公开亮相！

　　这座青铜大鼎方唇、宽沿，鼎口向内微微倾斜，粗壮的立耳内侧深入大鼎腹内；大鼎垂腹圜底，下有三足；足的底部稍大，使得青铜大鼎更加稳定。这是鼎足后来发展为兽足的最早形制，显然这座青铜大鼎年代久远。与实物展览同步出版的"中国王朝之萃"的图录将这座青铜大鼎列为第一器，可见此鼎是这次展览会上最重要的一件宝物。

　　其实，早在2002年，这座青铜大鼎的照片就通过各种渠道传到国内了，当专家们第一次见到这座大鼎的照片时，看到"子龙"两个字的铭文，都感到很惊奇。在中国发现铸有"龙"字铭文的20多件青铜器中，这座青铜鼎上的铭文很特别。比如，"子"字较小，而较大的"龙"字是竖立的双钩龙，因此，专家们称这座青铜大鼎为"子龙鼎"。日本私人收藏"子龙鼎"的消息在国内引起广泛的关注，但是人们一直将信将疑，因为谁也没有见过实物。

就在展览会举办的前两天，上海博物馆的两位专家在日本访问期间专程拜访了千石唯司。在他家的客厅外，两位专家见到了这座大鼎。据千石唯司说，此大鼎在他家已经收藏了二十几年，一直没有公开展示。此鼎虽然着地而放，客厅外光线昏暗，两位专家仍然感受到此鼎的硕大宏伟。他们仔细观察这座大鼎，在口沿内壁

子龙鼎

见到了"子龙"两个字的铭文。两位专家在惊叹之余，心中暗下决心，一定要让这座大鼎回归祖国。

两天之后，子龙鼎在大阪美术俱乐部的展览会上公开亮相，消息传到中国，中国文物信息咨询中心迅速行动起来，到处寻找有关这座大鼎的图片资料，进行分析研究。根据"子龙鼎"的形制和制作工艺，专家们估计，此鼎很有可能是商朝的作品，距今大约有三千多年的历史了。见到如此珍贵的国宝流失海外，中国文物信息咨询中心的专家们感慨万千，都希望能够让这件国宝回归祖国。可是，要让流失海外的国宝回归祖国，必须拿出此国宝因战争或被盗流失海外的确凿证据。于是，中国文物信息咨询中心的专家们开始搜集证据。

通过《中国王朝之萃图录》对大鼎的说明，专家们了解到，子龙鼎很有可能出土于河南省辉县。辉县地处中原地区，这里曾经是殷商时期王室所在地，出土过大量的商代文物。如果子龙鼎真的出土于河南省辉县，那么，如此巨大的青铜鼎，又是如何流失到日本去的呢？这就和日本侵华战争有关了。

第 4 讲　子龙鼎之谜

自 1928 年以来，河南省辉县境内盗掘古墓的活动非常猖獗。一个名叫"山中株式会社"的日本公司，在中国专门从事文物贩卖活动，大批珍贵的中国文物被这家公司贩卖到日本和其他国家。日本侵华战争爆发之后，辉县境内的琉璃阁一带发现了商代晚期的墓葬群，大量的青铜器被盗掘。抗日战争期间，在北京的古董市场上出现的"安阳货"中很多就是从辉县琉璃阁一带出土的。子龙鼎很有可能就是此时被盗出土，然后被山中株式会社倒卖到日本。子龙鼎被贩卖到日本之后，从未公开露面，销声匿迹了近百年。可惜这一切没有留下任何记载。

面对这种情况，中国文物信息咨询中心的专家与日本展览会的主办方联系，希望了解子龙鼎的情况。可是，面对中国专家的追问，日本主办方非常警觉，态度很谨慎，对子龙鼎的来路，一直语焉不详，也许真的什么也不知道，也许他们在刻意地隐瞒着什么。因为国际法有明确规定："任何由于战争原因被抢夺或丢失的文物，都应归还给原文物的所有国，而且没有任何时间限制。"由于找不到子龙鼎被盗卖和流失海外的确切记载，子龙鼎的流失是否和日本侵华战争有关也无从考证。因此，想通过国际法要求日本方面归还子龙鼎是不可能了，唯一的方式就是购买。可是，子龙鼎在日本属于私人收藏，如果收藏者不出手，子龙鼎就不可能回归祖国。

2005 年 9 月，国家重点珍贵文物征集工作的负责人应邀到日本访问，因为工作关系，接触到日本古董界的一些资深人士，这位负责人向他们打听子龙鼎的情况，第二天就得到了子龙鼎的一些资料和照片。据日本古董界人士转告，中国国内有一位私人收藏家，正在以一个创纪录的价位与子龙鼎的收藏者谈判购买事宜，并且已经达成初步意向。日本方面宣称，如果中国政府能以略高的价位介入，他们可以终止私人之间的谈判，转而与中国政府有关方面交涉。可是，这个时候还没有见到子龙鼎的实物，没办法履行相关的鉴定程序，同时，藏家的索价太高，为了避免竞价形成对国宝的炒作，这位负责人没有表露任何态度，购买子龙鼎的事暂时搁置下来。

回国之后，这位负责人立刻向国家文物鉴定委员会青铜专业组的相关专家报告了子龙鼎的情况，并且希望约请有关专家专门赶赴日本，对子龙鼎的真伪进行实物鉴定。但是，这个时候从日本传来消息，子龙鼎已经出手，并且运出日本，去向不明。有关方面经多方打听，却一直没有任何线索。就这样，子龙鼎神秘地消失了。

直到 2005 年年底，一位国内的文物鉴定专家突然接到一个朋友从香港打来的电话说：据香港媒体报道，一位香港收藏家不久前从日本购得一件中国商代的青铜鼎，并且有意出手。已经有国内外的许多收藏家和古董商在与这位香港收藏家商谈购买事宜，并且有炒作牟利的苗头。

失踪一年多的子龙鼎再度出现，而且已经回到中国香港。此时又是 2005 年，中华人民共和国对香港行使主权已经八年了，表面上看子龙鼎回到香港应该算回归祖国了。但是，香港是特别行政区，这件国宝又是私人收藏，收藏者随时可以出手，将其转卖给任何一位国外收藏家，因此，子龙鼎还不能算是回归祖国。同时，国内文物专家还了解到，子龙鼎的持有者已经知道中国政府要求美国国务院根据联合国有关艺术品贸易的公约，考虑停止进口历史超过 95 年的艺术品，所以他特别着急，想尽快将子龙鼎运出香港，进入美国国境。显然，子龙鼎随时有再度流失海外的危险。

面对这种情况，鉴于子龙鼎极其珍贵的历史、文物和艺术价值，有关方面意识到，如果我方反应迟缓，子龙鼎一旦进入美国国境，将很难再度追回。为了避免国宝流失海外，中国文物信息咨询中心的专家们决定，尽快与子龙鼎的持有者协商购买事宜。这个决定很快得到上级部门的批准。

国家文物部门迅速通过相关渠道与子龙鼎的持有者进行了直接的沟通，经过艰难的说服工作，子龙鼎的持有者最终同意，将子龙鼎优先转让给祖国，并承诺在一定期限之内，不再与另外的买家接触。同时，双方同意按照国家重点珍贵文物征集工作的程序，对子龙鼎进行严格的鉴定，并且以此为基础，秘密进行征集谈判。为了确保国家征集资金万无一失，国家重点珍贵文物征集鉴定工作采取"一票否决制"，意思是，只要有一个专家对此文物的真实性表示怀疑，就放弃对它的征集。

从 2005 年 12 月到 2006 年 1 月，由国家文物鉴定委员会委员组成的专家鉴定小组赶赴香港，对子龙鼎进行严格的实物鉴定。专家小组在香港一位收藏家的私人展室里，见到了这座青铜大鼎。它体形巨大，造型雄伟，气势非凡，保存品相完好。专家在大鼎内壁的口沿处，果真看到了"子龙"两个字的铭文。毫无疑问，这座青铜大鼎，正是从日本神秘消失的子龙鼎！

专家们根据鉴定情况，各自独立地出具了书面鉴定意见。之后，国家文物部门又一一征求了国家文物鉴定委员会青铜专业组所有专业委员的意见，专家们一致认定，子龙鼎是罕见的青铜器，是商朝青铜器中的珍品，属于国家珍贵文物。因此，呼吁国家有关部门能够批准动用文物征集专款，尽快收购子龙鼎，以使这件珍贵的国宝回归祖国。

可是，子龙鼎的持有者却开出了一个天价。在履行了严格的鉴定程序之后，国家文物部门代表国家与子龙鼎的持有者进行了相当艰难的谈判。国家文物部门的谈判代表因势利导，反复向子龙鼎的持有者说明国家征集珍贵文物的重要意义，通过激发爱国热情，子龙鼎的持有者终于同意，以比报价低得多的价位让子龙鼎回归祖国。

当双方谈判达成一致之后，国家文物局果断决策，迅速批复了子龙鼎的征集方案，征集资金也很快到位，确保子龙鼎顺利回归祖国。2006年 4 月的一天，子龙鼎搭乘香港某航空公司的航班，平稳降落在首都机场。沦落异国他乡近百年的国宝，商朝子龙鼎，终于回到了祖国的怀抱。

两个月之后，中国国家博物馆举办了"文化遗产日特别展览"，展出的都是新中国成立以来征集回国的一批流失海外的珍贵文物。在展览大厅入口处的展台上，安放着从日本回归祖国的子龙鼎，非常引人注目。这是子龙鼎第一次与中国观众近距离接触，观众们异常兴奋和激动。巨大的子龙鼎肃穆地站立在平台上，展示着几千年前中华祖先的庄重和威严。

可是，令人觉得疑惑的是，在历史文献中无论如何也找不到有关子龙鼎的任何记载，人们不禁对此鼎的真实性提出质疑。面对这些质疑，专家们回应：此鼎 20 世纪 30 年代出土于河南省辉县，出土之后就流入日本，一直被私人收藏，直到 2004 年 6 月，才在千石唯司的私人收藏品展览会上公开亮相，因此，关于此鼎的记载极为罕见。

面对专家的回应人们又问：既然此鼎没有任何文献记载，那么，根据什么判定它是商朝制造的呢？专家们的回答是，推断此鼎的年代，只能凭借其他类似圆鼎的特征，在比较中加以确定。比如，1956 年殷墟后冈圆形祭祀坑中出土的戍嗣子鼎，尽管通高不及子龙鼎的一半，但轮廓极为相似，其口沿下的饕餮纹饰在构造上几乎一样，只是前者的饕餮纹饰没有龙首装饰。戍嗣子鼎是商纣王父子时代的器具，与子龙鼎的年代相近，是商朝晚期的作品。

可是，有专家却提出不同的意见。这位专家认为，子龙鼎的造型和表面氧化层具有陕西周原遗址出土文物的特点。比如，陕西眉县出土的大盂鼎也是圆鼎，其整体高 101.9 厘米，口径 77.8 厘米，重 153.5 公斤，规模与子龙鼎相差不多，其制作时代为西周早期。两座大鼎不但造型极其相似，而且鼎身表面的纹饰也非常接近。周原是周族的发祥地，也是周王朝政治、经济和文化的中心，出土的大鼎都是宗庙重器。因此，这位专家认为，子龙鼎是西周早期的作品。

那么，子龙鼎的制作时间究竟是商朝晚期，还是西周早期呢？有专家认为，这两种观点其实并不矛盾，西周早期的青铜器

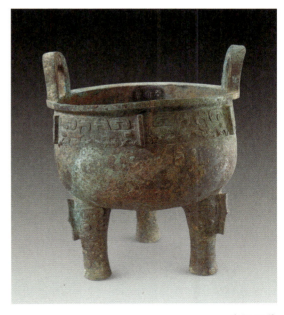

戍嗣子鼎

大盂鼎

和商朝晚期的青铜器有很多相同点，它们既有继承性，也存在一定的差异。其原因就是，周武王灭商之后，周国接收了商朝的青铜铸造业和工匠，因此，西周早期铸造的青铜器，还会保留商朝晚期的模式和风格。子龙鼎在纹饰和造型上留有商朝遗风，表面氧化层具有周原遗址出土文物的特点，都是可以理解的。

总之，不同时代的青铜制作工艺，具有继承性和过渡性。子龙鼎即使铸造于西周初年，依然可以称其为商朝末年的作品。或者说，子龙鼎是目前发现的商末周初最大的圆形青铜鼎。它与商朝的后母戊大方鼎形成"一方一圆"的对应。两只大鼎，交相辉映，堪称国宝之双璧。

当然，与后母戊方鼎相比，子龙鼎具有自己独特的价值，其关键就在于"子龙"两个字的铭文。这两个字很有特点，尤其是双钩形的"龙"

后母戊方鼎

字，类似一头竖立而尾巴向右卷曲的龙，张口，圆目，形象生动，与鼎身上的饕餮纹饰风格一致。而且，铭文的字口浑圆流畅，内有锈迹，与铭文周围和大鼎腹内的锈迹接合自然。这样一来，"子龙"两个字，就成为这件青铜圆鼎的身份证明。

由于在历史材料中找不到有关子龙鼎的记载，因此"子龙"两个字的铭文就更加重要。而且，以"子"字开头的称号，在甲骨文和商周青铜器上经常出现。在商周时期的一些典籍中也能够看到。比如，现存甲骨文中总共发现了100多个不同的"子某"。

子龙鼎铭文

因此，我们可以根据"子龙"的铭文，追溯此鼎的来源。其实，带"子龙"铭文的商周青铜器有很多。比如，子龙壶、子龙爵等。这些器具的"龙"字与子龙鼎的"龙"字在形象上基本相同。因此，有专家认为，"子龙"是商末周初龙文化或者中华民族"图腾崇拜"的一种表现。

但是，也有专家认为，子龙壶、子龙爵等器具与子龙鼎之间的关系，更有可能是这些器具的持有者同属于一个家族。因为，在商末周初的金文中，某种器具的持有者称"子某"，表明是器具主人的名字或者姓氏。这位专家得出结论，子龙鼎的"龙"字，是此鼎主人的姓氏，而"子"字，则是此鼎持有者的身份，与商朝人信仰的龙或者作为中华民族象征的龙图腾，并没有直接的联系。

我完全赞同这个观点。可是，规模如此巨大的子龙鼎，它的主人究竟会是谁呢？有人说，一定是商朝天子，因为商朝天子就姓"子"。这个说法很难成立，因为，商朝天子虽然姓子，但是在商朝的时候，"子"字是有女字旁的，写成"好"。比如，商王武丁的王后，就叫"妇好"。因此，这个"子"字就不是姓，而是某位具有王子身份的商朝贵族，而这位王子的家族，以"龙"为姓氏或者徽号，他就是子龙鼎的主人。

那么，这位以"龙"为姓氏或者徽号的子龙鼎的主人，究竟是谁呢？有专家认为，他很有可能是商末一个强族的王子，这个强族的领地就在河南省辉县。他的理由是，"子龙"还可以写成"子龚"，在一些商周的青铜器上，的确铸有"子龚"两个字的铭文。其中，"龚"字上半部分的"龙"字的造型与子龙鼎的"龙"字非常相似；"龚"字和"龙"字在古代读音相同；"龚"字和"共"字又是通假字。河南省辉县的古称就是"共"，是远古时期共工氏生活的地方。因此，这位专家推断，子龙鼎持有者的氏族领地，就在河南省辉县。

公元前841年，西周国都的民众发生暴动，驱逐周厉王，史称"国人暴动"。天子被驱赶之后，太子年纪太小，卫国君主僖侯的儿子卫和摄政。由于卫和被封在"共"这个地方，人称"共和"，所以他开始摄政的时间就是"共和元年"。这一年，也是中国历史有确切纪年的开始。

当然，也有学者认为，"共和"是由周公和召公联合行政的意思。不管哪个说法正确，总之，辉县的确曾经是商朝共国的故地，而这里也的确发现了商朝晚期城市遗址和墓葬群，并且出土了大量的商朝文物，子龙鼎很有可能与这一带的遗址有关。

可是，最近有学者却提出了一个惊人的观点，他认为，子龙鼎根本不是什么国宝，实际上是现代人精心制作的赝品，是国内某些专家与日本和香港古董商人相互勾结，对国家和人民进行的一次诈骗行为，其目的就是为了牟取暴利。我将这位学者的依据，概括为如下几点：

第一，修改历史文献。

这位学者认为，造假者首先在1985年出版的《金文编》里增加了一个"龏"字，这个字在1959年版的《金文编》里是没有的，显然是专为制作赝品子龙鼎提前制造的假身份证。

第二，伪造《清华竹简》。

《清华竹简》是《清华大学藏战国竹简》的简称。这位学者认为，这部《清华竹简》是赝品，造假者在伪造的《清华竹简》中，包含了一条内容，造成"龙"字与"共"字是通假字的假象，从而为制作赝品子龙鼎提供支持。

第三，伪造考古遗迹。

2003年，考古工作人员在安阳发现了一座直径1.68米的圆鼎铸鼎遗址，表面上看这是一条考古新闻，实际上这是造假者在为赝品子龙鼎打掩护，造成商朝有能力制作大圆鼎的假象。

第四，制作假铭文。

这位学者认为，子龙鼎

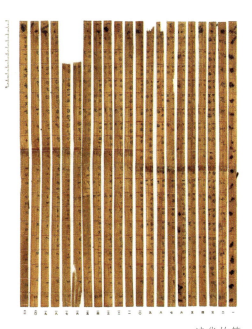

清华竹简

造假最重要的证据是，子龙鼎口沿内壁"子龙"两个字的铭文。他声称经过仔细辨认和对比，发现这两个字是在大鼎铸造完成之后刻上去的。并且断言，这两个字的铭文，是造假者最大的"死穴"。

根据以上几个理由，这位学者描述了一个完整的造假过程：首先，子龙鼎的造假者们于1985年在《金文编》中增加一个"龚"字；1990年前后，完成了大鼎的制作；1995年，将大鼎运到日本；2002年，在大鼎的口沿内刻上"子龙"两个字的铭文，然后，将照片通过多种渠道传到中国；2004年6月，故意让上海博物馆的二位专家在千石唯司家的客厅外见到子龙鼎的实物；两天后，子龙鼎在大阪首次露面；2005年年底，子龙鼎被运到香港，造成易主的假象，以抬高身价；2006年4月，国家文物局花了4800万元人民币，将子龙鼎收购回国；2006年以来，造假者们纷纷在中国国家博物馆主办的《中国历史文物》等刊物上发表文章，对该鼎的时代及其铭文内容进行欺骗性的解读。

这位学者的文章虽然没有公开发表，但通过博客的方式在网络上广为传播，凡是对子龙鼎感兴趣的人，都会注意到，因此，这个观点的影响还是很大的。如果这位学者所揭露的是事实，那么，国家花4800万元人民币居然买到的是一件现代人精心制作的赝品！如果证据确凿，那么这已经不是简单的制假贩假，而是欺骗国家和人民的犯罪行为。事实果真如此吗？我个人认为，这位学者的观点根本站不住脚。我的理由概括如下：

第一，造假过程太长。根据这位学者揭露，此次造假开始于1985年，依据是在《金文编》中增加了一个"龚"字，可是，众所周知，像《金文编》这样的工具书，其编撰和出版需要相当长的周期，因此，这一造假过程应该开始于1985年之前，甚至更早，而子龙鼎被国家最终收购的时间是2006年，整个过程长达二十多年。在漫长的岁月里，造假者在开始造假时，如何确保自己在二十多年之后，成为国内的青铜器鉴定专家呢？又如何保证自己一定会受到国家文物部门的约请，参与子龙鼎的真伪鉴定呢？造假者往往急功近利，怎么可能为了牟利而耐心等待二十多年。

说句难听话，谁又能够确保自己二十多年之后还依然活着？

第二，《清华竹简》不可能造假。这位学者认为，《清华竹简》是伪造的，造假的目的是为了证明子龙鼎的真实性。可是，《清华竹简》一共2500多枚，其中只有一条对证明子龙鼎身份有用，那么制作其他2000多枚竹简的赝品又有何用呢？而且《清华竹简》是2008年由清华大学的校友捐献给母校的，即使造假也是2008年左右的事，这已经是"子龙鼎"回归祖国两年之后了，对子龙鼎的鉴定根本没有任何帮助。

第三，古代遗址无法假造。虽然，在子龙鼎回归祖国之前的2003年，考古工作人员在安阳发现了一座直径1.68米的圆鼎铸鼎遗址，为论证子龙鼎的真实性提供了证据，可是，如此规模的商朝文化遗址如何造假，即使造假又如何骗得过考古专家的眼睛？

第四，涉及的人员和部门太多。比如，编撰和出版《金文编》，制作大鼎，将大鼎运送到日本，在大鼎上刻铭文，请上海博物馆文物专家参观，在日本举办展览，将大鼎运到香港，伪造商朝文化遗址，制作2500多枚战国竹简等等，整个造假过程需要不同行业和学科，七八个团队和无数位造假者协同工作，联手作案，并且历时二十多年。那么，造假者之间如何协调，又如何保证每个人都守口如瓶，不走漏风声呢？假设造假者能够做到这一切，其造假的成本有可能超过售卖赝品的收入，谁会干这种得不偿失的事情呢？

第五，铭文不是死穴。认为子龙鼎造假的这位学者说，子龙鼎的死穴是"子龙"两个字的铭文，这两个铭文是大鼎制造好之后刻上去的。我认为这个说法根本不成立。青铜是一种合金，硬度非常高，在上面刻制铭文相当艰难，相比之下，铸造铭文就容易得多。能够在鼎身上铸造精美饕餮纹饰的制假者，为什么不选择容易的方式铸造铭文，却偏偏要选择既艰难又必定留下破绽的方式刻制铭文呢？这岂不让无数造假者二十多年的功夫功亏一篑吗？

最后，专家一票否决制。前文我们说过，国家文物部门为了保证国家征集资金的万无一失，国家重点珍贵文物征集鉴定工作采取"一票否决制"，只要有一个专家对此文物的真实性表示怀疑，就放弃对它的征集。专家们根据鉴定情况，各自独立出具了书面鉴定意见。之后，国家文物部门又分别征求了国家文物鉴定委员会青铜专业组所有专业委员的意见。专家们不约而同地认定，子龙鼎是罕见的青铜重器，是商朝青铜器的珍品，是不可多得的国宝。我完全相信专家们的最后结论。

第 **5** 讲

《步辇图》之谜

2018 年 3 月 17 日的清晨，北京地区大雪纷飞，首都博物馆门前却排起了长龙，人们就是为了一睹《步辇图》的风采，因为它是"中国十大传世名画"之一！《步辇图》现收藏于故宫博物院，据说是唐代画家阎立本的作品。此画绢本设色，纵38.5 厘米，横 129.6 厘米。画面的右侧是唐太宗坐在步辇之上，前后左右分列九名宫女，姿态各异，有的抬辇、扶辇，有的持扇、打伞；画面的左侧拱手肃立的，是吐蕃王国的使者禄东赞。此画典雅绚丽，线条流畅，构图富有变化，人物形神兼备，性格分明。可是，《石渠宝笈》的编撰者却将《步辇图》归于"次等"。既然《步辇图》是"次等"作品，人们为什么会盛赞它是"中国十大传世名画"之一呢？这还得从《石渠宝笈》说起。

收录《步辇图》并将其定位"次等"的《石渠宝笈》，是清代乾隆至嘉庆年间编撰的大型著录文献。负责编撰《石渠宝笈》的人，都是当

时的书画大家或书画研究的权威。《石渠宝笈》中所著录的作品，汇集了清皇室收藏最鼎盛时期的所有作品，有数万件之多。编撰者将这些收藏品，分为上等和次等两个级别。真品而精致者封为上等，有详细的记述；品质不佳或者存在问题的列为次等，记述简要，甚至没有任何描述。《步辇图》被《石渠宝笈》的编撰者列为次等，并未说明任何理由。

也许是受到《石渠宝笈》编撰者的影响，乾隆皇帝也不看好《步辇图》，因此，一向喜欢在古字画上题字盖印的乾隆皇帝，竟然没有在《步辇图》上留下任何题字和钤印。清代灭亡之后，废帝溥仪大肆偷盗清宫内府的收藏品，或者将其据为己有变成个人收藏，或者将其盗出皇宫抵押换钱，却随手将《步辇图》送了人，同样是相信《石渠宝笈》的观点，将《步辇图》当作"次等"作品，甚至是赝品处理了。

可是，新中国成立之后，《步辇图》的地位却越来越高。比如，2002年3月16日，国家邮政局发行了《步辇图》的小型张，面值为8元，发行量达到1290万封。2018年3月，《步辇图》从故宫博物院转到首都博物馆展出，居然引来大量的观众冒雪排队观看。

步辇图

步辇图小型张

　　那么，人们对《步辇图》的态度，为什么会发生如此巨大的变化呢？我认为，主要原因在于《石渠宝笈》是清代人编撰的，满族的贵族面对汉族皇帝接见周边少数民族的使臣，讨论和亲问题的创作主题，是不会喜欢的，因此，直接将其列为次等，而且不做任何解释。这也正是乾隆皇帝不在《步辇图》上留下题跋和钤印的重要原因，他同样不喜欢这幅画的主题。

　　不过，最近有学者经过认真的研究分析之后得出结论，《步辇图》盛名之下其实难符，它的艺术水平并不高。这位学者并不像《石渠宝笈》的编撰者那样，简单粗暴地将《步辇图》归为次等，而是详细地论证了自己的观点。他的观点概括起来，有如下几条：

　　第一，《步辇图》与阎立本其他作品相比，不在一个层次上。根据史书记载，阎立本的绘画有三个特点：一是线条刚劲有力，二是色彩古雅沉着，三是人物刻画细致。比如，《历代帝王图》就基本符合这三大特点。可是，《步辇图》却不具备这三大特点，艺术水平与《历代帝王图》存在天壤之别，无论人物造型还是绘画风格，根本不在一个水平上。

　　第二，不如同时代的壁画。比如，唐代章怀太子墓里面的壁画，绘画水平相当高，画在墓道里的壁画不可能是宋代摹本，更不可能作假，因此比较真实地反映了唐代的绘画水平。其中的《打马球》，生动精彩，

历代帝王图

水平远在《步辇图》之上。

第三，风格不像唐代作品。众所周知，盛唐时期的仕女画，表现女子以胖为美。比如，台北故宫博物院收藏的《宫乐图》、辽宁省博物馆收藏的《簪花仕女图》画面中的人物，体形肥胖，脸庞圆润，线条厚重。可是《步辇图》中的女子一个个都是小眼睛小鼻子，体形消瘦。

第四，作者犯了一些常识性的错误。具体说来有如下几种：

打马球

宫乐图

　　其一，步辇过于简陋。《步辇图》中绘制的步辇，通体没有漆绘、没有浮雕、没有装饰，不但规格小，而且没有栏杆，皇帝出行坐在上面，稍不留神就有掉下来的可能；步辇的结构也成问题，四条腿没有横档固定，抬步辇的横杆太细，根本无法承载步辇乘坐者的重量。与之相反，《历代帝王图》中陈宣帝坐的步辇就非常精致、结实，扶手是红色漆器，步辇上有许多装饰的挂件，步辇的把手也很长，可供皇帝搁手，也可随时拿下来。

　　其二，宫女抬步辇。在中国古代抬步辇的都是男人，这可以通过《历代帝王图》的陈宣帝画像得到证实，可是，在《步辇图》中抬步辇的却是女子。从服饰和打扮判断，这些女子更像是舞女。也许是考虑到舞女抬辇力量不够，因此在每个抬辇舞女的脖子上挂了一根绳子。这种场面实在荒唐，如果真用舞女抬辇，那可能是荒淫的君主在后宫与舞女嬉戏，这种场景连朝臣都不可能看到，怎么可能当着外国使节的面？

　　其三，皇帝的着装不对。《步辇图》中的唐太宗身穿便装，一只左

脚伸出袍服之外，露出袜子和
圆口便鞋。这哪里是国君接见
外国使臣的仪态和服饰。在古
代绘画作品中，为了完美地表
现帝王的形象，一般都画皇帝
穿朝服。比如，《历代帝王图》
中的皇帝，身穿朝服，仪态端庄，
即使陈废帝都不例外。

　　《步辇图》的作者之所以会

簪花仕女图人物

步辇图（局部）

陈宣帝陈顼

陈废帝帝王朝服

犯如此多的常识性的错误，只能说明他缺乏基本的历史知识，根本不了解宫中生活，也不了解朝廷礼仪。可是，阎立本经常出入宫廷，因为绘画水平高而官居宰相。他对历史知识和朝廷规矩都非常熟悉，因此不会犯这些常识性的错误。那么，《步辇图》为什么会出现如此多的常识性错误呢？唯一的解释就是，《步辇图》根本不是阎立本的作品。

我个人认为，这位学者犯了一个逻辑性的错误，就是用本身存在争议的《历代帝王图》作为支持自己观点的依据。《历代帝王图》存在的争议就是此画的作者究竟是谁。如果说《历代帝王图》是阎立本所画，那么有一个疑点很难解释：《历代帝王图》描绘了十三位帝王，其中包括阎立本的外祖父北周武帝宇文邕。和其他帝王比较起来，宇文邕被画得粗野蛮横，画面上还题字："北周武帝宇文邕，……毁灭佛法，无道。"用这样的语言评价自己的外祖父，有些大逆不道，这在中国古代社会是不太可能发生的事。

为了解决《历代帝王图》作者的争议问题，美国专家对收藏在波士顿艺术馆的《历代帝王图》所用的红色颜料进行了化学分析，结果发现其化学成分并不一样，这就说明此画的作者不是一个人。同时，美国专家又对此画使用的绢进行了分析，发现整个画卷有五处断痕，说明此画由六块绢拼合而成。美国专家又对六块绢分别进行了化学分析，发现这六段绢的材质也有区别，说明它们产生于不同的年代。显然，《历代帝王图》不仅不是一个人完成的，而且不是一个时代完成的。

几年之后，中国的专家赴美国进行认真的研究和比对，最后的结论是，整个画面分两次完成。前半部分为北宋时期的作品，或者北宋摹本；后半部分是唐代作品。中国专家经过研究还发现，在后半段的七位皇帝中，陈宣帝画得最精彩。北宋时期的收藏者周必大正是根据陈宣帝的形象，认为此画是阎立本的真迹。

可是，我认为这不太可能。为什么呢？因为，阎立本是北朝人，他没见过陈宣帝，更没在陈朝的宫中生活过。当然，我并没有因此否认阎立本参与《历代帝王图》的制作。因为，阎立本虽然不大可能画陈宣帝，却极有可能画隋文帝与隋炀帝。他不但见过这对父子，而且他们是亲戚，彼此熟悉。

当然，是亲戚未必就能画，阎立本就不太可能画他的外祖父，北周武帝宇文邕。因为，阎立本出生时，这位外祖父已经去世二十多年了。宇文邕画像的作者，很有可能是南陈画家。宇文邕之所以被画得粗野、凶悍，正因他是南陈的敌人，陈宣帝第二次北伐就是被他打败的。而且这位画家可能信仰佛教，对宇文邕灭佛之举深恶痛绝，所以才会骂他"无道"。

中国专家最后得出结论，在没有确凿证据证明《历代帝王图》的作者之前，不能轻易否认阎立本是此画的作者，这说明有关《历代帝王图》作者的争议并没有最终解决。因此，它很难作为论据支持前述这位学者的观点。

关于《步辇图》的作者违反生活常识的问题，我认为这种指责也不成立。在我看来，画面上的内容不但没有违背生活常识，反而是作者另辟蹊径的巧妙设计。按照李德裕的题跋，唐太宗召见禄东赞不是讨论大唐王朝与吐蕃王国之间的和亲问题，而是要把自己的侄女嫁给禄东赞。这样轻松愉快的谈话内容，属于皇帝的家事，当然选择在皇宫的后花园里。既然是在皇宫的后花园谈话，使用的步辇就比较朴素甚至简陋，而且由宫女来抬。如果，换上几个彪形大汉抬步辇，哪里还有皇家的私密性呢？这也就合理地解释了为什么唐太宗身穿便装。其实，这正是作者的高明之处，不如此何以表现大唐王朝与吐蕃王国之间亲密的关系呢？

其实，关于《步辇图》的作者问题，学界早就形成共识：《步辇图》的原作是唐代画家阎立本，故宫博物院的收藏本不是阎立本的原作，而是宋代的摹本。可是，最近有学者根据故宫博物院收藏本上的各种印鉴和题跋，经过反复的分析和比对，最终得出了一个惊人的结论：故宫博物院收藏的《步辇图》，不仅不是唐代阎立本的作品，而且也不是宋代的摹本，它纯粹是一幅另起炉灶的伪作，也就是赝品。我将这位学者的理由概括如下：

首先，《步辇图》的题印造假。这位学者的证据是，元代有一位名叫汤垕的艺术鉴赏家，在他的《画鉴》中提到《步辇图》时说，《步辇图》上有宋高宗的题印，却并没有说有其他人的题印。根据汤垕对《步辇图》的人物和场景的描绘，与故宫博物院收藏本基本一致。可是，汤垕为什么不提《步辇图》上还有金章宗收藏的题印呢？显然，金章宗的题印是伪造的。

其次，《步辇图》的题跋作伪。李德裕在《步辇图》上的题跋有这样一句："以琅琊长公主外孙女妻之。"意思是，唐太宗要将琅琊长公主的外孙女嫁给画面中的禄东赞。琅琊长公主是唐太宗的姐姐，她的女儿段蕑璧在唐太宗向禄东赞提亲时，只有二十四岁，即使她十八岁嫁人，而且生了女儿，当时也只有六岁。唐太宗不可能将六岁的外甥女许配给禄东赞。因此，唐太宗要嫁给禄东赞的，只能是琅琊长公主的另外一个女儿，所以，准确的跋文应该是："以琅琊长公主女段氏妻之。"李德裕是唐代著名的政治家，他不应该犯这样低级的错误，这个错误首先出自《旧唐书》。显然，作伪者在抄袭《旧唐书》时，将其中错误也抄了上去，留下了作伪的痕迹。

再次，根据两条元代题记，可以明确造假的时间。这位学者认为，《步辇图》上有两条题跋和印鉴是元代的，这是不可能造假的。为什么呢？因为，两条题跋是汉字，而两方印鉴是八思巴文的篆书。所谓"八思巴文"是忽必烈时期，蒙古国师八思巴创立的蒙古文字，史称"八思巴新蒙古文"，这种文字刻成的篆书，

元代题跋和八思巴文印鉴

汉族人很难模仿，所以说，这两条题跋和印鉴是真的。其中一条的时间是至治三年，即 1323 年，另一条的时间是天历二年，即 1329 年。由此可以推断，故宫博物院收藏的《步辇图》的制作时间，必须早于这两条题跋，也就是不会晚于元英宗时期，即 1303—1323 年之间。这样一来，故宫博物院收藏的《步辇图》即使是赝品，距今也已经有七百多年的历史了。

可是人们一定会进一步追问：唐代的真迹究竟哪儿去了？唐代真迹《步辇图》在唐代没有留下任何流转记载，所以不得而知；直到北宋时期，《步辇图》的真迹才被著名政治家吕公著收藏；到了北宋末年，又被皇室宗亲赵仲爰收购。吕公著和赵仲爰都是私人收藏，因此，《宣和画谱》只是在介绍阎立本的时候提到此画的题目，并没有细节描述，《步辇图》的真迹上没有宣和印鉴就可以理解了。靖康二年北宋灭亡，《步辇图》的真迹从此去向不明，因为它不是皇室收藏，所以并没有被金兵掠到金国，收入金朝秘府。这也就进一步证明，《步辇图》上金章宗的题印是伪造的。

到了元朝初年，伪造的《步辇图》开始出现，并且在元英宗时期经集贤院每隔六年的两轮检验中，被当成唐代真迹收入内府。自此往下流传，直到被故宫博物院收藏。最后的结论是，此画虽然也算得上古画，但绝非唐人真迹，也不是北宋摹本，而是无名氏制作的赝品，时间不会早于南宋。

这样一来，《步辇图》虽然不是唐代真迹，但毕竟是南宋时期的作品。可是，南宋的绘画作品太多了，而且《步辇图》的艺术水平并不高，又是无名氏制作的赝品，为什么还被称作"中国十大传世名画"之一呢？故宫博物院为什么要收藏这种名不副实的东西呢？其实，原因很简单，《步辇图》与大唐王朝时期一件重大的历史事件密切相关。

大唐王朝的贞观年间，李世民即位之后，采取休养生息的政策，经济、文化高度发展，大唐王朝国力强盛，社会一派繁荣景象。京都长安规模宏伟，人口繁盛，是当时世界最大的都市。大唐王朝与西域诸国的关系也非常融洽。西域诸国不但派使者到长安朝贡,而且请求太宗皇帝称"天可汗"。

就是在这样的背景之下,有一天,大唐首都长安城来了一位特殊的客人,他满脸的络腮胡,一看就知道不是汉族人。他此行的目的只有一个,就是向大唐的皇帝提亲。那么,这个人是谁呢?他就是我们前文讲到过的禄东赞,是吐蕃国王派来的特使。吐蕃是中国古代对西藏的称呼,当时的吐蕃国王叫松赞干布,禄东赞正是受松赞干布的派遣,向大唐王朝的皇帝提亲,希望能够迎娶皇帝的公主,以结秦晋之好。

据说当时西域许多国家都派使者相继来到长安,希望能够迎娶大唐公主,和大唐建立联姻关系。也许是因为公主太少,求婚者太多的缘故,传说唐太宗出了七道难题,并且告诉求婚的使者们,谁能够正确解答这些难题,顺利过关,就将公主嫁给这位使者所代表的国王。

第一道题是,唐太宗让在场求婚的使臣区别出 100 匹母马和 100 匹马驹组成的马群中各自的母子关系。这可把各国的使臣难住了,别说是 100 匹母马和 100 匹马驹关在一起,就是把 100 个母亲和 100 个婴儿放在一起,人们也很难分辨出她们的母子关系。可是,禄东赞却自有办法。他将马驹和母马分开关了一夜,并且不给草料也不给水喝。第二天一大早,再将这些马驹放回母马群里去,马驹很快都找到各自的母马吃奶去了。禄东赞先胜一局。其余六道题,禄东赞凭借他的聪明机智,也一一解答,顺利过关。当然,这只是传说,其实,当时各族首领纷纷与大唐联姻,唐太宗并没有难为他们。先后将弘化、文成、金城、宁国、永乐等 15 位公主或者宗室女子,嫁给边疆各兄弟民族的首领。因此,才会有大唐王朝鼎盛时期及境内各民族空前团结的盛况。

所以,唐太宗自然会答应禄东赞代表松赞干布的求婚,恩准文成公主嫁给松赞干布。为此,唐太宗还专门命令宫廷画师阎立本用绘画的形式将文成公主入藏联姻的故事再现出来,《步辇图》就这样诞生了。虽然,现代学者对《步辇图》挑了许多毛病,说它艺术水平不高,可是,仔细观看图中的人物,画得还是很生动形象的。

比如，坐在步辇上的唐太宗神态安详自若，在威严的神情中流露出对使者的盛情和嘉许；画的左侧拱手肃立者，正是吐蕃使者禄东赞。只见他举止谦恭，目光敬畏而沉稳；丰满的脸颊，高高的鼻梁，黑黑的络腮胡，粗犷的体态，额头上长长的皱纹，都表现了他的才智和丰富的阅历。

更值得一提的是，《步辇图》的作者独具匠心，没有直接描绘文成公主出嫁送行时隆重的仪式，也没有凭想象画出松赞干布热闹的迎亲场面，而是选择了唐太宗私下约见禄东赞的情景。太宗皇帝要将自己的侄女嫁给禄东赞，却被禄东赞拒绝了，太宗皇帝并没有因此生气，气氛依然十分融洽。这一极具生活情趣的场面，生动形象地再现了大唐王朝与吐蕃王国之间的亲密关系。

正是因为这一点，《步辇图》才被赞誉为"中国十大传世名画"之一。也就是说，《步辇图》主要是以题材取胜。因为，大唐王朝与吐蕃王国之间的和亲在当时的确非常重要。那么，吐蕃王国之于大唐王朝究竟有什么意义呢？这就得说说这一古老的民族了。

说起"吐蕃"一词，现代人会感到很陌生，它是古代藏族人的自称。"吐"相当于汉语中的"大"或者"上"；"蕃"有三重意思：其一，是吐蕃王室的发祥地；其二，是古代藏族信奉的原始神明；其三，是农业生产区域。公元 6 世纪末，兴起于今西藏山南地区的藏族先民雅隆部，已经由部落联盟发展成奴隶主制政权。其首领郎日论赞逐渐将势力扩展到拉萨河流域。公元 7 世纪初，郎日论赞之子松赞干布以武力降服了西藏北部及青海西南一带的古代羌族人苏毗部，将首邑迁至逻些，就是今天的拉萨，正式建立了吐蕃王朝。

贞观八年，松赞干布派使者向大唐进贡许多金银财宝，并且正式提出求婚。可是，当时大唐与吐蕃交往不多，并不了解，因此拒绝了松赞干布的求婚。吐蕃求婚使者向松赞干布汇报说："我刚到大唐王朝的时候，他们对我非常热情，并且答应将公主嫁给您。可是，这个时候吐谷浑王来了，见了唐朝皇帝之后就挑拨离间，于是，大唐王朝对我态度就变了，也不同意嫁公主了。"松赞干布一听大怒，于贞观十一年发兵攻破吐谷浑，尽掠其财物和畜产，将吐谷浑赶到青海以北。紧接着，松赞干布又攻破党项羌及白兰羌，实力达到了鼎盛。

不久，松赞干布率领 20 万大军，乘胜进攻松州（今四川松潘）并且扬言说："不把公主嫁我，我就发兵深入。"同时，给唐太宗写信说："如果不答应嫁公主，我将亲率大军五万，攻占唐国，杀了你，然后夺取公主。"唐太宗派五万步、骑兵士袭击吐蕃军营。松赞干布见抵挡不过，只好领兵撤退了。然后，派使者到唐朝请罪，同时坚决求婚。唐太宗虽然打败了松赞干布，但还是答应了吐蕃王国的和亲请求。

松赞干布在得知唐太宗准许和亲之后，才派使臣禄东赞带着五千两黄金的聘礼向唐朝正式求婚。禄东赞虽然不识字，但是很有智慧，而且擅长用兵，是吐蕃王国的栋梁之臣。松赞干布能够派禄东赞到大唐王朝求婚迎亲，可见吐蕃王国对与大唐王朝和亲是何等的重视。

唐太宗对这次和亲也非常重视，文成公主出嫁时，规格很高，嫁妆中有各种珠宝、丝绸，还有中原的经史、医药、历法等典籍。为了保障公主安全入藏，唐太宗命令沿途官府，修路架桥，开辟通道。跟随文成公主入藏的，还有 25 位侍女、一个乐队和许多工匠。

松赞干布为了迎接文成公主入藏，专门修建了布达拉宫。布达拉宫依山而建，富丽堂皇，气势磅礴。九层高的宫殿建筑为红白两色，映衬在蓝天白云之下，雄伟庄严，是世界上海拔最高的建筑群。然而，历经沧桑岁月，当年松赞干布为文成公主修建的布达拉宫已经损毁，只有布达拉宫上的法王殿是唐朝时期遗留下来的建筑，传说松赞干布和文成公主曾经在此居住。

为了迎接大唐王朝的公主，松赞干布亲自率领满朝官员与大队人马迎亲于柏海（即今青海省玛多县西部的扎陵湖和鄂陵湖），并在此举行欢迎仪式。为了迎接文成公主进藏，藏族先民们创作出隆重的歌舞节目《甲谐》，其中有一段如巨龙般盘旋的队列舞蹈，象征着文成公主进藏时，穿越千山万水的辛苦历程，生动地表达了藏族先民对文成公主的敬爱之情。如今，《甲谐》舞仍然在西藏地区的民间流传。

无论从历史还是现实的角度看，大唐王朝与吐蕃王国之间的和亲意义都非常重大。具体表现在三个方面：第一，缓和了吐蕃与唐朝的紧张关系，保证了西南地区边境的和平与安全，以及西域商路的畅通；第二，松赞干布在和亲成功之后，不断派遣吐蕃子弟到大唐学习汉族的文化，加强了双方的友好交往，密切了彼此的经济和文化联系；第三，促进了大唐王朝与吐蕃王国在风俗习惯等方面的交流，为日后藏族成为中华民族一员奠定了基础。比如，吐蕃盛行打马球的运动，藏语称"颇罗"，传入中原之后被称作"金颇罗"，深受唐朝贵族的喜爱，一时成为风气，甚至在唐朝章怀太子的墓里也出现了《打马球》的壁画。这种风俗至今还在藏区流行。

　　由于《步辇图》忠实地记录了1300多年前，汉藏民族之间友好的重要史实，因此被赞誉为"中国十大传世名画"之一！

第

6

讲

神秘的古书

距离甘肃省武威市凉州区城南 15 公里处，是祁连山北侧的缠山，这是一座被黄土覆盖的红色沙砾岩小山包，在宏伟壮丽的祁连雪山映衬之下，显得质朴而矮小。在缠山上有一个金刚亥母洞。所谓"金刚亥母"，是藏传佛教中的一位圣母，公元11 世纪左右，当地信众在这里建立了一座金刚亥母洞寺。20世纪 80 年代，金刚亥母洞寺由于年久失修，成了一片废墟。1987 年 5 月，新华乡缠山村的村民开始维修和清理金刚亥母洞寺，村民们在寺内坍陷的窑洞中发现了一本神秘的古书，书上写着一些非常奇怪的文字。识字不多的村民们面对这部神秘的古书，根本不认识上面写的内容，却坚信这是先人留下的一部经典，有人甚至认为是天书！于是，村民们恭恭敬敬地把这本神秘的古书供奉起来，并且自发地守护着发现神秘古书的窑洞。

自"天书"现世的两年之后，一个深秋的清晨，缠山村来了一位城里人，他的名字叫孙寿岭，是武威市博物馆的副馆长。他听说缠山村的村民在金刚亥母洞寺的窑洞里发现了一部神秘的古书，甚至有人说是天书，被村民们当作神灵供奉在窑洞里，于是就想来看个究竟。以一个考古工作者的常识，孙寿岭知道一本古书不可能有什么神秘，但是，这本古书很有可能是一项重大的考古发现。于是，孙寿岭特地来到缠山村考察，想要亲眼看一看这本神秘的古书究竟是什么宝贝。

缠山村的村民们听说城里来了专家，立刻捧出他们恭恭敬敬地守护了两年多的神秘古书，用期待的目光望着孙寿岭，希望能够得到一个满意的答案。可是，孙寿岭一眼就看出这本古书并不神秘，令淳朴的村民们感到非常奇怪的文字当然也不是什么天书，而是古老的西夏文。虽然村民们大失所望，但是孙寿岭却如获至宝，欣喜若狂。一部西夏文古书，真的有这么珍贵吗？这就得说说西夏文了。

所谓"西夏文"就是西夏王朝使用的文字，又名"河西字"。这种文字与世界各民族使用的文字相比，有一个最大的特点：它不是经过几

千年的岁月积累约定俗成的
表达某种语言的符号，而是
在西夏王朝的建立者李元昊
的命令之下，花了三年多时
间，人为创造的一种文字符
号，用来记录党项族的语言。
然后，通过国家行政命令强
制推行，使党项族有了自己
的文字，并且流行了几百年。

西夏文《维摩诘所说经》

那么，李元昊为什么要创造一种文字呢？这种创造有必要吗？西夏文创
造出来之后，为什么流行了几百年又消亡了呢？这就得从古老的党项族
的兴衰说起了。

　　"党项族"对于今天的人而言，是一个很陌生的词，因为它是中国
古代北方少数民族之一，属于西羌族的一支，现在已经消失。古代羌族
是一个大系，有很多的分支，按照族群划分，有党项羌、吐谷浑羌等等，
而党项羌就是党项族人。自远古以来，羌族人就占据着青海湖周围的草
原和青海湖以南，黄河、大通河、湟水源头附近的山地。在这一片地区
的边缘地带，就是吐蕃地区东北部的安多（即今天西藏那曲市的安多县），
早期的党项族人和吐蕃的先民们，就混杂居住在这一地区。

　　汉朝时期，这一带的党项族人大量内迁到河陇（今甘肃）及关中（今
陕西）一带，此时的党项族还处于原始游牧的生活阶段，他们以部落为
单位，以姓氏为部落的名称，逐渐形成了党项八部，其中以拓跋氏最为
强盛。党项拓跋氏与鲜卑拓跋氏的读音一样，写成汉字也一样，因此，
有人说党项拓跋氏是鲜卑拓跋氏的后裔。比如，西夏王朝的建立者李元
昊就自称是鲜卑拓跋氏的后代。虽然，没有人说得清楚鲜卑拓跋氏与党
项拓跋氏之间究竟是什么关系，但是，党项拓跋氏是党项族中最强大的
一支，是毫无疑问的。

　　唐朝的时候，党项族经过两次内迁，逐渐集中到甘肃东部和陕西北

部一带游牧，仍然以分散的部落为单位。唐朝政府在党项族聚集的地方，设立羁縻州进行管理。所谓"羁縻州"是指唐朝朝廷对边远少数民族地区根据其习俗管理他们的行政机构，区别于内地的州，类似于现在的自治州。对于有功的党项族部落酋长，朝廷则任命他们为州的刺史或者其他官职。

唐朝末年，黄巢起义，朝廷传檄全国，命令各地兵马入京勤王。宥州（今内蒙古鄂托克前旗）的刺史党项族人拓跋思恭，响应朝廷号令，出兵参与平定黄巢起义。起义被平定之后，唐僖宗因战功赐拓跋思恭为"定难军节度使"，封夏国公，赐姓李。从此，党项拓跋氏集团有了自己的领地，掌握了兵权，并且有自己的军队，控制着夏州、银州、绥州、宥州和静州等五个州，主要分布在今天的陕西省绥德、米脂、佳县、靖边、永宁和内蒙古自治区鄂托克前旗一带，成为名副其实的地方藩镇，在五代时期割据一方。

宋朝建立之初，党项族人对宋朝政府时而臣服，时而反叛，常常侵扰边境，成为西北地区严重的边患。与此同时，辽国也在与宋朝争夺对党项族人的控制。比如，宋太宗封党项族首领李继捧为定难军节度使，并赐姓赵；辽国就封李继捧的兄弟李继迁为定难军节度使，并招他为驸马，封他为夏国王。在李继迁的劝说之下，李继捧背叛宋朝投靠辽国，辽国封他为西平王。

淳化五年初，宋太宗派大军征讨党项族人。李继捧和李继迁兵败之后，只好对宋朝朝廷表示臣服。可是，不久李继迁再度反叛，西北边境重新陷入战乱之中。由于连年征战，腹背受敌，伤亡惨重，农牧业生产受到严重破坏，因此，李继迁在临终时嘱咐长子李德明，臣服于宋朝，不要再与宋朝为敌。宋朝朝廷赐李德明为赵德明，封他为西平王、定难军节度使，不但每年给他节度使的俸禄，还赐给他白银万两、绢万匹、钱两万贯、茶两万斤，这才换取了西北边境的暂时和平。

北宋明道元年十一月，宋朝朝廷晋封李德明为夏王，可是圣旨到的时候李德明已经去世，其子李元昊继位。李元昊当时是辽国的驸马，辽国皇帝册封李元昊为夏国王。北宋朝廷得知消息之后，立刻封李元昊为西平王、定难军节度使。可是，李元昊更想当皇帝，他废去唐朝赐的李姓和宋朝赐的赵姓，改名为嵬曩霄，自称"青天子"，称宋朝皇帝为"黄天子"，表示他与宋朝皇帝身份平等。

后来，李元昊在兴庆府（即今宁夏回族自治区银川市）正式登基称帝，建立夏国，改元天授礼法延祚，由于夏国地处华夏大地的西北地区，因此史称"西夏"。

西夏国建立的第二年正月，李元昊派遣使臣来到北宋京城汴梁，上奏仁宗皇帝要求承认他的皇帝称号。本来不过是地方节度使的李元昊居然要称帝，仁宗皇帝当然不会同意，而且勃然大怒，立刻下诏，削夺赐给李元昊的姓氏和官爵，停止宋与夏之间的贸易往来，在宋夏边境张贴榜文，悬赏捉拿李元昊。

李元昊针锋相对，不断派间谍潜入宋朝境内刺探军情，又用种种优惠政策引诱宋朝境内的汉族人投奔夏国，还给北宋朝廷送去一封言辞轻慢的信，指责朝廷背信弃义，挖苦宋朝军队腐败无能，不时派军队袭扰宋朝边境的城镇。面对李元昊咄咄逼人的态度，北宋朝廷向边境各重镇调动部队，宋夏之间的战争一触即发。

北宋康定元年正月，李元昊乘宋军不备，突然大举进攻保安（今陕西省志丹县），占据保安之后很快到达延州（今陕西延安）城下。周边的宋军前来救援，在距延州西北不远的三川口与西夏军遭遇，双方展开激战，史称"三川口之役"。结果，宋军将领临阵逃脱，导致宋军全线溃败。不久，李元昊又取得了"好水川之役"的胜利；第二年，李元昊在定川寨再度打败了宋军。

就在西夏与宋朝交战并且三战三捷的时候，辽国派使者到东京汴梁，索要当年被后周世宗皇帝从契丹人手中收复的关南十县，并且以战争相威胁。宋朝朝廷立刻派使者到辽国求和，答应在"澶渊之盟"的基础之上，每年再增加十万两白银、十万匹帛，同时向辽国提出条件，如果能够让李元昊与宋朝议和，每年再增加白银十万两，帛十万匹。

辽国为了得到这十万两白银和十万匹帛，派使者到西夏，促使西夏与宋议和。西夏虽然屡战屡胜，但是，失去与宋之间的贸易，百姓生活困苦，战争伤亡惨重，已经无力再战，因此顺水推舟，答应了议和。但是，李元昊要求与宋朝对等谈判，拒不称臣，北宋朝廷当然不能答应，议和陷入僵局。

可是，第二年五月上旬，发生契丹部族归降西夏的事件，辽国皇帝立刻下诏，准备发动战争讨伐李元昊。李元昊为了避免两线作战，表示愿意向宋朝称臣，同意宋朝的条件。十月初，宋朝朝廷答应每年赐给李元昊绢十三万匹、银五万两、茶两万斤，西夏这才以臣属的名义签订了和平协议。十二月，宋朝朝廷正式下诏，册封李元昊为夏国主，依李元昊的请求，改名为嵬曩霄。就这样，李元昊成为西夏国的开国之君。

李元昊之所以敢于建国称帝，主要是因为西夏的社会经济取得了较为迅速的发展。首先是西夏国的中心地带处于黄河上游富庶的银川平原。李元昊在疏通原有渠道的基础之上，修筑了由青铜峡至平罗县境内长达200余里的水利工程，使首都兴庆府周围成为夏国主要的粮食生产基地。其次，李元昊加强与中原地区的经济联系，吸收中原先进的经济体制，改变西夏原有的社会经济结构，并且向宋朝学习先进的制度和文化。

西夏建国之后，势力不断发展，领土也持续向周边扩张，鼎盛时期，向东濒临黄河，往西抵达玉门关，向南与萧关（今宁夏固原市）接壤，往北控制大漠。与北宋和辽国形成三足鼎立之势，中华民族的历史进入了更大范围的三国时期。

当然，一个国家和民族，只有经济发展、军事强大和疆土扩张是远远不够的。要想成为真正的强国和伟大的民族，必须进行文化建设。李元昊深知这一点，因此他非常重视自己民族的文化建设，所以在他正式称帝之前，命令手下的大臣野利仁荣创制西夏文字。人们不禁要问：李元昊为什么在称帝之前，先要创立自己民族的文字呢？

因为，党项族的文化太落后了，只有语言没有文字。没有文字，就没有教育，没有历史，没有文化的传承，非常容易被有文字的高水平的民族所同化。这个文化水平极高的民族，就是党项族所面对的大宋王朝统治下的汉民族。军事上的胜利，根本无法彻底摆脱文化落后的自卑感。随着党项族不断吸取其他民族的先进文化，社会迅速发展，对外交往频繁，创立一种表达和记录本民族语言的文字，就成了当务之急。

因此，李元昊在称帝建国的前一年，就下令创造西夏文字。野利仁荣花三年多的时间，终于完成了西夏文字的创立。西夏文一共五千多个字，形体方整，笔画繁多。其基本笔画有点、横、竖、撇、捺、左拐、右提，但没有竖钩。由于笔画繁多，结构复杂，多数字都在十画以上，因此，西夏文的认记和书写，都有一定的难度。由于西夏文是仿照汉字而创制，因此，也有汉字书法中的篆、隶、真、行、草等五种书体。

西夏文字创造完成之后，李元昊立刻下令强制推行，用于书写各种官方文书，应用的范围也越来越广，整个西夏王朝存在时期从未间断过。在西夏王朝曾经统辖的区域，比如今天的宁夏、甘肃、陕西北部、内蒙古南部等广阔的地域，盛行了大约两个多世纪。即使在西夏国被蒙古帝国灭亡之后，西夏文仍然在党项族生活的地区存活了大约三个多世纪，直到党项族被周边民族彻底同化，西夏文才渐渐地消失。西夏文从创立到消失，大致存活了 500 多年。这在人类文化史上，也是一个奇迹。

更为重要的是，西夏文的应用范围并不限于官方文件，包括民间文契、文学著作、历史书籍和辞书字典等领域，都广泛使用西夏文。新华乡缠山村的村民在金刚亥母洞寺坍陷的窑洞中发现的神秘古书，用的就是这种西夏文。经过考古专家孙寿岭的辨识，这部神秘的古书是一本西夏文的《维摩诘所说经》，这是一部佛教经典。人们一定会感到好奇，党项族人为什么

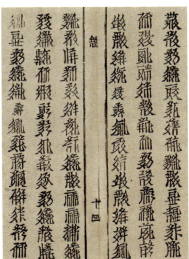

西夏文字

要用西夏文翻译佛经呢？

　　在党项族人长期居住、生活的地区，曾经佛教盛行。尤其是南北朝时期，北朝各民族在中原建立地方政权之后，为了与中原汉族的儒家思想对抗，纷纷尊佛教为国教。在这样的大背景之下，文化落后的党项族人逐渐接受了佛教信仰。当党项族人有了自己的文字之后，也就有了文化人，他们根据汉文和藏文，翻译了许多佛教经典，其中包括《维摩诘所说经》。可是，《维摩诘所说经》并非佛教的主要经典，记载的不是佛祖释迦牟尼的言论，那么，西夏国的佛教徒，为什么要翻译这部经典呢？这就得说说维摩诘这个人以及他的观点了。

　　维摩诘是释迦牟尼门下的一位著名的居士，被称作"在家的菩萨"。他提出了一种影响深远的观点叫"不二法门"。目的就是为了解决出家为僧和在家做普通人之间的矛盾。这位在家的菩萨与其他菩萨之间最大不同的是，他不但没有出家，而且家有娇妻美妾，拥有大片庄园田地，是当地一位非常富有的土豪。可是，维摩诘却能够虔诚侍佛，同时又积极参加各种世俗活动。维摩诘这种矛盾的举止，实在令人不可理解。

　　比如，有一天，维摩诘生病了，释迦牟尼派弟子文殊菩萨去看望维摩诘。二人见面之后，进行了一场关于佛法的大辩论。文殊菩萨问维摩诘，如何调整心灵的精神追求与肉体的俗世生活之间的矛盾呢？维摩诘回答说："只要心中清净，佛土也就清净了；虽然我有娇妻美妾，良田千亩，但是我的心却并没有被贪念所蒙蔽；虽然，我不像其他菩萨那样修苦行，但是，我依然在追求佛法真理。"这就叫"不二法门"。

　　《维摩诘所说经》传到中国之后，维摩诘的形象深受广大信众的喜爱；"不二法门"的观点也得到中国士大夫们的欢迎，并且被改造为，"以出世之心，做入世之事"。意思是，保持出家人的心态，在世间建功立业，甚至发财致富。从而，使佛教信仰与儒家思想以及世俗观念找到了结合点。

　　维摩诘的"不二法门"，也很适应李元昊统治下的西夏。因为，李元昊要建立夏国，在吸收汉文化的同时又要努力摆脱中原意识形态的影响，这就需要一个在理论层面和信仰力量上都能够与儒家思想抗衡的理

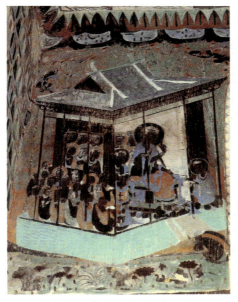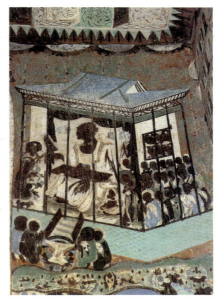

莫高窟隋 第420窟西壁龛外北侧 文殊　　莫高窟隋 第420窟西壁龛外南侧 维摩诘

论体系。同时，李元昊又提倡政治独立，发展夏国经济，追求功利主义。这些与《维摩诘所说经》中的"不二法门"，非常契合。这正是在西夏文献中发现《维摩诘所说经》的缘故。因此，这部西夏文《维摩诘所说经》，有着重要的史料价值和文化意义。

当孙寿岭将西夏文《维摩诘所说经》带回博物馆之后，通过进一步的深入研究，有了重大的发现，从而使这部神秘的古书成为国家一级文物，具有国宝的价值。那么，孙寿岭究竟有了什么重大发现呢？其实，稍微用心的人都会发现，这本西夏文《维摩诘所说经》是印刷本，而且排版混乱，印刷粗糙，许多字的笔画，竟然写得歪歪扭扭，毫无章法。一本佛教经典，怎么可能让一名手艺拙劣的工匠胡乱刻印呢？这让孙寿岭百思不得其解。

几天之后，孙寿岭再一次打开他不知道翻了多少遍的《维摩诘所说经》随意浏览，突然几个西夏文的年号引起了他的注意。这些年号是西夏国仁宗皇帝李仁孝使用的，时间是1140—1193年之间，显然，这是西夏文《维摩诘所说经》的印刷时间。此时，西夏政权已经建立了一个

西夏文残碑

多世纪。虽然西夏国周边环境发生了巨大的变化，金国灭了辽国和北宋，南宋偏安一隅，但是，此前的北宋仁宗时期，经过长时间的和平，形成了文化发展的黄金阶段，对西夏国产生了深远的影响。中国古代的四大发明，有三项都产生于这个阶段，其中包括活字印刷术。一想到活字印刷术，孙寿岭眼前一亮，莫非这本西夏文《维摩诘所说经》版面的奇怪现象，与活字印刷术有关吗？

活字印刷术是北宋年间一个名叫毕昇的人发明的。北宋著名学者沈括在他的学术著作《梦溪笔谈》中记载了这项发明。可是，沈括对活字印刷术只是文字描述，1000多年过去了，人们始终没有见到过一件毕昇时代留下来的活字印刷品。因此，毕昇和他的活字印刷术，就成了历史谜团。一些西方学者根本不承认毕昇发明了活字印刷术，理由很简单，我们没有实物证据。这样一来，中国四大发明之一的活字印刷术，就成了沈括笔下的一个传奇故事。

西方学者之所以不承认是毕昇发明了活字印刷术，其主要理由是毕昇的活字印刷术只是一个不成功的想法而已，根本无法实施。因为，根据《梦溪笔谈》的记载，毕昇用于印刷的活字是胶泥制作的。西方学者认为，这在技术和材质上都无法操作，因此，活字印刷术只能是传说。

中国的专家学者们虽然不赞同西方学者的观点，但是，始终拿不出强有力的证据反驳西方学者。因为，的确没有人见过从毕昇那个时代留传下来的活字的印刷品。看来，只有找到一个实实在在的证据，证明活字印刷术是中国人的发明，才能让所有的人心服口服。可是，这样的证据到哪儿去找呢？

面对西方学者的质疑和中国专家的困惑，孙寿岭大胆地设想，这本西夏文的《维摩诘所说经》，是否就是活字印刷术的证据呢？难道在西北山坳里发现的这本神秘的古书，真的能将一个传说变成现实吗？孙寿岭为自己的想法感到兴奋异常。为了证实这一点，孙寿岭进一步寻找能够支持自己想法的证据。

为了寻找新的证据，孙寿岭继续对这部神秘的古书进行细心观察，他终于发现了新的线索。这些新的线索完全可以证明，这本西夏文《维摩诘所说经》，就是使用活字印刷术印制的。孙寿岭的线索是通过两个角度分析得到的。

第一，从整个版面上分析。这本西夏文《维摩诘所说经》大部分的字与字、行与行之间，都没有按照直线排列，上下左右不在一条线上，而且完全不对称。如果是雕版印刷的话，行距和字距都非常均匀，横竖都成一条线，非常清楚。显然，只有活字印刷术才可能呈现这样的状态。

第二，从具体用字的效果分析。这本西夏文《维摩诘所说经》印刷时使用的活字，很可能是用胶泥制作的，这与沈括在《梦溪笔谈》中的记载完全一致。这种效果表现在如下几个方面：

其一，一竖一横，弯弯曲曲。这在雕版印刷品中绝对不可能出现，这是用泥作为原料制作活字时才有的现象。因为泥是软的，刀在泥上刻的时候，由于刀刃的挤压，会使笔画出现弯曲，字体发生偏斜。

其二，不少字符断边少角。这正是胶泥活字的特征。据《梦溪笔谈》记载，胶泥活字制作完成之后，要用火烧制成陶制品，所谓"泥字"实际上是陶字；陶字自然很脆，一碰就会掉角、碎边。

其三，一些笔画上有气泡留下的痕迹。因为，胶泥里含有水分，经过烧制以后，水分排出，空气进入，形成气泡，肉眼虽然看不见，但是，印刷出来之后，效果非常明显。

其四，文字大小不一。因为泥制的活字由湿到干会有收缩，而且泥的软硬，也就是含水多少不同，收缩的程度也就不同，从而使泥制的陶字大小不一。这正是字与字、行与行之间，无法按照直线排列的原因。

根据以上观察结果，孙寿岭最终得出结论，这部西夏文《维摩诘所说经》是使用活字印刷术印制的。可是，要让这本书成为活字印刷术的实物证明，还需要更有力的证据。孙寿岭下决心，按照沈括在《梦溪笔谈》中记述的活字印刷术，复制出一部《维摩诘所说经》！决心下定之后，说干就干，孙寿岭在自家的阳台上，开始了制作胶泥活字的实验。

当胶泥活字制作好之后，孙寿岭又将胶泥活字烧制成陶字；然后，再用松汁和蜡，掺杂纸灰，将陶制活字平整牢固地固定在一块铁板上。就这样，一副活字印刷版制作成功了。当孙寿岭终于从活字印刷版上揭下第一张他认为满意的印张时，时间已经过去了整整三年。如此漫长的制作过程，让孙寿岭始料不及。

经过一番艰苦的努力之后，孙寿岭终于按照沈括在《梦溪笔谈》中记载的活字印刷术，印制出一本西夏文的《维摩诘所说经》。通过这部复制品，完全可以看出，原件上出现的各种奇怪的现象，都是使用泥活字印刷术的结果。这部与原版西夏文《维摩诘所说经》相差无几的复制品可以充分证明，当时流行于中原的活字印刷术在西夏地区得到了广泛的使用。孙寿岭的实验，再现了泥活字印刷术的操作过程，彻底推翻了西方学者所谓"毕昇泥活字不可行"的说法，为1000多年前中国人的伟大发明找到了实物和实践的证据。

1998年，孙寿岭的研究成果终于获得国家权威部门的认定，在国际上为确立中国活字印刷术的发明权提供了强有力的证据。因此，这部西夏文《维摩诘所说经》被认定为国家一级文物，是当之无愧的国宝。从此，这部神秘的古书，收藏于甘肃省武威市博物馆，成为该馆的镇馆之宝。

神秘的青铜方壶

2006 年 4 月的一天，河南博物院举办了一次特别的展览，展品是中国古代贵族祭祀时使用的青铜方壶。壶盖呈莲花瓣状，花瓣中间立着一只昂首欲飞的仙鹤，造型极为生动精美。更令人惊叹的是，展出的青铜方壶居然是一对，外表几乎完全一样，重量都是 301 公斤。可是，它们却被河南博物院和故宫博物院分别收藏。河南博物院收藏的叫"莲鹤方壶"，高度为 126.5 厘米；故宫博物院收藏的叫"立鹤方壶"，高度为 125.7 厘米。这次展览就是将故宫博物院的"立鹤方壶"请到河南来，让分离了半个多世纪的这对青铜方壶重新团聚。面对这对精美而又神秘的青铜方壶，人们不禁要问，它们是什么时代制造的，主人是谁？既然是一对，为什么分别收藏，且名称不同？它们经历了怎样的磨难，身上还有哪些难解的谜团？为了回答这些问题，还得从这对神秘的青铜方壶的发现说起。

1923 年 8 月，河南省天气大旱，新郑县（今河南省新郑市）南大街李家楼的乡绅李锐看着自家菜园的蔬菜因缺水浇灌日见枯萎，心急如焚。李锐顶着盛夏的高温在菜园子中转了一圈又一圈，最终下决心，打井浇灌，以解旱情！决心下定之后，李锐雇了几个打井工人，在自家菜园子里开始打井。可是，让工人们感到奇怪的是，井挖了几米深之后，土质变得异常坚硬，显然被人工夯实过。

工人们在坚实的夯土层上挖了一天也没挖出水，铁锹下却碰到比夯土更坚硬的东西，根本挖不动了。李锐只好亲自下到井中仔细观察，并且小心翼翼地挖了几下，结果一件青铜器隐隐约约地现出了轮廓。李锐立刻明白了，自己家菜园下面很可能有古墓！李锐心中不由得大喜，他觉得有古墓就一定会埋葬大量的宝贝。于是，李锐让工人们继续挖，到了傍晚时分，挖出了四件青铜器。李锐高兴得简直要疯了，命令工人们继续夜以继日地挖掘，几天之内挖出了各类文物 20 多件。

李锐把挖出来的文物收藏好，嘱咐挖井的工人出去不要声张。可是，这些工人并没有为李锐保密的义务，他们出了李家家门就开始到处传播消息。没几天，整个新郑县都传开了，大家都知道，李锐家的菜园子里挖出了不少宝贝。人们纷纷前来参观，文物贩子也蜂拥而至。常年经营古董的文物贩子认为这些青铜器很有可能是春秋时期的东西，于是出高价收购。李

青铜方壶

锐将其中三件青铜鼎以 800 大洋的价格卖给了一位许昌的文物贩子。

新郑知事听说消息之后，立刻赶到李锐家，劝他停止挖掘古墓，也不要再贩卖已经挖掘出土的文物，因为这是违法行为。可是李锐根本不听，继续挖掘古墓。真是强龙压不过地头蛇，面对地方豪绅，堂堂民国政府的知事居然无能为力。

就在乡绅李锐毫无顾忌地挖掘古墓，没有人能够制止得了的时候，一位名叫靳云鹗的北洋军的师长来到新郑县巡视。他是直系军阀吴佩孚的部下，率领第 14 师驻守郑州，新郑县是他的防区。他一到新郑县就听说李锐家的菜园子里发现了古墓，并且挖出许多宝贝。靳云鹗立刻命令他的副官和新郑知事一起去找李锐，命令他立刻停止挖掘古墓。

这次李锐很听话，不但停止挖掘古墓，而且交出已经挖掘出土的 20 多件文物，又用原价从许昌的文物贩子手里追回了那三件青铜鼎。靳云

羅惠施先生 惠存

靳雲鶚 敬贈

靳云鹗

鹗将收缴的文物打包装箱之后运到郑州，他的师部所在地，同时派部队将挖掘现场封锁起来，不许任何人靠近。

正当新郑县民众为靳云鹗保护国家文物的行为叫好的时候，却发现靳云鹗派到古墓挖掘现场去的部队是工兵，他们不是去保护文物，而是在封锁现场之后，立刻开始了更大规模的挖掘。当遭到舆论的质疑时，靳云鹗回答，他们要对墓葬进行考古发掘。众所周知，文物发掘是一项专业性很强的工作。部队的工兵怎么能够进行考古发掘呢？没有专业技术指导下的考古挖掘，只能给地下文物造成不可挽回的损失。

可是，在当时的条件下也只能这样做，因为，古墓已经打开，部队不可能长期驻守保护，如果不继续挖掘必然会被盗掘；更重要的原因是，当时中国还没有一支专业的考古工作队伍，不可能对新郑县的古墓进行科学的考古发掘。靳云鹗派工兵挖掘古墓的行为虽然不专业，毕竟使挖掘工作在受控的情况下进行，能够有效地控制出土文物的去向。由军队出面，有组织地进行考古挖掘，这在中国考古史上还是第一次。

就这样，在靳云鄂的部署和指挥之下，工兵的挖掘工作紧张而有序地进行着。挖掘工作一共进行了 80 多天，挖掘总面积达 100 多平方米，最后清理出来的比较完好的文物大约有 100 多件，其中包括我们今天要讲的这对神秘的青铜方壶。当时，人们并不知道这对青铜方壶的价值和意义，因此，将它们随意地与其他文物堆放在一起。

新郑县发现春秋时期的青铜器的消息，引起全国范围的广泛关注，记者们纷纷前来采访，北京、上海、天津、开封等地的报纸都进行了连续报道。在挖掘的过程中，各地的考古专家和地质专家，以及古董商人、文物贩子也云集新郑县的挖掘现场，就连大洋彼岸的美国，也有一家博物院派代表参观挖掘工作。当这批墓葬中的文物被挖掘出土之后，它们的去向就成了全社会共同关注的问题。

对于如何处理这批文物，靳云鄂的态度非常明确。他说："钟鼎重器，尊彝国宝，应该归于公家。"靳云鄂的这番话在当时博得一片喝彩。但是，靳云鄂毕竟是北洋军阀麾下的一名师长，手中掌握着兵权，新郑县又在他的控制之下，人们很难完全相信他的话，都担心他利用手中的兵权将出土的文物据为己有。尤其是靳云鄂先前将没收的李锐挖掘的文物全部运到郑州他自己的师部之后，人们的这种担心就更加强烈了。不过，新郑县发现古墓并且挖掘出大量文物这件事，已经尽人皆知，谁想将其据为己有，基本不太可能。所以，人们开始关心，靳云鄂要把挖掘出来的国宝，归于哪个"公家"，他所说的"公家"，究竟指谁呢？

首先，代表"公家"出面的是靳云鄂的顶头上司吴佩孚。他是直系军阀中实力最强的一位，手中掌握数十万大军，雄踞洛阳，控制半个中国。不过，秀才出身的吴佩孚的确很关心文化问题。在新郑县古墓挖掘过程中，他先后五次给靳云鄂下达命令，让他将新郑县出土的文物全部运到河南省城开封市妥善保存。当时的河南是吴佩孚的地盘，开封是河南的省会。显然，吴佩孚希望将这批出土文物控制在自己手里。

不久，北洋政府国务院派出教育部部员高丕基、历史博物馆馆员裘善元前往河南省调查情况，希望靳云鄂能够将这批文物交给北洋政府的历史博物馆收藏。可是，此时的北洋政府虽然有着中国政府的名义，但是完全被直系军阀控制着，根本没有权威，靳云鄂自然不会理会他们。

呼声最高的"公家"应该是河南省政府。因为，这批文物出土于河南，在如何处理新郑县出土文物的问题上，河南省占有地利与人和的强势。所以，就在吴佩孚先后五次给靳云鄂下达命令的时候，河南省督理张福来、省长张凤台联名致电靳云鄂，电文的大意是：河南省是中华古代文化的中心，这些古代文物具有重要的历史意义和价值，希望能够在靳云鄂的帮助之下，建立河南省历史博物馆。

几天之后，河南省议会也给靳云鹗发来电报，电文的大意是，听说师长您主张文物出土于河南就应该归河南保存，这主张很公道，对此深表钦佩和感激，并恭敬地表达感谢之情！显然，河南省的领导直接将靳云鹗所说的"公家"，理解为河南省政府，他们担心这批文物落在军阀吴佩孚手里。

不久，北京大学校长蒋梦麟致电靳云鹗，电文大意是：这些文物归于一个省，不如归于全国；与其只供欣赏，不如提供给大学让学者从事科学研究。显然，在北京大学的领导心目中，靳云鹗所说的"公家"，是北京大学这样的学术和教育机构。可是，在军阀割据和混战的历史条件下，一个学校哪有力量将这批珍贵的文物变成校产？

那么，靳云鹗究竟是什么态度，他心目中的"公家"究竟又是谁呢？其实，当时社会各界都高估了自己的影响力，却忘了靳云鹗是一名军人。军人以服从命令为天职，所以，他必须服从吴佩孚的指令。早在开始挖掘文物之前，靳云鹗就向吴佩孚报告了新郑县出土文物之事和采取的措施，并提出了一些具体实施的方法，这些都得到了吴佩孚的同意。因此，当所有文物挖掘出土之后，靳云鹗下令将古物全部装车，武装押运到河南省城开封市，交给河南省古物保存所收藏。

显然，这批文物的归属，让民众们感到非常的满意。因此，当这批文物运抵开封城时，城里城外张灯结彩，男女老少沿途欢迎，气氛异常热烈，河南省古物保存所郑重其事地接收了这批文物。可是，当工作人员打开包装箱的时候却发现，除了完整的器具外，还有大量的青铜碎片，面对这些青铜碎片，不少人摇头叹息，痛心疾首，难道几千年的国宝就这样被毁了吗？没办法，文物发掘是科学活动，必须有严格的程序和手段，否则就是对文物的破坏。其实，作为职业军人的靳云鹗，能做到这一步已经难能可贵了。

正是有了新郑县古墓出土的这批文物，河南省才开始筹备成立博物馆。1927 年，河南省博物馆正式建成，新郑县古墓出土的全部文物就成了河南省博物馆，也就是后来的河南博物院的首批收藏。不久，著名金石学家罗振玉推荐两位山东的技师来到河南，对破碎的青铜器进行了修复。在修复完成的青铜器中，最引人注目就是今天要讲的这对神秘的青铜方壶。

新郑县古墓出土的这批文物落户河南省博物馆，并且经过修复之后，考古专家开始了初步的鉴定和研究。通过研究专家们认定，这些青铜器都是春秋时代的文物，十分珍贵，当时还出版了相关图录和著作，使得这批青铜器一时间名声大噪，人们称它们为"新郑彝器"。所谓"彝器"就是古代宗庙常用的青铜祭器。

当专家学者们确认这批文物的制作年代之后，人们进一步追问，埋葬这些新郑彝器的大墓主人究竟是谁呢？由于当时的条件限制，靳云鹗虽然有一腔爱国热情，却缺乏考古学知识，因此，他组织的这次考古发掘根本不算是科学考古，没有记录墓葬的地层关系，随葬器物所在的位置也不清楚。所以，专家和学者们只好搜集旁证，努力确认新郑古墓的主人。

还没等专家得出结论，日本侵华战争爆发了，很快华北各地相继沦陷。在民族存亡的危急时刻，按照民国政府的要求，河南省博物馆的这些文物必须转移。河南省博物馆精心挑选了5000多件文物珍品，其中包括这对神秘的青铜方壶，分别装在60多个大箱子中，由开封南下，运到武汉的法租界内。民国政府外交部照会法国驻武汉总领事，请求他们对暂时存入法租界内的河南省文物加以保护。

没过多久，上海、南京失守，武汉也危在旦夕。随着国内形势的恶化，存放在汉口法租界的文物也不安全了。1939年，河南省政府决定把文物转移到重庆去。这批文物在转移的路上，多次遭到日本飞机的轰炸，整个旅途险象环生，幸好文物完好无损。到了重庆之后，这批文物存放在中央大学的仓库里。抗战期间，这些文物由河南省博物馆派专人监守，因此保存完好。

1945年抗战胜利后不久内战爆发，铁路中断，交通阻隔，存放在重庆的文物一直没有机会运回河南。1949年冬，国民党政府指示，速将河南省博物馆存放在重庆的文物运往台湾。当这批文物装上飞机，准备起飞的时候，人民解放军有如神兵天降，在机场截下了这批文物。重庆解放之后，这批文物由重庆军事管制委员会封存保管。

1950 年 8 月，河南省的代表会同文化部的代表共赴重庆接收河南存放在重庆的文物。文化部挑选了 51 件青铜器调往北京，其中包括底部稍有残缺、高度为 125.7 厘米的青铜方壶。这件青铜方壶被调到北京之后，交给故宫博物院收藏。另外一件高度为 126.5 厘米的青铜方壶被运回了老家河南，交给河南省博物馆收藏。从此，这对神秘的青铜方壶，劳燕分飞，各居一方。

一对神秘的青铜方壶虽然分居两地，却都有了自己很好的栖身之处。从此，两地的考古工作者分别对它们进行深入的研究。这对神秘的青铜方壶为扁方体，结构严密精巧，制作工艺精湛，集中了圆雕、浅浮雕、细雕、焊接等多种技法。壶盖铸造成莲花瓣形，花瓣上布满镂空的小孔，花瓣中间立着一只仙鹤，造型十分生动。河南省的青铜器研究专家，给他们收藏的青铜方壶取了一个很美的名字——"莲鹤方壶"。

可是，这对神秘的青铜方壶究竟是什么年代的呢？新郑古墓的主人究竟是谁呢？遗憾的是，当年的挖掘虽然是有组织进行的，但毕竟不是科学的考古发掘，所以，当年发掘时的地层关系并不明确，因此，墓主

莲花瓣局部

燎炉

人的身份很难确认。

为了弄清楚新郑古墓的性质，河南省文物考古研究所于 1966 年对原址进行了重新发掘清理。为了彻底弄清楚这一带的情况，考古人员对这片区域进行了全面的钻探，在 1900 平方米的范围内探出十几座墓葬。显然，1923 年发现的大墓并不是孤单的一座，而是处于一个大型的古墓葬群之中。

根据这座墓葬的规格，和墓葬中出土的青铜礼器的组合方式，以及各种文物的品质和样式，专家们断定，新郑古墓的主人是一位级别很高的贵族。由于，春秋战国时期，新郑县处于郑国境内，专家估计这群墓葬属于春秋战国时期的郑国。将新郑古墓中的青铜器和西周时期的礼器使用制度结合起来分析，完全可以确定，新郑古墓是某位郑国国君的墓葬。

郑国于公元前 806 年建立，公元前 375 年被韩国所灭，自建立到灭亡，历经了 400 多年，在位的国君有 20 多位。新郑古墓究竟属于郑国的哪一位君主一时不得而知。后来经过考古专家们的努力，终于在新郑古墓中出土的青铜器中找到了线索，就是一件青铜器上有这样一句铭文"王

铭文

子婴次之燎炉"。意思是，一位名叫婴次的王子使用的烤火的炉子。那么，只要确认婴次是哪位王子，就能够大致推断出这座墓葬的主人身份，和这对神秘的青铜方壶的所有者了。

那么，这个"婴次"究竟是谁呢？学界目前有许多观点，但是占主导地位的观点认为，婴次是楚国的令尹，也就是宰相子重。这就奇怪了，楚国宰相烤火用的炉子，怎么会跑到郑国来并且葬到大墓中呢？这就得说说楚国与晋国之间因郑国而发生的一场战争了。

公元前575年春，楚共王派人到郑国，希望与郑国建立友好关系，条件是将楚国和郑国交界处的一块土地送给郑国。郑国君主在土地的诱惑之下，背叛了晋国与楚国结盟。晋国得知消息之后，发大军征讨郑国。此时郑国的国君是郑成公，他立刻向楚国求救，楚共王下令出兵救援郑国。在领兵出征的三位将军中，就有令尹子重，也就是王子婴次。郑成公亲率郑国军队与楚国大军并肩作战，共同应对晋国的进攻。

公元前575年五月，晋军渡过黄河；六月，晋军和楚郑联军在鄢陵（今河南鄢陵县）北部相遇，爆发了一场大战，这就是历史上著名的"鄢陵之战"。经过几次激战之后，楚郑联军被晋国军队打败，鄢陵之战标志着楚国对中原的争夺走向颓势。楚国军队撤出战斗之后，离开郑国，退回到楚国。

王子婴次的燎炉，很有可能是楚国令尹子重出征打仗时随身携带的用品，兵败退回楚国时，将其留在了郑国。如果这件燎炉是楚国令尹子重在鄢陵之战后留在郑国的，那么新郑古墓的主人很有可能就是参加了鄢陵之战的郑成公，他于公元前571年去世。当然，也有可能是郑成公的继任者郑厘公，他死于公元前530年。因此，这座大墓的年代不会早于公元前571年，也不会晚于公元前530年。那么，这对神秘的青铜方壶，距今已经有2500多年的历史了。

在2500多年前的春秋时期，青铜器主要是贵族用来祭祀神灵用的

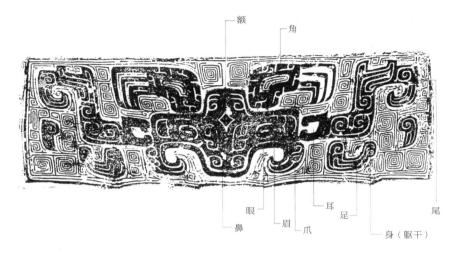

饕餮纹

礼器，它们往往是权力和地位的象征。因此，贵族们总喜欢用神秘的饕餮纹和夔龙纹装饰在青铜礼器上，以使手中的权力具有神秘性。这种形象具有视觉震慑力，狰狞恐怖，令人生畏。比如，商末周初的子龙鼎，周代的大盂鼎和大克鼎等，而且大都以圆形为主，形制厚重，纹饰粗犷简略。

　　可是，新郑古墓出土的这对青铜方壶却是扁方体，结构精巧，由多种工艺制作完成，其风格与春秋时期的青铜器的主体风格完全不同。因此，有人对莲鹤方壶的制作年代产生了怀疑，并且认为莲鹤方壶不是郑国制作的。再加上，这批新郑青铜器中发现了楚国宰相的燎炉，因此有人认为，莲鹤方壶很有可能是楚国的作品。

　　那么，莲鹤方壶究竟是郑国的作品，还是楚国的作品呢？这就得说说郑国文化的特征了。郑国的历史比较短，公元前 806 年才正式建立，西周末年从陕西的关中地区迁到河南中部地区。郑国迁到中原之后，曾经辉煌过一段时间，后来衰落了，只能在晋国和楚国两个大国之间的夹缝中求生存。

　　因此，郑国才会在晋国和楚国之间首鼠两端，左右摇摆。不过，相比之下，楚国对郑国的影响会更大一些，威胁也会更严重一些。因为，

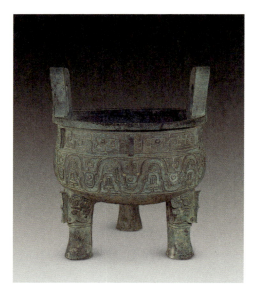

大克鼎

晋国与郑国之间有黄河天险相隔，而郑国与楚国之间的交往相对便利得多。这一点，我们可以在这对神秘的青铜方壶上找到证据。

比如，这对青铜方壶盖上的莲花形象，就有楚文化的影响。可是，有人最初见到这些莲花造型时，居然说这是受到印度文化的影响，因此得出结论，春秋初年或许更早，印度文化就已经输入中原。甚至还有人说，莲花形象是受佛教的影响，这就更加荒诞不经了。为了否定这种荒唐的观点，故宫博物院的专家们干脆不承认青铜方壶盖上的花瓣是莲花，因此，他们称故宫博物院收藏的青铜方壶为"立鹤方壶"，这就是一样的青铜方壶名字不一样的原因。

我认为，即使青铜壶盖上的形象是莲花，也并不等于是受印度文化的影响，因为，我们中华文化很早就有对莲花的描绘和赞美，莲花图案在中国传统审美中一直是文人雅士描述或赞美的对象。比如，屈原的《离骚》中就有这样的诗句："制芰荷以为衣兮，集芙蓉以为裳。"意思是，用荷叶做上衣，用莲花做裙子。显然，欣赏莲花是中华本土文化，与印度文化无关。

那么，楚国文化为什么这么早就有对莲花的欣赏呢？因为，莲花喜欢温暖湿润的环境，生长在水塘与湖畔，楚国正是这样的自然环境。不过，郑国南部的气候和环境与楚国接近，文化上也会受到楚国的影响，因此，同样很早就有对莲花的描述和赞美。比如，《诗经·郑风》中有这样的诗句："山有扶苏，隰有荷华。"意思是山上有桑树，水中有莲花。

虽然《诗经·郑风》表现的荷花还只是景物描写，但是《诗经》产生的年代毕竟比《楚辞》要早，莲鹤方壶究竟是楚国的作品，还是郑国的作品呢？为了说明这一点，还必须讨论一下花瓣中的仙鹤形象。有人一见到仙鹤，就说是道教信仰，其实，对仙鹤的喜爱，是古已有之的中华传统。因为，仙鹤姿态优雅，既象征长寿，又体现人们对飞升或者成仙的追求。这些观念后来被道教吸收，却不能说仙鹤一定就代表道教，尤其是在道教还没有被创立的春秋时期。那么，莲鹤方壶上的仙鹤究竟代表什么意义呢？

这就必须将仙鹤与莲花的形象结合在一起讨论了。因为，莲与鹤的结合，构成了一个完整的艺术意象。我大胆地断言，它们共同构成了生命崇拜的意象。比如，《楚辞》中有"因芙蓉而为媒兮"的诗句，芙蓉就是莲花，这是在楚文化中保留的古老的生殖崇拜文化的痕迹。用花瓣代表女性，用莲花象征纯洁，因此，莲花就成为两性交往的媒介。

鹤是一种鸟，鸟在古代生殖崇拜文化中象征男性。所以，仙鹤立于莲花瓣中，象征甚至是暗寓两性的结合。因此，称这对神秘的青铜方壶为"莲鹤方壶"，非常准确。莲花代表阴，仙鹤代表阳，它们是"一阴一阳之谓道""生生之谓易"等生命哲学的形象表达，称其为"立鹤方壶"就不妥当了。

壶盖局部

莲与鹤的结合，不仅暗寓了两性关系与生命的创造，而且还象征着永恒的爱情。因为，仙鹤的习性是单配偶制，一旦结成伴侣，彼此共度终生，而且鹤的寿命长达 60 多年。这就可以合理地解释为什么郑国人要制作一对一模一样的莲鹤方壶了。它们既代表生生不息的哲学理念，又表达了白头偕老的美好愿望！因此，这对莲鹤方壶很有可能是一对夫妻之间的信物，这座古墓也许是郑国君主的夫妻合葬墓。因此，这对青铜方壶就不可能来自楚国，只能是郑国艺术家的杰出创作。

　　这也可以进一步解释，为什么莲鹤方壶与以往的青铜器不同，它们不仅受到楚国浪漫文化的影响，而且也展现了春秋时代中原各国追求自由和努力创新的精神。这一时期是中国古代社会的大变革时期，社会经济、政治、思想和文化都发生了很大的变化。通过莲鹤方壶，我们可以充分体会到，春秋战国时期人们追求个性和浪漫情怀的时代风气。

第 **8** 讲

《溪山行旅图》之谜

　　台北故宫博物院收藏着一幅山水画卷，名字叫《溪山行旅图》。此画卷双拼，就是由两块绢拼接而成，绢本墨色，纵206.3厘米，横103.3厘米，堪称巨幅画卷。画面中央，一座山峰突兀而立，给人以泰山压顶之势；山峰左侧，一线瀑布飞流直下，隐没于云雾缭绕之中；巨峰周围，山峦雄峻，林木葱郁；山脚之下，怪石嶙峋，杂树丛生；画面下方，一支商旅，缓缓经过，疲惫的毛驴驮着沉重的货物，艰难行进。此画层次丰富，意境悠远，堪称旷世杰作，代表北宋山水画的最高水平。可是，关于此画的作者，几百年来却一直没有定论。最近，有权威人士认为，《溪山行旅图》是精心制作的一幅赝品。此论一出，业界哗然。那么，《溪山行旅图》的作者究竟是谁，这幅传世名作真的是一幅赝品吗？

　　围绕《溪山行旅图》的谜团中，最大的困难是如何确定它的作者，因为此画没有作者明确的落款和钤印。可是，几百年来，人们一直认为《溪山行旅图》是北宋画家范宽的真迹，他们的依据是什么呢？没有人对此做出任何解释，这就被质疑者抓住了把柄。这个把柄就是《溪山行旅图》的诗堂，也就是画面上方题写的十四个字："北宋范中立溪山行旅图，董其昌观。"据《宣和画谱》记载："范宽，一名中正，字中立。"所以范中立就是范宽。董其昌根据什么确定《溪山行旅图》的作者是范中立，没有做出任何解释。而且，董其昌是明朝末年人，距离范宽的时代将近六百年，他凭什么断定此画是范宽之作呢？

　　更令人感到惊讶的是，据质疑者分析，《溪山行旅图》诗堂上的这十四个字，根本不是董其昌的亲笔，很有可能是伪造的。质疑者有如下几个理由：

　　第一，题字的书法水平太低。董其昌是明朝末年声名显赫的书法家，其成就与影响力巨大。但是，《溪山行旅图》上的这十四个字，不但书法功力不高，而且在字形上也与流传至今的董其昌的真迹相差甚远，款

北宋范中立谿山行旅圖

溪山行旅图

诗堂   钤印

名"董其昌观"这四个字更是如此。

第二,题字下的钤印不是董其昌的。这位学者认为,董其昌款下的"宗伯学士"和"董其昌"两枚钤印,不太可能是董其昌的。他查阅了董其昌的所有印谱,没有发现董其昌在其他画作上留下相同的印款。也就是说,董其昌的这两方钤印,仅仅在《溪山行旅图》上用了一次,以后再也没有使用过,这不太合乎常理。

第三,董其昌在自己的著作中只字不提《溪山行旅图》。董其昌不但是绘画艺术大师,也是鉴赏家和收藏家,他鉴赏和收藏的画作几乎都有记述,可是在董其昌的《画旨》和《画禅室随笔》中,却看不到有关范宽的《溪山行旅图》的任何记载。

根据以上理由,这位学者断定,《溪山行旅图》诗堂上的十四个字,不是董其昌的亲笔,而是他的学生王时敏在收藏《溪山行旅图》的时候,冒用董其昌的名义题写的,并且伪造了董其昌的钤印。因此,这幅《溪山行旅图》很有可能是王时敏精心制作的赝品。

可是,我认为这种质疑很难成立。董其昌的学生王时敏是明末清初的大画家,得董其昌的真传,水平虽然不如董其昌,但也绝非等闲之辈,他的许多作品也被故宫博物院收藏,他即使临摹一幅《溪山行旅图》也会成为传世之作,因此,王时敏没有制作赝品的动机。既然没有造假的动机,那么,王时敏也不太可能不征求老师的意见,擅自冒用老师的名字,在《溪山行旅图》的诗堂上题字。即使诗堂上的题字是王时敏冒用老师董其昌的名义，也不能因此而认为《溪山行旅图》的作者不是范宽，更不能因此推断，《溪山行旅图》是王时敏精心制作的赝品。

还有学者认为，《溪山行旅图》在流传过程中出现了许多疑点。这些疑点如果做不出合理的解释，《溪山行旅图》就很有可能是赝品。

疑点一：《溪山行旅图》是如何从官方收藏流落到民间的。这位学者根据《溪山行旅图》上的半印中的两个字"司印"，推测出完整的钤印应该是"纪察司印"。"纪察司"是明朝初期内府设置的部门，全名是"典礼纪察司"，主要负责掌管内府的书籍、字画等。所谓"半印"就是骑缝章，左半边盖在书画上，右半边盖在记录书画的账簿上。因此，根据"司印"这个半印，就完全可以推断《溪山行旅图》曾经被明朝的官方收藏。可是，《溪山行旅图》后来被周祚新收藏，他是晚明时期的一位进士，再后来又被王时敏收藏。既然，明朝官方收藏了《溪山行旅图》，那么，它是什么时候，又是如何落入周祚新之手呢？难道是皇上的赏赐？

我觉得，这位怀疑者的分析很有道理。因为，据《万历野获编》记载：严嵩、张居正被抄家后，两家的书画都被没收，"曾入严氏者，有袁州府经历司半印，入张氏者，有荆州府经历司半印"（沈德符：《万历野获编》卷八）。严氏指严嵩，张氏指张居正，他们二人一个在嘉靖年间被抄家，一个在万历年间被抄家，被抄没的书画都由经历司收藏。所谓"经历司"，是明朝在地方政府设置的机构，专门处理往来文书。这说明《溪山行旅图》的确被明朝政府经历司收藏过。那么，它是怎么流失到民间去的呢？

其实，这个问题很容易解答。因为，历朝历代都会发生掌管内府的太监监守自盗的现象，家贼难防嘛。比如，《清明上河图》曾经被明朝内府收藏，可是，后来却落到了大太监冯保手中，成了私人收藏。那么，《清明上河图》是如何从内府流入冯宝手中的呢？如果是皇帝所赐，他一定会大肆吹嘘。可是，他在题跋中并没有这样写，那

半印

就只有一种可能，偷的！所以，《溪山行旅图》也完全有可能被盗出宫，流入民间。

疑点二：流传过程出现几百年的空白。通过《溪山行旅图》上的钤印可以看出，自北宋末年一直到明朝末年，在这五百多年的时间里，没有留下一章一跋，因此，在这五百多年里，此画的流传过程根本无人知晓，所以，人们认为，清朝人收藏的《溪山行旅图》与宋朝末年消失的《溪山行旅图》并不是一幅图。那么，清朝突然出现的《溪山行旅图》就很有可能是赝品。

这个疑点也很好解释。北宋灭亡，皇宫中的收藏品全部被掠到了金国，所以整个南宋当然见不到这些收藏品。南宋灭亡之前，蒙古帝国就灭了金国，因此，金国掠夺北宋的收藏品自然就归了蒙古帝国以及后来的元朝朝廷。朱元璋兴兵北伐，将元朝朝廷驱逐回草原，元朝皇宫中的收藏品一部分被元朝皇帝带到了草原，另一部分流失民间。明朝建立之后，许多民间文物逐渐成为明朝内府的收藏。《溪山行旅图》曾经是私人收藏，明朝政府通过抄家，将其没收为内府收藏，因此就有了"司印"这一方半印。

疑点三：官方著录不见记载。在《溪山行旅图》的画轴上有北宋钱勰的钤印，"忠孝之家"。钱勰是北宋时期的书法家，范宽去世不久钱勰出生，有可能钱勰是《溪山行旅图》最早的收藏者。可是，画轴上还有"御书之宝"的钤印，此印的风格是北宋的，带一个"御"字，说明此画曾经与北宋皇帝有关，那么在北宋的《宣和画谱》中为什么没有记载呢？

为了回答这个质疑，就必须说一说《宣和画谱》对范宽作品的著录了。《宣和画谱》著录了北宋御府收藏的58幅范宽的作品。可是在《宣和画谱》中收录的范宽作品中，有许多画是重名的。比如，一个画名对应一幅画的，一共只有4幅作品，其中包括《雪景寒林图》；其他都是一个画名有2幅以上的作品，最多的达到一个画名有12幅作品。总括在一起，一共19个画名，却包含了58幅作品。这种现象如何解释呢？难道在《宣和画谱》中收藏的58幅范宽的作品中，只有19幅是范宽的真迹，其他

39幅重名的作品都是临摹本或者赝品？这不太可能。

比较合理的解释是，《宣和画谱》中的画名不是作品的名字，而是某一类题材的名称。因为，范宽在自己的作品上没有题字的习惯，所以，范宽的画本来都是没有标题的。他对某一个题材画了许多不同的作品，因此，被《宣和画谱》的编撰者归为一类。比如，仅一个"寒林"的题材，范宽就画了12幅作品。面对题材相同，内容和形式大同小异的作品，《宣和画谱》的编撰者根据题材的类似，将其归为一类，然后命名。也就是说，《宣和画谱》中著录的作品名，不是范宽起的，而是编撰者命名的。

这也就可以理解，为什么现在被认为有可能是范宽真迹的作品，除了《雪景寒林图》之外，包括《溪山行旅图》在内的四幅作品都不见于《宣和画谱》了。因为，现在存世的范宽的作品，起初并没有名字，是收藏者根据画面内容重新命名的。其实，历代画家的作品大都如此。比如，唐代画家周昉特别擅长画仕女，他的仕女画有许多，当杨仁恺先生发现一幅周昉的仕女画时，画面上并没有题目，杨先生就根据画面上每个仕女的发髻上都簪花的特点，称他发现的《仕女图》为《簪花仕女图》，这也正是《宣和画谱》中也没有著录《簪花仕女图》的原因。《溪山行旅图》的名字没有出现在《宣和画谱》中，估计也是这个原因。也就是说，很有可能《宣和画谱》的确收录了范宽的《溪山行旅图》，只是画面没有标题，后人一时还对不上号而已。

那么，《溪山行旅图》是《宣和画谱》收录的58幅范宽作品中的哪一幅呢？根据题材类的名称分析，《溪山行旅图》表现的是夏天的景色，最有可能是十幅《夏山图》和三幅《夏峰图》中的一幅了。那么，是谁将这十三幅画中的一幅命名为《溪山行旅图》的呢？根据现有材料，最先称其为《溪山行旅图》的就是诗堂上董其昌的题字。

仅此一点，就足以证明《溪山行旅图》不可能是某人精心制作的赝品了。理由很简单：如果制作赝品，为什么不按照《宣和画谱》收录的名单制作，却偏偏另起一个《宣和画谱》中没有的名字呢？范宽画画不命名，赝品制造者偏偏给赝品命名，这岂不是此地无银三百两了吗？因此我认为，说《溪山行旅图》是赝品的观点根本站不住脚！那么，《溪山行旅图》的作者究竟是谁呢？就在人们相信它是范宽的作品，却苦于找不到证据的时候，从台湾传来消息，有人发现了确凿的证据，证明《溪山行旅图》的作者就是范宽。那么，究竟是什么人，发现了什么样的证据呢？

此人叫李霖灿，时任台北故宫博物院的副院长。他在《溪山行旅图》上的一个不显眼的草丛中，发现了隐隐约约的两个字：范宽。显然，这就是范宽留下的名款。就这样，《溪山行旅图》这幅画为范宽的作品成为定论。可是，很多人都不相信这个结论，因为，《溪山行旅图》问世900多年了，在历代的书画著录里，从未出现记录有"范宽"两个字的名款。《溪山行旅图》自问世以来，被很多人多次临摹。古人赏画、评画与临画都十分精细，900多年来，为什么从来没有人发现过此款呢？李霖灿又是如何找到它的呢？这就得说说这位李霖灿了。

李霖灿是中国当代著名国画大师李苦禅先生的入室弟子，李霖灿曾多次临摹《溪山行旅图》，深为它的艺术魅力所震撼，通过长期研究，从绘画风格和时代特点推断此画属于范宽一派的作品。可是为什么没有范宽的题款呢？米芾在《画史》中说：他曾经在一间僧房里见到过一轴山水画，在这幅画上的瀑布边题有"华原范宽"四个字。显然，范宽有在自己画作上落款的先例。李霖灿心想，《溪山行旅图》如果是范宽所绘，也许会在某个地方留下自己的名字。李霖灿于是下决心，一定要找到范宽的落款。可是，这幅画将近20平方尺，皴法细密，枝叶繁复，要想在上面找出细小的人名，无异于大海捞针，这也正是此画流传900多年没有人发现范宽落款的原因。

几十年过去了，李霖灿多次试图在画面上找到作者的题款，都以失望告终。有一天晚上，他忽然想起在野外考古时所用的网格法，就是把要查找的范围打上纵横方格，然后一个格子、一个格子地寻找，既不遗漏，又不重复。一想到这儿，李霖灿立刻来了精神。他先将画卷拍照，然后放大几十倍洗印出来，再将画面打上方格，然后用高倍放大镜，一格一格地仔细搜索。

功夫不负有心人，终于有一天，李霖灿在树丛中发现隐隐约约的"范宽"二字，乍看上去就像一丛树叶，如果不是将画面打上格子，用高倍放大镜，根本发现不了。《溪山行旅图》作者的千古之谜终于被破解！受此启发，后来有人用同样的方法，在范宽的另一幅作品《寒林雪景图》中，也发现了题在树根部的"臣范宽制"四个字。

李霖灿能够发现《溪山行旅图》的落款，除了他执着的探索精神之外，还得感谢此画的作者范宽。不是因为范宽的确留下了落款，而是因为此画画得足够大，窃取比较困难。当年废帝溥仪让他弟弟溥杰进宫陪读，他不断以赏赐的名义，把一些珍贵的名画赏赐给溥杰，由溥杰将这些名画藏在包裹里，等放学时带出皇宫。可是，《溪山行旅图》高两米多，宽一米多，再加上两根画轴，实在太大了，包裹里根本藏不住，溥仪只好放弃了对它的偷窃。就这样，《溪山行旅图》才能够安然地存放在紫禁城。不然就可能流失民间，永远找不回来了。

由于此画一直收藏在宫中，抗战爆发之前，才有可能随着故宫博物

"范宽"二字题款

第 8 讲 《溪山行旅图》之谜

寒林雪景图

院的文物南迁上海，然后再西迁到四川，最后跨海到了台湾。当年李霖灿参加了故宫珍宝的运送工作，又随故宫南迁文物一起来到了台湾，并且在台北故宫博物院从事绘画和学术研究，就有条件长期临摹、研究《溪山行旅图》，才有机会发现《溪山行旅图》中隐藏的范宽的落款。

李霖灿发现范宽题款的消息，在中国美术界和艺术考古界引发了强烈的震动。人们甚至夸赞李霖灿说，作为一个艺术史学者，一生有一项这样的发现，就足以流芳百世了。范宽题字的发现，证实《溪山行旅图》的确是范宽的真迹，怀疑此画是某人精心制作的赝品的观点，自然就不攻自破了。

"臣范宽制"四字题款

可是，问题并不那么简单啊！最近有学者却认为，仅凭"范宽"和"臣范宽制"的题款，就完全可以断定《溪山行旅图》和《雪景寒林图》都是赝品。这位学者可是一位著名的书画艺术大师，因此，他的结论震惊绘画界和艺术考古界。那么，这位书画艺术大师有什么理由这么说呢？

这位大师的理由非常简单，他认为范宽不是本名而是绰号。他的依据是郭若虚的一句话："或云：'名中立，以其性宽，故人呼为范宽也。'"（郭若虚：《图画见闻志》卷六）意思是，据说范宽本来的名字叫范中立，由于性格宽厚，因此人们称他"范宽"，所以，范宽不是名字而是绰号。既然"范宽"是绰号，那么就不可能用来落款，谁会用别人给自己起的绰号称呼自己呢？因此，这位大师断言，《溪山行旅图》是一幅精心制作的赝品。这位大师的观点的确非常有道理。那么，"范宽"究竟是本名，还是绰号呢？这是判定《溪山行旅图》是否是赝品的关键。

我们先分析一下郭若虚究竟是怎么说的。郭若虚在《图画见闻志》中介绍范宽时，开篇就说："范宽，字中立，华原人。然后，是一大段文字介绍范宽的作品。介绍完范宽的作品之后，在段落的末尾用小号字注释道："或云：'名中立，以其性宽，故人呼为范宽也。'"显然，郭若虚认为范宽就是本名，"或云"就是据某人说，其实就是道听途说，这能够当作范宽是绰号的证据吗？就连郭若虚自己也拿不准，因此将这句话用小字号标注，意思是仅供参考。可是，几百年之后，却有人以此为证据，认定《溪山行旅图》是精心制作的赝品。

《宣和画谱》对范宽是这样介绍的："范宽，字中立，华原人也。"内容与郭若虚的《图画见闻志》基本上一致，唯一的区别是，在"范宽"后面用小号字注解"一名中正"，意思是范宽有两个名字，一个是"范宽"，一个是"范中正"。郭若虚与《宣和画谱》的编撰者都是北宋时期人，距离范宽离世也就几十年，他们的记载应该是可靠的。相比之下，《宣和画谱》的编撰者更严谨一些，没有记录"或云"的内容，毕竟是官方文献；而郭若虚代表个人观点，因此会随意一些。综上所述，可以得出这样的结论：范宽又叫范中正，这是一个人的两个名字，范宽是本名，不是绰号。

能够证明"范宽"是本名不是绰号的更有力的证据，是米芾的一段话。米芾说："丹徒僧房有一轴山水，……笔干不圆，于瀑水边题'华原范宽'，乃是少年所作。"（米芾：《画史》）意思是，我在镇江丹徒县某寺院一位僧人的房间里，看到墙上挂着一幅山水画，此画笔法干枯不圆润，画面上有瀑布，瀑布的边上题着"华原范宽"四个字。"华原"是范宽的家乡，显然这是范宽少年时期的作品。少年时期的作品就署名范宽，说明范宽的确是从小就有的本名，不是因为人们认为他性格宽厚起的绰号。即使这个绰号少年时期就有，也已经被范宽所接受，并且作为自己作品的署名。

所以，我个人认为，即使"范宽"是绰号，未必就不能用来署名。因为，即使是绰号也要看是什么性质。所谓"绰号"分两种：一种是善意的昵称，往往是亲人朋友们使用，更增加亲切感；一种是侮辱性的外号，无论是给别人起外号，还是使用这样的外号，都是不尊重他人，为人不厚道的表现，必然引起被喊外号者的反感。"范宽"如果是绰号，显然是极具善意的赞美，与"范中正"相比，音节更响亮，更容易记忆，作为艺术家，且当个艺名又有何不可？因此，将范宽解释为绰号，从而认定《溪山行旅图》是赝品的观点，根本站不住脚！

可是，还有学者通过古代文献中对范宽作品的描述，发现与《溪山行旅图》表现的内容不符,因此,否认《溪山行旅图》是范宽的作品。比如,宋人刘道醇在《宋朝名画评》中说:"中正好画冒雪出云之势,尤有骨气。"意思是,范宽喜欢画雪和云的变化,特别有力量感。并且解释说,范宽爱好画雪山,是因为他长期隐居在华原、关中一带,那里的冬天常常有山川积雪。可是,《溪山行旅图》表现的却是盛夏。

再比如,米芾在《画史》中说:"范宽山水,显显如恒岱,远山多正面,折落有势。"意思是,范宽画的山水,形象鲜明,就像恒山和泰山,而且大多画远山的正面,山势险峻。可是,《溪山行旅图》上并没有画远山,而是一座大山的正面,矗立于画面之前。根据以上两段古代文献的记载,有学者认为,《溪山行旅图》不太可能是范宽的作品。

我觉得这位学者有对古代文献断章取义之嫌。我们仔细读这些文献就会明白,古人在评价范宽的时候,都是针对范宽的作品进行总体风格和表现题材的描述和概括。比如,《宣和画谱》就是针对范宽的 58 幅作品做出的整体性评价,而不是对范宽的某篇作品的评价。再比如,米芾评价他在丹徒县僧房里看到的那幅山水画,就说此画"笔干不圆",是少年时期的作品。我们今天能够用"笔干不圆"为范宽作品的代表性特征吗? 能够以此特征去鉴定范宽的画吗? 只要发现范宽的作品不符合这一特征,就必定是赝品吗? 当然不能! 同理,人们也不能用对范宽所有作品的总体评价,作为辨认《溪山行旅图》是不是赝品的依据。

我们再看一下《宣和画谱》对范宽作品的记载,北宋御府一共收藏了 58 幅范宽的作品,其题材包括春山、夏山、秋山、雪峰、海山、崇山、寒林、寺庙和人物。题材如此丰富,怎么能说范宽只喜欢画雪景呢? 所以,因《溪山行旅图》不是雪景而是夏天,就否认它是范宽的真迹,这种观点也是站不住脚的!

众所周知,绘画是一种用线条和色彩表达心灵的艺术形式,它是很难用语言和文字表述清楚的,如果能用语言和文字表述清楚,还要色彩和线条干什么呢? 而绘画评论就是用语言和文字解释视觉艺术,往往用抽象的、概念化的词汇描述一个意象丰富、意境深邃的绘画作品,这种做法本身就值得质疑，更是一种费力不讨好的事。更何况，用百十来个字的古汉语，概括几十幅内容丰富的绘画作品，必定会挂一漏万。

艺术就是艺术，当艺术家将自己的心灵通过特殊的方式表达出来之后，它就不再属于艺术家自己，而成为一种客观的存在，它静静地等待着欣赏者和知音，引发心灵的共鸣。因此，即使你不懂艺术，甚至带着民族文化虚无主义的偏见，愤世嫉俗地否定和怀疑一切，可是，当你面对《溪山行旅图》的时候，你依然会感受到一种强烈的震撼。因此，我坚信《溪山行旅图》就是北宋绘画艺术大师范宽的代表作！

《黄州二帖》之谜

不皇惟万。 便往而诋又愧悖於中辱 交照之厚坡吐不谇之言必 远业我蒙 亡无益释然自勉此犹 伏惟深照死生聚散之常 情而至不自知返则明友之 门产付嘱之重下思三子 上念 伯诚尤相知照想闻之无 季常笃於兄第而相 宏才令德百未一报而无 伯诚灵至於此哀愕不止所谓《黄州二帖》，是宋代大文豪苏轼的书法作品，现收藏于故宫博物院。这幅作品很奇特，由上下两帖构成，两帖都是行书、纸本。上帖是《人来得书帖》，下帖叫《新岁展庆帖》。这两幅帖都是苏轼被贬谪黄州时写给朋友的信，因此被称作《黄州二帖》。从艺术水平上分析，《黄州二帖》笔力雄健，骨肉相称，依稀可见王羲之、王献之等大家的风格。可是，从信的内容分析，这两封信却有一些令人不解之处，不禁让人怀疑此信的真实性。那么，这两封信究竟有什么疑点呢？让我们按照苏轼写信的时间顺序，先从《新岁展庆帖》说起。

北宋元丰五年，即1082年的正月初二，苏轼突然来了兴致，铺纸研墨，大笔一挥，一封信一气呵成。此信写给"季常先生"，他的名字叫陈慥，字季常，是苏轼的眉山同乡，当时隐居在黄州岐亭，就是今天的湖北麻城。信的抬头是：轼启。这是北宋时期书信的惯用格式，将写信人的名字放在最前头，表示我苏轼要说话了。苏轼说：新岁未获展庆。意思是，新年没收到你的致贺，此信因此被称为"新岁展庆帖"。可是，这句话本身就有个疑问，究竟是正月初一苏轼没收到陈季常的致贺，还是苏轼在正月初一之前，没有给陈季常致贺呢？显然，二人在新岁第一天，彼此都没有收到致贺。苏轼只好接着说：祝颂无穷。意思是，送给你无穷的祝福。

然后，苏轼问道：天气转晴，一切都好吧？几天后我准备盖房子，房子必定能完工，可是不知道什么时候才能进城去看你。昨天李公择来信说，正月十五之后出发，月底到黄州，你此时也来黄州一聚，如何？信中提到的李公择，曾经官至尚书，是苏轼的挚友。可是，苏轼马上又说：我准备正月十五开始建房子，恐怕月底完不了工。我不能出门，无法陪你们夜游黄州。

既然无法陪同朋友夜游黄州，为什么还要邀请陈季常来此一聚呢？

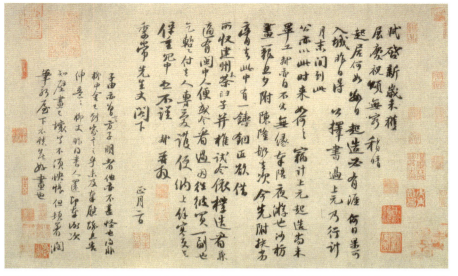

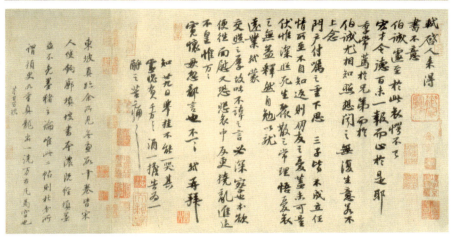

黄州二帖

接着苏轼又说：有沙枋木的鸟笼，最近准备搭乘陈隆的船捎给你。今天让送信的人先给你带去一盒扶劣膏。扶劣膏是苏轼的一位潮州朋友送给苏轼的。

苏轼突然话锋一转，又说：这里有一位铜匠，我想借你收藏的福建木茶臼和茶椎，让他仿造一副。北宋时期的习惯，将茶叶制成茶饼，泡茶之前先要将茶饼捣碎，因此，需要茶臼和捣茶的茶椎。也许是怕陈季常不同意借，苏轼又说：如果有福建人回家乡，我让他看一眼这茶臼和茶椎，也好给我买一副。你可将茶臼和茶椎交给送信的人带给我，我会小心爱护，用完之后即刻奉还。苏轼寒暄几句之后，信就结束了。

人们普遍认为，这封信表现了苏轼与陈季常二人之间感情深厚，生活趣味相投，甚至在一些兴趣一致的器物上可以互通有无。自己有什么好东西，总是想着给朋友捎去一些，当然，朋友有什么好玩意儿，也时常惦记着。而且，大年初二就派人送信讨东西，这种不拘小节的洒落，显示出苏轼与陈季常之间的关系非同寻常。

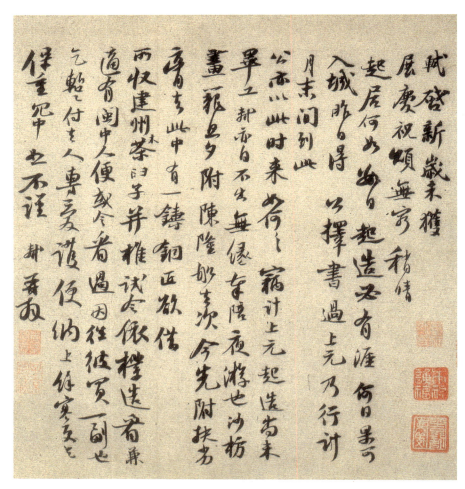

新岁展庆帖

可是，我却觉得此信的主题不是新春问候，也不是请陈季常来黄州相聚，而就是为了借茶臼和茶椎。看似不经意，其实这才是全信的中心内容。否则，苏轼不会新春不问候，大年初二突然写信。可是，大年初二直接索要东西，实在太唐突，因此，苏轼就拐弯抹角地又是问候，又是邀请，又准备将精美的鸟笼带给陈季常，还委托送信人将朋友远道捎来的礼物辗转送给陈季常。直到信的末尾，像是顺便提起，或者突然想起的样子，向朋友索要他其实惦记了很久的东西。

有人一定会反驳说，苏轼明明是借，我怎么说是索要呢？因为，苏轼这个人有个借东西不还的毛病。比如，苏轼曾经从米芾手上借去一方紫金石砚台回家欣赏，可是，一个月之后苏轼就去世了，借去的砚台没还。有人说是苏轼去世得太突然，没有来得及还。可是，据米芾自己说，苏轼在临死之前嘱咐儿子将这方砚台放进棺材陪葬。米芾听说消息之后，赶到苏轼家，将砚台要了回来。有人因此嘲笑米芾小气，苏轼是米芾的恩师，不就一方砚台嘛，至于在人死之后，还要从棺材里将借的东西取回来吗？

当然，陈季常不是米芾，即使苏轼借东西不还，他也不会到家中追回，因为，他与苏轼的友情的确非常深厚，证据就是《黄州二帖》中的第二封信。这封信是苏轼接到陈季常的信，得到陈季常的哥哥陈伯诚去世的消息之后，给陈季常的回信。苏轼在信中说：轼启：人来得书。意思是，送信者带来你的信，此信因此叫《人来得书帖》。这次苏轼没有客套话，直奔主题：不意伯诚遽至于此，哀愕不已。意思是，万万没有料到，陈伯诚突然去世，我感到非常悲痛和惊愕。

紧接着，苏轼表达他自己的悲痛心情道：陈伯诚才华横溢，品德美好，却没有机会施展才华。我和季常亲如兄弟，我与伯诚更是肝胆相照。听到伯诚兄的死讯，我都不想活了。要不是考虑父辈的嘱托，念及三个孩子还未长大成人，任由我的感情，我真想随伯诚而去，不再回来！苏轼在信中的这种表述总会让人觉得多少有些夸张或者煽情。

而后苏轼话锋一转安慰陈季常说：我知道朋友心中的忧伤要比我深

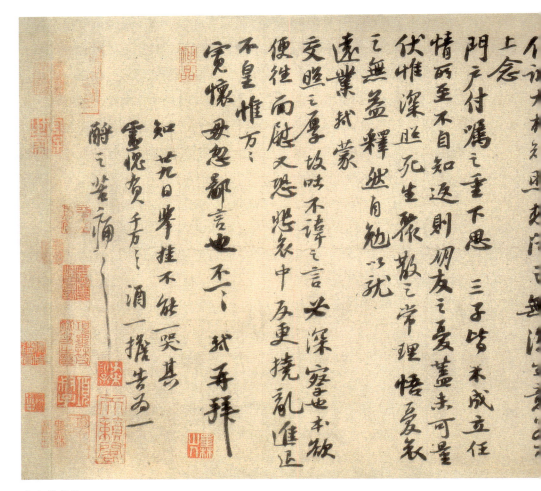

人来得书帖

得多。我们都是深知死生聚散之理的人，也知道忧愁悲哀没有益处，还是想开一些，自我勉励，才能成就远大事业。说完这话之后，苏轼又怕朋友接受不了，于是又解释说：我与你交情深厚，承蒙你的厚爱，所以不避讳地说了这些话，你必定能深刻地体会我的意思。我本想前往家中当面慰问，又恐怕在悲哀中添乱。去也不是，不去也不是，真令人惶恐不安。请你一定宽容我，不要把我的话不当回事。

落款之后，又在信的末尾附上一句：知廿九日举挂，不能一哭其灵，愧负千万，千万。苦痛！苦痛！意思是，得知二十九日那天出殡，可是

我却不能到灵前哭送，感到非常愧疚。我只好将一担酒都洒在地上，以祭奠兄长。痛苦啊，真的很痛苦啊！

苏轼这封信写得很动情，通过《人来得书帖》我们可以感受到，苏轼与陈季常之间的情感的确很深厚。可是，人们对此情的真实性依然表示怀疑。因为，陈季常的父亲陈公弼曾经是苏轼的顶头上司。二人的关系不但不好，而且曾经非常紧张，甚至有人说，陈公弼的死与苏轼有关。如果这些说法属实，那么，《人来得书帖》中表达的情感岂不是虚情假意了吗？如果这感情是虚假的，收信人陈季常为什么还要将此信珍藏呢？苏轼在信中表达的感情究竟是否真实呢？这还得从苏轼与陈季常的父亲陈公弼之间的关系说起。

嘉祐年间，苏轼先以第二名的成绩考中进士，然后通过"制科"，也就是非常规考试，作为特殊人才被朝廷录用，然后派到凤翔府担任判官，大致相当于地级市的市府秘书长。凤翔府的工作人员都称苏轼为"苏贤良"。后来，新上任的凤翔知府陈公弼听到之后，愤怒地说："府一级的判官，谈得上什么贤良？"说罢用棍子抽打那位称苏轼"苏贤良"的人。苏轼请求面见陈公弼，却被陈公弼一口回绝了。

第二年七月十五中元节，苏轼没有到知府厅报到，结果被陈公弼罚铜八斤，也就是把苏轼的工资扣了。众所周知，苏轼是"唐宋八大家"之一，当时就以文章写得好而著名，可是对苏轼写的公文，陈公弼横挑鼻子竖挑眼，一定要让苏轼反复修改才勉强过关。面对这样的上级，苏轼有话不能直说，就在诗中发牢骚。他说："虽无性命忧，且复忍须臾。"（《东坡集》卷四）意思是，虽然没有生命危险，但是还需要继续忍耐一段时间。甚至说："忆弟恨如云不散，望乡心似雨难开。"（邵博：《闻见后录》卷十五）意思是，想念弟弟，郁闷之情，像天空不散的乌云；渴望回乡，难过之心，似连绵不息的阴雨。真的有些忍无可忍了！

不久，苏轼终于找到了发泄内心不满的机会。陈公弼令人在终南山麓修了一座观景台，取名"凌虚台"，然后命苏轼写一篇《凌虚台记》。苏轼在《凌虚台记》中有这样一段描述，大概意思是：登台而望，东面曾经是秦穆公的祈年殿和橐泉殿，南面是汉武帝的长杨殿和五柞殿，北面是隋朝的仁寿宫和唐朝的九成宫。它们曾经何其兴盛，且宏伟壮丽，比这凌虚台坚固百倍。然而，几百年之后，这些宫殿都变成庄稼地和长满荆棘的废墟，一座凌虚台又能够存在多久呢？一座高台尚且不足以长久依靠，更何况人世的得失与来去匆匆的生命！如果有人想要通过修建一座高台夸耀于世而自我满足，那他就错了。这世上的确有足以依靠的东西，但是与高台的存在与否没有关系。

陈公弼看了苏轼写的《凌虚台记》之后，笑着说："我对待苏轼就像对待自己的儿子。我平日里不给苏轼好脸色，实在是怕苏轼年纪轻轻的就有如此大的名声，他会因此骄傲自满，承受不起这种名声啊！"说完这话之后，陈公弼命令手下一个字不改地将苏轼的《凌虚台记》刻在了石碑上。显然，陈公弼内心还是很欣赏苏轼的，可惜苏轼对此一无所知，他依然记恨陈公弼。

苏轼的弟弟苏辙在《龙川略志》中讲述了这样一则故事。有一位老和尚掌握着一种用朱砂提高金子纯度的技术，陈公弼曾经多次要求向老和尚学习，这位老和尚就是不教。可是，当苏轼见到这位老和尚时，没等苏轼提出要求，这位老和尚就将炼金的方法教给了苏轼。当陈公弼得知消息之后，以势压人，强行得到了这一方法。不久，陈公弼被逮捕入狱，罪名是受贿。陈公弼感到非常屈辱，最终抑郁而亡。陈公弼与苏辙并无过节，所以说，苏辙对陈公弼的态度，显然是受到哥哥苏轼的影响。

可是，《宋史》评价陈公弼是一位优秀的地方官员。据北宋史学家范镇描述，陈公弼担任长沙知县的时候，有一位法号海印的僧人，结识很多有权有势的人，多次干扰地方行政和司法程序，霸占百姓的田园和池塘。历任长沙县令都不敢治他的罪。陈公弼上任之后，将其逮捕加以鞭笞，并且将他霸占的田园和池塘都还给业主。范镇因此夸赞陈公弼是"古之良吏也"（《东斋记事》）！

那么，陈公弼究竟是贪官还是良吏呢？许多人认为，陈公弼晚年只是因为接受了"他州馈酒"，就被定为受贿罪，这其中必定有冤情，因此导致陈公弼沮丧、羞辱、抑郁而死。甚至有人猜测说，陈公弼的冤案是欧阳修在起作用，而且间接地与苏轼有关。人们为什么这样怀疑呢？因为，苏轼是欧阳修通过考试发现的特殊人才，在凤翔府担任判官时却受到陈公弼的排挤，所以欧阳修对陈公弼进行报复。这样一来，陈公弼之死，苏轼真的难脱干系了。

当苏轼得罪了朝廷中的革新派被贬黄州时，又有人推测说，这是革新派想借陈公弼之子陈季常之手迫害苏轼。因为，陈季常此时就住在黄州。既然，苏轼与陈季常之间有如此深仇大恨，苏轼怎么会给陈季常写这封情深意长的《人来得书帖》呢？难道苏轼真的是一个虚伪的人吗？他这样虚情假意的动机又是什么呢？这就得说说苏轼的心路历程了。

苏轼在凤翔府担任判官的时候，年仅 27 岁，初出茅庐不懂人情世故。而且，苏轼科举考试成绩优异，被朝中重臣欧阳修看中，决定重点培养。这使苏轼恃才傲物，目空一切。因此，陈公弼对苏轼百般刁难，必然引起苏轼的反感，以至于在《凌虚台记》中讽刺挖苦陈公弼。

可是，苏轼写《黄州二帖》的时候，已经 47 岁了，事情过去了二十多年，苏轼也早过了意气用事的年龄，经历了人生的磨难之后，终于理解了陈公弼的苦心。苏轼说："方是时，年少气盛，愚不更事，屡与公争议，至形于言色，已而悔之。"意思是，当时我年少气盛，愚蠢不懂事，曾经多次与先生发生争执，语言不敬，行为不恭，现在很后悔。也许是为了表达内心的歉意，苏轼还为陈公弼写了传。而且，苏轼对陈公弼的评价与《宋史》和范镇基本一致。

其实，苏轼对陈公弼的态度，早在他离开凤翔不久就发生了变化，而且在日后为官的历程中，陈公弼成了苏轼学习和效仿的对象。比如，有人曾经问苏轼管理地方事务的才能从何而来时，苏轼回答说："我于欧阳公及陈公弼处学来。"（赵善璙:《自警编》卷八）欧阳公就是欧阳修，恃才傲物的苏轼，变得虚心好学了。

正是这样的转变，才让苏轼为陈公弼作传，用苏轼自己的话说："轼平生不为行状墓碑，而独为此文。"（《东坡集》卷三十三）意思是，我苏轼平常从不为任何人写传记和碑文，只为陈公弼写传记。这是为什么呢？有人解释说，苏轼是为了笼络和讨好陈季常，可是，陈季常无非是一个隐居乡间的散淡人士，无官无职，无权无势，苏轼有必要笼络和讨好他吗？

其实，这是苏轼的思想发生根本性变化的结果。起初，苏轼在父亲苏洵的言传身教之下，形成了儒家的正统思想，并且曾经批评道家说："读其文，浩然无当而不可穷！"（《苏文忠公全集》第一一五卷）意思是，读道家的文章，空洞虚无不着边际；同时毫不客气地说："吾之于僧，慢侮不信。"意思是，对于僧人，我瞧不起也不相信他们。可是，当他进入社会，走上仕途之后，官场的黑暗，政治的腐败，无情地打击了苏轼的政治热情，他逐渐开始厌倦官场。

熙宁年间，朝中的革新派与保守派之间的政见不和，已经演化为朋党之争和同僚间的倾轧。所以，革新派官员在苏轼的奏章中摘取一些话，并且结合苏轼的诗，给皇帝上书，弹劾苏轼诽谤皇上。元丰二年，苏轼在湖州知州任上以"讪谤"罪被逮捕入狱，关进御史台的监狱，这就是著名的"乌台诗案"。心高气傲的苏轼，被衙役拘捕，如驱鸡犬；遭狱卒虐待，受尽屈辱。无论是身陷图圄，还是贬谪黄州押解途中，他多次萌生自杀的念头。

被贬黄州之后，苏轼在政治是受"编管"的犯官，行动受到限制。由于朝廷的俸禄太低，家中人口又多，苏轼家经常断顿。为了贴补家用，苏轼在住所东面的山坡上开荒种地，并且自号"东坡居士"，"苏东坡"

的称号由此而来。后来，苏轼又在东坡上建了几间草屋，因完成时天降大雪，所以称"雪堂"。《新岁展庆帖》中说要盖房子，指的就是这几间草屋。

官场中的黑暗，"乌台诗案"的冤屈，牢狱中的折磨，贬谪生活的艰苦，使苏轼的思想产生巨大的转变，他不再排斥佛教和道家，但也没有丢掉儒家的信念。这一点通过他在贬谪黄州时创作的《前后赤壁赋》可以深切地体会到。《前赤壁赋》追求物我为一，有庄子的自由和佛家的洒落，《后赤壁赋》渴望超越生死，有老子的自然和道家的飘逸。而他的《念奴娇·赤壁怀古》又对此境界起到画龙点睛的作用，尤其是最后一句：故国神游，多情应笑我，早生华发。人生如梦，一尊还酹江月。其中表现的苍凉、悲怆、洒落和旷达的境界，是久经磨难之后的精神超越，是圆融儒、释、道三家之后的思想升华。

这种精神境界在苏轼的《人来得书帖》中也能够体会到。比如，苏轼安慰陈季常说："伏惟深照死生聚散之常理，悟忧哀之无益，释然自勉，以就远业。"意思是，我们都是深知死生聚散之理的人，也知道忧愁悲哀没有益处，还是想开一些，自我勉励，来日方长。既然有了如此旷达、宽宏的心态，想必对二十年前与陈公弼之间的过节早已不再挂怀。这里根本没有笼络和讨好陈季常的意思，完全是一种平常心，面对一个患难知己，为他分忧解愁，同时也包含了对老领导的感恩之情。

可是，有人却提出质疑：苏轼元丰三年到黄州，元丰五年正月写《新岁展庆帖》，二人相识仅一年多，住地相距140多里，最多见过两次面，怎么会有如此深厚的感情呢？其实，早在凤翔任职的时候，苏轼就与陈季常认识并且有过交往，陈季常的举止给苏轼留下了很深的印象。比如，苏轼在为陈季常写的传记中说："十九年前，我在岐山时，见方山子带着两个随从，身上带着箭在西山游猎。突然，一只鹊在前方飞起，陈季常令一随从骑马追上去用箭射，却没射中。陈季常大怒，纵马冲了出去，一箭射中了那只鹊。然后和我一起骑在马上谈论用兵之道和古今成败之理，的确是一位豪杰之士。"显然，二人第一次见面，彼此就留下很好的印象。

凤翔相遇之后，苏轼和陈季常再也没见过面。直到十九年之后的元丰三年正月，苏轼在去黄州的路上，在岐亭北25里处，见到山坡上一位头戴青巾的男子，骑一匹白马迎面而来。当这位男子走近时，苏轼大声惊呼："天啊！这不是我的老乡陈季常吗，你怎么会在这儿？"陈季常也感到很吃惊，反问苏轼："你怎么会到这儿来？"苏轼将自己被贬谪的原因简单地告诉了陈季常。陈季常听罢低头不语，突然又仰面大笑。然后，热情地将苏轼带到自己家，并且留苏轼住下。苏轼这一住就是五天，最后，苏轼留下一首诗才离开。也许就是这一次，苏轼看中了陈季常家中那副福建产的木制茶臼和茶椎。

第二年，也就是元丰四年正月，苏轼去岐亭与陈季常相聚。陈季常事先知道苏轼要来，于是派人在半路迎接苏轼。苏轼自幼不喜欢杀生，"乌台诗案"之后完全吃素。他怕陈季常因他而开杀戒，就事先写一首诗派人带给陈季常，劝他不要杀生。陈季常从此也不再杀生，在陈季常的影响之下，岐亭人渐渐也不杀生了。

苏轼在黄州一共待了四年，曾经三次前往岐亭拜见陈季常，陈季常则七次来黄州拜会苏轼。十次见面的时间加在一起，长达一百多天。这是他们之间深厚友情的见证。其实，一对患难知己，友情不因时间长短决定。因此，苏轼的《新岁展庆帖》和《人来得书帖》所表达的情感，毫无疑问是真诚的。正是因为这个原因，《黄州二帖》才会被陈氏家人世代珍藏。

元丰七年四月，苏轼离开黄州转移到汝州（今河南汝州市），一行人顺长江而下，朋友们送到磁湖（今湖北省黄石市的南湖）就都返回黄州了，可是，陈季常却一直将苏轼送到江西九江。陈季常还要陪苏轼游览庐山，经过苏轼百般的劝说，才返回黄州。

苏轼离开黄州之后，由于空间的阻隔，与陈季常的交往自然减少了很多，但是并没有因此而中断联系。他们不但经常有书信往来，而且元祐三年，即 1088 年，陈季常曾经到开封府拜访苏轼。

绍圣二年，即 1095 年，苏轼被贬谪到广东惠州，陈季常与苏轼的书信往来更加频繁。陈季常打算去惠州探望，苏轼回信劝阻陈季常，说自己一切都很好，尽管放心，不要来惠州，也不要派别人来。甚至说："彼此须髯如戟，莫作儿女态也。"（《苏文忠公全集》第一一五卷）意思是，咱们都是胡子拉碴的男人，不必像女人一样的缠绵。苏轼这话说得有些不好听了。但也正是知心朋友，才能说话如此直率。

苏轼对陈季常不但说话直率，而且还偶尔调侃他。比如，苏轼在诗中有这样一句："龙丘居士亦可怜，谈空说有夜不眠。忽闻河东狮子吼，拄杖落手心茫然。"龙丘居士就是陈季常，他喜欢参禅悟道，经常彻夜不眠。有一天夜里，正在谈空说有的时候，突然听见他老婆一声吼。因为，陈季常的老婆姓柳，郡望在河东，人称"柳河东"，佛家用"狮子吼则百兽惊"来比喻佛教的神威，苏轼将陈季常老婆的大吼，戏称为"河东狮吼"，陈季常吓得拐杖都落了地，一时间不知所措。从此，"河东狮吼"就成了悍妇的代名词，而陈季常也成了惧内的典型。

这个场景当然是苏轼在陈季常家做客的时候看到的，这样调侃朋友虽有些不厚道，但毕竟也算是真情所致。正是因为二人的交情深厚，苏轼才为陈季常也写了传记，名字叫《方山子传》。通过苏轼的描述，我们才得知，陈季常年轻时，仰慕游侠，酗酒任性，喜欢使剑，挥金如土。年岁稍长，发奋读书，想出人头地，却没交上好运。晚年隐居黄州岐亭，住茅草屋，吃素食，不与社会来往。放弃车马，徒步山里，没人认识他。

其实，陈季常原本住在洛阳，家有园林宅舍，雄伟富丽。在河北也有田地，每年有上千匹帛的收入，完全可以过富裕享乐的生活。可是，他却舍弃了这一切，来到穷乡僻壤，过着闲云野鹤般的隐士生活。显然，苏轼在黄州遇到了同类人，因此，二人成了患难之交。

可以说，苏轼的《人来得书帖》和《新岁展庆帖》是苏轼与陈季常之间友谊的见证。因此，陈季常十分珍惜这两封信，一直珍藏着，并且

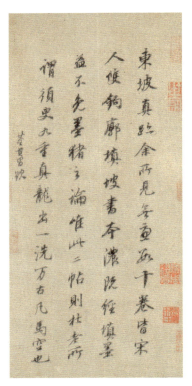

人来得书帖 董其昌题跋

在陈家流传了好几代人。后来不知何故，《黄州二帖》流出陈家，几经辗转，被明代大书法家董其昌收藏。

董其昌在《人来得书帖》上题写道，苏轼的真迹，我见过不下几十卷，都是宋代人用双钩法的临摹本，只有《黄州二帖》是苏轼的真迹。并且引用杜甫的诗赞誉道："须臾九重真龙出，一洗万古凡马空。"意思是，突然天上降下真龙，人间的马都消失了。董其昌的跋文不仅从艺术上肯定了该作品的价值，也为后世辨识此帖的真伪提供了依据。

可是，《新岁展庆帖》和《人来得书帖》本来是两封信，为什么装裱在一起呢？原因很简单，由于两幅帖的书法风格相同，创作时间相近，都是写给一个人的信，历代鉴赏家经常将两帖相提并论。为了方便展示和更好地收藏，故宫博物院于 1964 年将两帖装裱在一起，从此成了一幅作品。

第 **10** 讲

神秘的马槽

清同治三年，即 1864 年的四月，持续四个多月的惨烈战斗之后，清军攻陷了太平军驻守的江苏常州城，疯狂的杀戮让城内笼罩着死亡的恐惧，空气中弥漫着血腥味。城中一座豪华的王府，被战火摧毁得仅剩一座回形主楼，清军将领刘铭传正在楼内的房间休息。突然，院子里传来清脆的金属撞击声，刘铭传以为有残敌未肃清，立刻呼唤亲兵准备应战。可是，院子里并没有人。几个人顺着声音来到马厩，只见马正在低头吃草，马笼头不时碰在马槽上发出清脆的金属声。马槽一般都是木质的，怎么会发出金属声呢？刘铭传好奇地点燃灯笼仔细查看，只见这个马槽四尺多长，将近三尺宽，一尺多高，刘铭传从来没有见过这么大的马槽。他用手甚至推不动，靠近马槽仔细观察，才发现隐隐约约有花纹。刘铭传觉得这个马槽非同寻常，但是光线昏暗看不清楚，于是决定天亮之后，再看个究竟。

借着晨光，清军将领刘铭传命令亲兵把发出金属声的神秘马槽从马厩中搬了出来。大约四百多斤的马槽，被四个亲兵抓着外侧的圆环，抬到院子里。洗刷干净之后，马槽露出了真面目。它的样子很奇特，圆角长方形，口大底小；底部有四个曲尺形的底座，四面各铸有一对衔着圆环的兽头，透过绿色铜锈，依稀可辨精美的花纹，显然马槽是青铜铸造的。更令刘铭传惊讶的是，马槽内的底部有许多铭文，可惜他看不懂。不过，刘铭传完全可以肯定，这是一件稀世珍宝，用作马槽简直是暴殄天物！

究竟是什么人暴殄天物呢？当然是刘铭传手下的马夫了。刘铭传带领清军，经过几个月的血战，终于攻下太平军驻守的常州城，当天晚上就住在常州城中的一座王府中，这件青铜器一定是王府主人的收藏品。刘铭传的马夫在废墟中发现了这件青铜器却不认识它，就拿来喂马了。那么，这座王府的主人又是谁呢？

刘铭传当然知道此人。他叫陈坤书，广西桂平人，1851 年参加洪秀全领导的金田起义，是太平天国的元老级人物。因为从小眼睛有毛病，

神秘的马槽——虢季子白盘

人送外号"陈斜眼"。可是，他身材魁梧，打仗勇猛，人们又称他"陈狮子"。他是太平天国后期的主要将领之一，被天王洪秀全封为"护王"，驻守常州城，担负着拱卫天京（今南京）城的重任，手下却只有八千多名太平军的将士。

1863 年底，十万清军开始攻打常州城，这是一场实力悬殊的战斗。陈坤书心里很清楚，常州城必须坚守，否则天京难保，因为它是天京最后的屏障。这位被称作"狮子"的陈坤书，带领着他麾下的八千多名太平军将士艰苦鏖战了四个多月，常州城岿然不动。太平军虽然伤亡很大，但是也让清军损失惨重。

攻城失败之后，清军重新调整了部署，将所有炮火集中起来，猛轰常州城墙。不一会儿，城墙被轰开了一个口子，清军蜂拥而入，太平军与清军展开了激烈的巷战。陈坤书在巷战中，身先士卒，奋勇拼杀，最后率领几个军官和几十名士兵退到自己的王府里搭建工事，继续顽强抗击。虽然，许多清兵死在他的刀下，但是，终因寡不敌众，陈坤书受伤被俘。

清军的攻城总指挥就是刘铭传，他将被俘的陈坤书押到李鸿章面前，想劝降他。可是，陈坤书大义凛然，怒斥李鸿章说："如果没有洋鬼子的协助，你们全部清妖也不可能从我手中攻下这座城市，我欲保常州，以为金陵犄角，奈何不成，只有尽忠！"最后，刘铭传将陈坤书凌迟处死，并且将陈坤书的首级挂在旗杆上示众。攻入常州城的清兵疯狂地屠杀了太平军将士和家属近万人。

整个常州城在战火中被损毁严重，城中的护王府也仅剩一座回字形转楼，勉强还能住人，刘铭传就将自己的行营安在了护王府。虽然经历战火，但护王府依然保留着它往日的辉煌和气派。陈坤书的护王府在太平军占领常州城之前是阳湖县的县衙。陈坤书驻守常州城之后，对旧县衙进行了修葺和扩建，使其规模和气派远远超过了从前，充分体现了太平天国特有的风格——奢侈与豪华。这是太平天国上层领导腐败的表现，也是加速太平天国灭亡的重要原因。

战事结束之后，清兵在常州城大肆劫掠，护王府中的财物被刘铭传手下的清兵洗劫一空。这件巨大的青铜器实在太重，士兵们又都不识货，就被马夫抬去当马槽了。

可是，陈坤书是一介武夫，作为太平天国的重要将领，跟随洪秀全起义之后，长期转战在大江南北，军务繁忙，戎马倥偬，最后占据常州城也就四年时间，而且大部分时间不在城中，他是如何得到这件宝贝，并且收藏在护王府内的呢？原来，在陈坤书之前，这件青铜器的主人叫徐星钺，这件宝贝一直收藏在常州城徐家的"天佑堂"内。那么，徐星钺又是怎么得到这件宝物的呢？那还是道光年间的事了。

当时，徐星钺的哥哥徐燮钧担任陕西郿县县令，又兼任宝鸡县的县椽，大致相当于副县长。他的父亲徐湘渔和徐燮钧一起来到陕西郿县，为他出谋划策当师爷。有一天，徐湘渔到乡下巡视，来到宝鸡县虢川司的一个村子里，偶然发现一个农民家的马槽居然是青铜做的。经过仔细观察，徐湘渔辨认出这是一件周代的青铜器，于是花了100多两银子，将这件青铜器买了下来。

徐燮钧卸任回乡，将这件青铜器带回常州。当他对青铜器的底部进行清理之后，发现了铭文。徐燮钧看不懂这些篆体铭文，于是召集常州

国宝迷踪 III

城中的好友以及文化名流共同解释这些铭文。经过一段时间的辨认，最终将这些铭文识别出来了。

铭文的大意是：十二年正月是一个吉祥的日子，虢季子白制作了此件宝盘。因为，他带领军队在洛水南岸讨伐猃狁部落，斩获敌首级五百个，抓获俘虏五十个，他是开路的先锋。取得胜利之后，天子赐给他战车，让他更好地辅佐周王；赐给他红色弓箭，颜色鲜艳；还赐给他一柄青铜钺，代表最高的军事权力。为了纪念这个日子，虢季子白铸造了此盘，要世世代代永远传下去。

铭文中的"虢季子白"，显然就是这件青铜器的制作者和主人。"虢"是诸侯的封号，"季"是排行第四，"子"是虢国君主的儿子，"白"是这位公子的名字。从此，人们不再称这件青铜器为马槽，而称它为"虢季子白盘"。虽然一时还不知道虢季子白究竟是谁，但是，人们知道虢国是西周时期非常重要的诸侯国，那么，这个青铜盘一定是西周时期的。

从此，虢季子白盘就珍藏在徐家的"天佑堂"内。可是，太平军攻打常州城的时候，徐家的"天佑堂"被毁，徐家人也下落不明，虢季子白盘从此就落到了陈坤书的手中。陈坤书是农民出身的一介武夫，没有什么文化，他

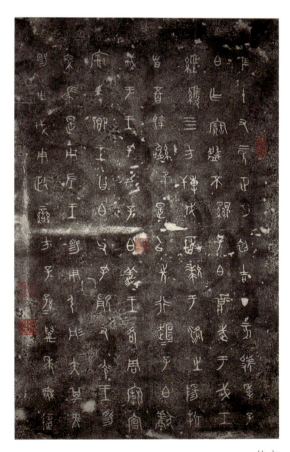

铭文

是否了解虢季子白盘的价值呢？他是将虢季子白盘当作宝贝收藏，还是当作马槽使用呢？这就不得而知了。

刘铭传虽然不知道陈坤叔如何对待虢季子白盘，但是，面对这些铭文，贩私盐出身，干团练起家的刘铭传，还是意识到自己发现了一件珍宝。于是，他派亲兵将这件青铜宝贝秘密送回安徽老家肥西刘老圩。后来，刘铭传回乡休假期间，请安徽霍山县的黄从默老先生对这件青铜器进行考证。通过铭文，黄老先生辨认出该盘的来路。

黄老先生告诉刘铭传，这件青铜器应该叫"虢季子白盘"，是西周时期的作品，有两千多年的历史了。听了黄老先生的解释之后，刘铭传欣喜若狂，就在刘老圩盖了一座亭子，取名"盘亭"，而且还作了一篇《盘亭小记》，记载了建造盘亭的经历、青铜盘的形状和铭文的内容，并亲笔题写了"盘称国宝，亭护家珍"的对联。

虽然，刘铭传命令家人严守秘密，可是，消息还是不胫而走。据说，不知何人制作了宝盘铭文的拓片，流传出去，每张居然索银五两，震动了当时的学术界，因此，引来了许多观赏者。刘铭传爱盘如命，唯恐有所闪失，就锁住盘亭，拒绝观看。光绪皇帝的老师翁同龢得知消息之后，想一睹宝盘的真容，却被刘铭传婉言谢绝了。后来，翁同龢想通过权势压人，要从刘铭传手中夺取宝盘。刘铭传只好求助于老上司李鸿章。李鸿章上奏慈禧太后请求保护。慈禧太后觉得刘铭传镇压太平天国有功，于是下懿旨，将虢季子白盘赐给刘铭传。从此，大清王朝的官员们，无论官职再高，也不敢打宝盘的主意了。

1883 年，已解甲归田多年的刘铭传，被清政府任命为福建巡抚，督办台湾事务，筹备抗击法国侵略者，由于宝盘太重无法随身携带，只好留在家中，嘱咐家人好生看管。1884 年 7 月 16 日，刘铭传抵达基隆。十五天之后，中法战争爆发了。法国军舰直逼基隆，要求守军交出炮台，守军置之不理。法军向基隆炮台猛烈开火，摧毁了清军的部分炮台和营房，守军只好向岛内撤退，法军占领基隆港，并且摧毁了所有炮台设施。

占领了港口的法军派陆战队继续向基隆市街区搜索前进，并攻击附近的高地。台湾守军在刘铭传的亲自统率之下，突然出现在法军的四周，并且逐渐缩小包围圈。经过几个小时的激战之后，法军伤亡百余人，狼狈逃回军舰，侵占基隆的计划破产了。

法军败退之后，向清政府提出和议条件，被清政府拒绝。8 月 23 日下午，法军舰队发动突然袭击，把福建水师所有战舰全部击沉，然后，炮轰马尾造船厂和马江沿岸各炮台。从此，法军牢牢地掌握了台湾海峡的制海权。

不久，法军再次进攻基隆。基隆守军奋勇抵抗约两个多小时，伤亡百余人之后，被迫后撤。法军登陆基隆港，刘铭传撤离基隆，移师沪尾。法军占领基隆后，又对沪尾发起进攻。这个时候，清军突然从北、东、南三个方向杀出，锐不可当。一阵短兵相接之后，法军溃不成军，伤亡累累，全线崩溃，逃回舰上之后无力再战。就这样，在中国军民的英勇抵抗之下，法国侵占台湾的战争以失败告终。

1885 年，清朝政府决定对台湾撤府建省，任命刘铭传为首任台湾省巡抚，加兵部尚书衔。刘铭传在台湾任职期间，通过修建铁路，开凿煤矿，创办电讯，改革邮政，发展航运，促进贸易，投资教育等一系列措施，促进了台湾近代工商业的发展，巩固了台湾的防务。1891 年，刘铭传由于受朝廷内部顽固派的排挤，被迫辞职，返回大陆。告老还乡之后的刘铭传，闭门谢客，不问国事。虢季子白盘就成了他晚年读书之外的一个精神消遣。

几年之后，中日甲午战争爆发，大清海军被日本联合舰队堵在威海的刘公岛，打了个全军覆灭，黄海与渤海湾的制海权尽失，日本海军在我国领海如入无人之境。与此同时，日本陆军越过鸭绿江，打得清军节节败退。战败的清政府与日本政府之间签订了丧权辱国的马关条约。条约中有一项重要内容，就是将台湾岛和澎湖列岛割让给了日本。得知这个消息之后，刘铭传悲愤交加，一病不起。第二年的 1 月 12 日，刘铭传去世，享年六十岁。临终之前，他再三嘱咐子孙，宝盘是国家珍宝，只要命在，宝盘不能丢！

转眼到了民国时期，军阀混战，政局动荡。新旧军阀们在争夺地盘和钱财的同时，也开始搜集和抢夺各种国宝。刘家珍藏的虢季子白盘自然成了他们争夺的对象。1933年的一天，当时的安徽省政府主席刘镇华来到了刘家，召见刘铭传的曾孙刘肃曾。省政府主席驾到，刘肃曾自然恭恭敬敬地迎接。可是，当主席大人要求观看宝盘的时候，刘肃曾却婉言谢绝了。

刘镇华想花重金收购宝盘，仍然遭到刘家后人的拒绝。刘镇华恼羞成怒，亲自带人到刘家搜查，甚至对刘家人棍棒拳脚相加，可是，依然没有找到宝盘。刘镇华不死心，继续派人监视刘家，希望能发现虢季子白盘的线索。刘家在严密的监控之下，紧张地度过了四年多时间。1937年，卢沟桥事变爆发，日本人占领了华北，并且长驱直入，很快占领了我国长江沿线,合肥危在旦夕。作为安徽省省长的刘镇华,不思守土抗战，带着金银细软，逃离了安徽省。

这个时候，一个美国商人来到刘家，不但提出用巨资购买虢季子白盘，而且还答应安排刘家所有的人出国定居，并且为刘家在美国购买房产。这个条件太诱人了，一般的中国人根本无力抗拒，尤其是在日本人大举入侵中国，身家性命难保的时候，移居美国，躲避战争，这是多少人的渴望啊！刘肃曾却回答说："我家根本就没有什么宝盘，就是有也不可能把国宝卖给外国人，做祖先的不肖子孙，做国家、民族的败类！"美国商人只好悻悻而去。

不久之后，合肥沦陷了，日本人在距离刘家圩只有3公里的地方建立了一个据点，只要日本人得知刘家有国宝的消息，一定会来抢夺的，因此，刘家的处境越来越危险。怎么办？决不能让日本人抢走国宝。刘肃曾与家人反复商量之后决定，全家迁到外乡去。刘家迁走了一个多月之后，据点里的日本人果真从汉奸嘴里听说了刘家收藏国宝的事，多次闯入刘家，里里外外翻了个底朝天，却什么也没找到。

1945年日本投降后，刘肃曾一家人回到了故乡。可是，还没等刘家人充分享受胜利的喜悦，索要虢季子白盘的人就又找上门了。这次来要宝贝的人是新任安徽省政府主席、国民党第十一集团军司令李品仙派来的。刘肃曾被请到省政府，李品仙见到刘肃曾之后，先是一番夸赞，然后又说："宝盘是国家的重器，只有国家来保管，才能保证宝盘的安全。"还没等刘肃曾回答，李品仙就又许诺，只要交出虢季子白盘，刘肃曾可以在安徽省境内任选一个县，担任县长。

面对一县之长官职的诱惑，刘肃曾回答说："按理说宝盘应该交给国家，可是，我们全家出逃的时候，无法带走宝盘，八年之后回来，发现宝盘不见了，我们正在寻找。"面对刘肃曾的回答，李品仙一时也无话可说，可是他根本不相信。所以，当刘肃曾刚刚到家，一个营的官兵就打着保护国宝的旗号，进驻了刘家大院。

几天之后的一个清晨，营长将刘肃曾从被窝中拖了出来，谎称一个装着金条、烟土和大洋的箱子放在刘家被盗了，要刘家人赔偿。面对这种无中生有的栽赃陷害，刘肃曾极力辩解和抗议，这位营长却拔出了手枪，以死相威胁。面对冰冷的枪口，刘肃曾只好按照营长的意思写下了用虢季子白盘抵债的欠条。刘肃曾心想，不能就这样死在这帮大兵手里，于是借口说去筹款，在妻子的掩护下逃出了这帮国军的控制。

这支国军部队长期在刘家驻扎，明眼人都知道是冲着虢季子白盘去的，没过多长时间，他们的行为就遭到了舆论的谴责。面对舆论的压力，李品仙只好撤兵。但是他不死心，把寻找宝盘的任务交给肥西县的县长隆武功。隆武功竟然把县政府搬进刘家大院，每天纠缠刘肃曾的妻子李象绣，逼迫她把丈夫找回来。李象绣明里派人寻找丈夫，暗中却嘱咐丈夫不要回家。隆武功见找不到刘肃曾的人，就派人把刘家十间房子的地板都撬开，统统挖地三尺，依然是一无所获。刘家到底把虢季子白盘藏到什么地方去了呢？难道几百斤重的青铜宝盘，长翅膀飞了？

其实，虢季子白盘一直藏在刘家的院子里。抗日战争期间，刘家决定离开故乡逃难之前，悄悄在院子里挖了一个三米多深的大坑，先将宝盘藏在坑里，为了掩人耳目，他们在埋藏宝盘的地面上，栽了一棵槐树，又在树的周围种上草。不知情的人，根本看不出这树下埋藏着宝贝，就这样，这件几千年的国宝安然地度过了兵荒马乱的艰难岁月。

1949 年后，刘家决定把宝盘献给刚刚诞生的新中国。当年的小槐树已经长成七八米高的大树，枝繁叶茂，郁郁葱葱。刘肃曾仰望茂密的树叶，感慨万端，保护国宝，槐树功不可没，如今，它的任务完成了。刘肃曾锯倒了槐树，挖出了树根，在树根下取出宝盘，抚摸着宝盘上的斑斑锈迹，泪流满面。虢季子白盘在刘家整整收藏了 86 年，传承了四代人，可以说阅尽人间沧桑。

虢季子白盘献给国家之后，收藏在中国国家博物馆内。专家们经过认真研究之后认为，无论是制作水平，还是文化价值，虢季子白盘都是举世无双的，堪称国之重宝。可是，制作这件青铜宝盘的虢季子白，究竟是谁呢？人们一定会回答，不就是虢国君主的公子吗？可是，问题并不像人们想象得那么简单。

根据各种文献记载，历史上曾经出现过五个虢国，它们分别是：南虢，在今天河南省三门峡市陕州区东北部；北虢，在河南省三门峡市西部；东虢，在河南省荥阳市汜水镇；西虢，在陕西省凤翔县境内；小虢，在陕西省西安市雁塔区曲江乡。那么，虢季子白究竟是哪个虢国君主的儿子呢？这还得从虢国的源头说起。

周文王姬昌有两个弟弟，一个称"仲"，一个称"叔"，二人与姬昌的关系非常密切，是朝中重臣，共同辅佐姬昌治理国家，为周国的发展壮大做出了重大贡献。姬昌去世之后，兄弟二人继续辅佐姬发，就是后来的周武王。周朝建立时，武王姬发将"仲"封到周朝的陪都洛邑（今河南省洛阳市）的东面，将"叔"封到周朝的首都镐京（今陕西省西安市）的西面，并都以"虢"为国名。因此，一个称"东虢"，是仲的封国；一个称"西虢"，是叔的封国。

人们不禁要问：姬发给两个叔叔的封地，为什么都以"虢"为国名呢？因为，"虢"字的本义是，以徒手捕捉老虎，或者用武器猎杀老虎。虢仲与虢叔的封国，战略地位非常重要，他们在东西两面拱卫周王室，是周王室的屏障。后来，虢字引申为城郭的"郭"字，都是外加一层保护的意思。

据《水经注》记载，有一个虢国在黄河南岸，因此被称为"南虢"，其都城在今河南省三门峡市李家窑附近。那么，这个南虢又是什么时候建立的呢？它和东虢与西虢又是什么关系呢？史书还记载说，南虢是虢叔之后，可是，虢叔明明被封在镐京西面的凤翔县一带，怎么会跑到黄河南岸成了南虢了呢？原来，在西周晚期的周厉王时代，西虢东迁到了河南。

可是，史料中又出现"北虢"，并且说"北虢"在黄河北岸，"南虢"在黄河南岸。这究竟是怎么回事呢？其实，南虢和北虢是一回事。西虢东迁之后，先立足于黄河北岸，被称作"北虢"，后来，在晋国的压力和逼迫之下，渡河南迁到南岸，因此被称为"南虢"。

据司马迁在《史记·秦本纪》中记载："武公十一年，初县杜郑，灭小虢。"意思是，秦武公十一年的时候，建立了杜县和郑县，与此同时，灭掉了"小虢"，并且说："此虢文王母弟虢叔所封，是曰：'西虢'。"（《史记》第一三〇卷）意思是，这个小虢就是周文王的同母弟弟虢叔的封地，也就是西虢。那么，什么时候西虢又成了小虢了呢？史学界的意见并不一致。其实，这个小虢很好解释。无非是西虢东迁时，西虢人并没有全部迁走，还留下了一支仍然居住在西虢故地，因此称为"小虢"。但是，此时的小虢已经无法构成诸侯国的规模，因此，在秦武公初行县制的时候被灭掉了。

当我们将五个虢国弄清楚之后，再将虢国的历史和地理方位与虢季子白盘上的铭文结合起来分析，虢季子白究竟属于哪一个虢国的问题，就可以得到满意的答案了。首先，铭文中记载了一个重要的历史事件，就是虢季子白带领军队讨伐猃狁；其次，这场战争发生在洛水之阳。猃狁是西周时期生活在周朝北部地区的游牧民族。洛水在黄河南岸，那么，这位虢季子白就只能是南虢国君的公子，此时正是周宣王时代。因此，铭文中的十二年，就是周宣王十二年，即公元前816年，可知这件虢季子白盘距今已经有2800多年的历史了。

虢季子白盘

可是，这么大个青铜器居然叫"盘"，这让现代人无法理解。因为，在现代生活中，被称作"盘"的器皿，一般都是用来吃饭盛菜用的，并且能够摆放在桌子上。以往考古发现的铜盘，大多数都是圆形的，长方形的盘很少见。像虢季子白盘这么大体积的长方形盘，而且是青铜材质，几乎是绝无仅有。叫它"盘"令人觉得不那么合适。人们不禁要问，虢季子白制作这样的青铜盘，究竟是做什么用的呢？

一般情况下，商周时期的青铜盘都是盛水器。主要是用来洗手、洗脸的。可是，这个虢季子白盘不仅造型很奇特，而且规格也特别大。它长137.2厘米，宽86.5厘米，高39.5厘米，重215.3公斤。如此规格的青铜盘，不可能用来洗手、洗脸，的确非常像马槽。有人认为，它很有可能用于"大丧共夷槃冰"（《周礼》卷二），意思是，大丧的时候，盛冰块放在尸床之下，防止尸体腐烂。从盘的规格上看，这个说法有一定的道理。

可是，此盘内底部铸有的铭文内容是炫耀盘主人的功德，只有经常使用，并且在使用时一目了然，这些铭文才有意义。大丧之事毕竟太少，放在死人床下并且盖在冰块下面，起不到这种展示作用。因此我认为，这个青铜盘很有可能是洗澡时用的浴缸，这与商周时期盘一般用来盥洗的功能一致，同时也完全符合经常使用并且炫耀功德的目的。通过它，我们可以感受到当年贵族们生活的奢侈和张扬。

第 11 讲

《十咏图》之谜

《十咏图》，是北宋画家张先的作品，绢本设色，纵52厘米，横125.4厘米，是张先根据父亲的十首诗绘制而成，因此被称作《十咏图》。可是，自从20世纪30年代此图被盗之后，一直下落不明。1995年10月的一天，在北京的一家拍卖行里，丢失了半个多世纪的《十咏图》突然出现，以1800万元人民币的价格成交，加上10%的佣金，一共是1980万元。在20世纪90年代的中国这可是天价，打破了我国古代字画的拍卖纪录！更令人没有料到的是，买方居然是故宫博物院。消息传出之后，震惊了国内的艺术考古、文物鉴定和收藏界。那么，故宫博物院为什么要花如此天价收购这幅《十咏图》呢？这还得从此画的丢失说起。

《十咏图》自清宫藏品中流失，同样始于溥仪。从1922年7月直到1924年11月，溥仪与他的兄弟合伙盗走了1200多件宫中藏品。后来，人们清点故宫财产，从登记的被盗清单上查出《十咏图》也在其中。

溥仪逃离东北时，留在伪皇宫"小白楼"中没来得及带走的其他清宫收藏品被伪皇宫的卫士们先是暗偷，后来是哄抢，一千多件书画珍品被抢劫一空，《十咏图》就这样散落到民间，不知去向。著名书画鉴定家杨仁恺先生在他的《国宝沉浮录》中，怀着沉痛的心情写道："宋人张先《十咏图》，《石渠宝笈》重编著录，迄今未发现。"

直到1995年秋的一天，北京某文物公司的办公室悄然走进一位神秘的客人，把正在办公的总经理吓了一跳。这位客人小心翼翼地拿出一幅画对总经理说："我手里有一幅古画，想了解一下它的价值，您给看看好吗？"总经理打开一看，不禁大吃一惊，因为他一眼就认出，这幅画很有可能是丢失多年的北宋名画《十咏图》。《十咏图》的持有者本意只是让文物公司估一下价值，可是，文物公司的总经理怎么肯轻易放手，这幅画已经失踪了半个多世纪啊！于是，总经理努力给这位持画者做工作，持画者终于同意将此画拍卖。

十咏图

　　拍卖前必须先进行鉴定，这是拍卖行的规矩。为了慎重起见，文物公司请来了启功先生等五位老专家组成鉴定小组。这些老专家都是国内书画鉴定的权威，号称"五老"。"五老"齐聚一堂，对《十咏图》进行认真严谨的鉴定，最终得出结论：此画正是从清宫流失出去的《十咏图》，是北宋画家张先的真迹。

　　鉴定小组把这一结果报告给国家文物局，并建议购买此画。国家文物局很快做出批复，同意此画进入拍卖市场，同时做出限定："本拍卖品仅限于境内博物馆、国有企事业单位竞买。"国家文物局的意思非常明确，不能让此画再度落入私人手中。为此，国家文物局拨出专款，要求故宫博物院志在必得。

几天之后，北京一家拍卖行能容纳500人的大厅内座无虚席，连走道上也挤满了人。竞拍现场热闹而激烈，国家文物局和故宫博物院下定决心，不管花多大的代价，也要让《十咏图》重回故宫。就这样，故宫博物院战胜所有竞拍对手，花了1980万元人民币，把《十咏图》收购回故宫。事后，启功先生说，这幅画买得值！可是，一年之后却有人公开发表文章，认为故宫博物院花1980万元人民币买的《十咏图》是一幅赝品。那么，《十咏图》究竟是张先的真迹，还是赝品呢？这还得从此画的作者说起。

《十咏图》的画面上并没有留下作者的款识，也没有留下画作的名称。给此画确定作者和名称的人是北宋时期的文学家孙觉。孙觉于熙宁五年即1072年，给这幅画撰写了一篇序文，根据孙觉的序文我们了解到，此画是张先根据父亲留下的十首诗创作完成的，因此孙觉称其为《十咏图》。孙觉在北宋时期曾经在吴兴（今浙江省湖州市）担任太守，他写这篇序的时候，张先已经八十多岁了，但二人毕竟是同时代人，因此，孙觉的结论是信得过的。

可是，有人据此提出质疑，北宋仁宗时期有两个张先，不仅同名同姓都叫"张先"，而且连字都一样，都称"子野"，年龄仅仅相差两岁。而且这两位张先都在文学圈里混，与北宋当时著名的文学家、政治家，比如欧阳修、王安石、苏轼等人都以诗文相互酬赠，交往密切。两个张先的名字，同时出现在这些北宋文人的诗文集中。那么，创作《十咏图》的作者究竟是哪个张先呢？

为了确定《十咏图》的作者，人们开始查找张先的籍贯，对比二人的差异，可是却发现了新的问题。据《四库全书总目》记载，北宋仁宗时期的确有两个张先，一位张先是乌程（今浙江省湖州市）人，人称"乌程张先"；另一位张先是博州（今山东省聊城市）人，人称"博州张先"。可是，欧阳修在《张子野墓志铭》中却说张先是开封人，多出来一个"开封张先"。这样一来，北宋仁宗时期就有三个张先。那么，在这三个张先中，哪一个是《十咏图》的作者呢？其实，根本没有第三个张先，博州张先就是开封张先。博州是张先的祖籍，开封是张先的出生地。

可是，当博州张先与开封张先统一为一个人之后，在乌程张先身上又发现了问题。《张子野年谱》说，张先是"乌程人"；《齐东野语》说，张先是"吾州人"；《湖州府志》说，张先是"吴兴人"。一个人怎么可能有三个祖籍？那么，这位张先到底是哪儿人呢？难道又多出来两个张先不成？创作《十咏图》的张先，一时又难以确定了。其实，这个问题很简单，完全是因为同一个区域在不同的历史时期，采用不同的地名造成的。所谓"乌程""吾州"和"吴兴"，其实都是现在的浙江省湖州市。

最后的结论是，的确有两个张先，不过，这两个张先的区别还是很鲜明的。大致可以概括为以下几点：

第一，地位不同。博州张先是北方人，其家族与宋朝皇帝有亲戚关系，因此，基本活动于开封和洛阳；乌程张先是南方人，其家族与宋朝皇帝没有亲戚关系，长期生活在远离京师的江南。

第二，圈子不同。博州张先和朝中重臣欧阳修交往密切，欧阳修甚至还为他写过墓志铭；乌程张先则与被放逐的罪臣苏轼关系很好，二人经常诗词唱和。

第三，影响不同。博州张先曾经参加欧阳修倡导的"洛社"，提倡古文运动和诗歌革新，欧阳修在《张子野墓志铭》中说，张先"好学自力，善笔札"。可见博州张先擅长于写一些实用性的公文，可惜没有作品流传。乌程张先在词的创作上有重大贡献，在北宋中期词风的转变过程中，起着关键性的作用。因此，后人习惯称他"词人张先"。

最后，享年不同。博州张先，享年 48 岁，英年早逝；乌程张先比博州张先大两岁，享年 89 岁，比博州张先多活了将近 40 年。《十咏图》创作的时候，博州张先早已去世，所以，《十咏图》的作者只能是乌程张先，或者词人张先。

虽然，二人的区别很明显，但是，二人的政治地位都不高，因此《宋史》中都没有为他们立传，所以，他们二人还是经常会被人搞混。比如，宋人王暐在《道山清话》中说："张先，京师人。有文章，尤长于诗词。"显然，王暐将两个张先混同了，因为，京师人是博州张先，擅长诗词的是乌程张先。王暐还说："先，字子野，其祖母宋氏，孝章皇后亲妹也，祖逊因是而贵，太宗朝，为枢密副使。"意思是，张先的奶奶宋氏，是赵匡胤的小姨子，张先的爷爷张逊由于是宋太祖的连襟，社会地位比较高，在太宗朝担任枢密副使。这显然说的是博州张先。可是，王暐却哀叹道："子野生贵家，刻苦过于寒儒，取高科，……今人乃以'张三影'呼之，哀哉！"（《道山清话》）意思是，张先本来出生高贵，学习比贫寒家的子弟更刻苦，因此考取了功名，可是，当时人们却称呼他为"张三影"，真是悲哀啊！显然，王暐将乌程张先当成了博州张先。因为，"张三影"是乌程张先的绰号。

"张三影"这个绰号其实是张先自己起的。有一次，张先与好友著名词人晏殊等相邀来到风景如画的吴兴饮酒作词。酒过三巡，晏殊提议说，请"张三中"先行作词一首。

张先问："为什么叫我'张三中'？"

晏殊笑着回答："先生的词中有'心中事''眼中泪''意中人'，所以叫'张三中'。"

张先听了这话之后反驳道："应该叫我'张三影'才更为恰当。"

晏殊不解地问："为什么？"

张先立刻吟诵了三句词："'云破月来花弄影''娇柔懒起，帘压卷花影''柳径无人，堕轻絮无影'。"然后说："这三句词才是我张先平生最得意的，因此，应该称我为'张三影'。"从此，张先就被称为"张三影"。显然，通过《道山清话》我们了解到，当时社会上很多人都将两位张先混淆了。那么，王暐将博州张先误以为是"张三影"，为什么令人感到悲哀呢？这说明，张先这个人的名声并不好。

张先名声不好，首先是因为他喜欢作词。虽然，今天我们将词视为宋朝具有代表性的文学形式，但是，这种形式在宋朝刚刚流行的时候，主要表现市民阶层的情感，尤其是一些文人喜欢与青楼歌妓一起唱和，内容往往放浪轻佻，甚至低俗色情，因此，被正统的儒生所鄙视。在这方面，词人张先的确很典型。

词人张先退休之后，居住于湖杭之间，经常与晏殊、梅尧臣、苏轼等著名词人唱和交游。他最擅长的是写慢词长调。后世评价他"才不足而情有余"（《词综》卷三十）。最能表现张先"情有余"的事情，应是85岁时，张先还纳妾，并宴请宾朋，大肆炫耀。苏轼听说之后，写了诗调侃他。张先看了苏轼的这首诗之后，回了一首诗辩白，其中有这样一句："愁似鳏鱼知夜永。"（《苕溪渔隐丛话前集》卷三十八）意思是，我如今老而无妻，实在孤独寂寞。

这不是辩解，晚年的张先的确寂寞孤独。因此，他留下了很多抒发寂寞孤独心情的词。比如，"午醉醒来愁未醒，送春春去几时回""云破月来花弄影，重重帘幕密遮灯"（《张子野词》卷四），都是千古名句。尤其是"云破月来花弄影"一句，后世评价颇高。比如，王国维评价说："云破月来花弄影，着一'弄'字，而境界全出矣。"（《人间词话》卷上）那么，这位情有余而才不足的词人"张三影"，会是《十咏图》这幅传世名画的作者吗？似乎很难将这二者联系起来。

通过《十咏图》的序和跋，我们发现此画的作者的确是词人张先，表现的是他对父亲深厚的感情。张先的父亲叫张维，少年贫困，无力完成学业，只好辛勤耕种，维持生活。张维平时喜欢作诗吟诗，自娱自乐。经常在乡间游历，纵情于山水之间，一生没有出仕为官。不过他教子有方，张先学有所成，最终考取功名，高中进士并且官居四品，张维因儿子的功名赠刑部侍郎，父子二人感情深厚。

父亲张维91岁去世，18年之后的一天，74岁高龄的张先来到南园垂钓，观赏美景，想起父亲生前也喜欢到南园游玩，并且曾经赋诗10首，于是让家人取来父亲的诗作，再次阅读。第一首诗的题目是《吴兴太守马大卿会六老于南园人各赋诗》，诗中有这样两句："它日定知传好事，丹青宁羡洛中图。"意思是，有朝一日一定会有人将这件事情，用绘画的方式记录下来。张先似乎感受到父亲殷切的希望，于是将诗中所描写的场景，一一画了下来，一幅传世名作《十咏图》就这样诞生了。

整个画面由三幅绢拼接而成。右幅第一首诗表现的是马太守请六个老人在南园游玩，因此，画面一开始是吴兴南园的一角，有一座楼阁，旁边是小亭栏杆，回环曲折，花草树木掩映，环境幽雅。楼阁之内，马太守正陪二位老人下棋；小亭之内，有二位老人手扶栏杆，一面赏景，一面说话；还有二位老人或携琴或手持拐杖，款款而来。张先将这首诗题写在屋顶上方的空白处。

紧接第一首诗的空白处，题写的是第二首诗《庭鹤》、第三首诗《玉蝴蝶花》，为了表现这两首诗的内容和意境，张先在亭子南侧的栏杆上，画了一只仙鹤，登栏欲飞；在亭子北侧与栏杆之间，画了一株玉蝴蝶花。

第一、二、三咏

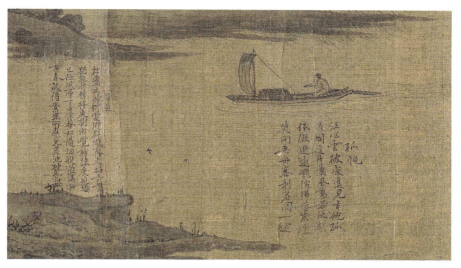

第四、五咏

无论是仙鹤还是玉蝴蝶花，都象征着长寿，与第一首诗的内容意境很和谐。

画面由右幅进入中幅，描绘第四首诗《孤帆》，因此，画面上出现了一艘帆船，船上有一渔夫；湖面上有两只飞燕，表现的是第五首诗《归燕》；河的北岸树林掩映中有一座茅舍，中幅顶端题写着第六首诗《宿清江小舍》，但已经残缺；河的南岸有两名女子手持砧杵在捣衣，表现的是第七首诗《闻砧》中隐隐的乡愁；画面左侧是一座峻峭的山峰，山脚下的树林中是一座院落，表现的是第八首诗《宿后陈庄偶书》。

画面由中幅进入左幅，是一组人物画，画的是朋友辞别，表现的是第九首诗《送丁秀才赴举》。画面的左上角题写着第十首诗《贫女》，对应着左下方一位村妇在简陋的茅屋中辛勤织布。这是全图的收笔，象征性十分明显。贫女的艰辛劳动与南园中安逸享乐的场景，形成鲜明对比。就这样，张先经过缜密的构思，将父亲留下的十首诗，表现在一个画面上。此图被称为《十咏图》，的确非常准确。

面对《十咏图》的画面和序与跋中的介绍，质疑者依然坚持认为，它是一幅赝品，他的理由可以概括为以下几点：

第六咏

第七咏

第八咏

第九咏

第十咏

第一，同时代的人没有提到张先擅长绘画。质疑者考察了北宋时期与张先交往的文人学士的文字记载，未发现有人说张先擅长绘画，因此认为《十咏图》不可能是张先所画。我觉得这个理由很难成立。中国古代文人往往琴、棋、书、画都很精通。但是，人总有最擅长的一项，当与他人交往的时候，也只展示他最擅长的一项。张先是著名的词人，一个"张三影"的印象，盖住了张先的其他才能。

第二，序中说写不说绘。质疑者的依据是孙觉在《十咏图》的序中有这样一句，"写之缣素，号'十咏图'"。张先能不能画，孙觉当然是知道的，如果此图是张先的手笔，孙觉为什么说"写"不说"绘"呢？因此得出结论，此画不是张先的作品。我认为，这种质疑很牵强。众所周知，中国古代书法艺术和绘画艺术同源同体，都使用纸墨笔砚，写和画往往并没有严格的区别。比如，即使今天人们到野外画自然景观，依然叫"写生"。所以，写之缣素，就是绘之缣素。

第三，跋中说为不说绘。质疑者指出，陈振孙在《十咏图》的跋中说，"子野为《十咏图》"，却不是"子野绘《十咏图》"，由此得出结论，此画不是张先的作品。我觉得这位质疑者对汉语的理解有问题。汉语中的"为"是抽象性动词，它可以概括任何一种实践行为，当然包括写、绘或者画了。因此，为《十咏图》就是绘《十咏图》。

第四，此画出自两个人之手。质疑者认为，《十咏图》由三块绢拼接而成，由此构成左、中、右三幅。并且认为左、中两幅的绘画水平显然比右幅更高一些，从而认为整幅作品应该出自两个人之手，因此得出结论：《十咏图》可能是北宋无名画匠的手笔，而不是张先的创作。这种观点虽然有一定的道理，可是，否定了作者是一个人，并不能否定作者包括张先。

第五，画面题诗的书法水平太差。怀疑者认为，画作中的书法水平低劣，与张先的身份不相符，所以不是张先所作。可是，我认为正是因为书法水平不高，才更有可能是张先的作品，张先毕竟不是苏轼那种书法、绘画、诗词三绝的大师级的艺术家。如果画面上的书法达到苏轼的水平，才更加可疑。

综上所述，说《十咏图》是赝品的观点完全站不住脚。其实，早在拍卖之前，《十咏图》就经过五位专家的鉴定，他们的结论很难轻易被否定。尤其是此画流传有序，基本不太可能造假。比如，第一篇序文是此画完成八年之后，吴兴太守孙觉所作，而且受张先委托。当时，孙觉刚刚上任不久，就请张先等人喝酒，张先即席作了一首词，题目是《吴兴莘老席上》。当张先提出为他的画命题并写序的时候，孙觉爽快地说："余既爱侍郎之寿，都官之孝，为之序而不辞。"意思是，我既喜爱您父亲的高寿，也尊敬先生您的孝心，为您的作品写序，我义不容辞。孙觉欣然为张先作序，这是证实《十咏图》是张先作品的最好证据。

《十咏图》后来从张家散出，在吴兴一带流传，再次被发现得益于张先的同乡陈振孙，这已经是孙觉作序之后177年的事了。陈振孙是南宋末年著名的目录学家，他在主修地方志的时候，发现了《十咏图》，如获至宝并且作跋。陈振孙在他的跋中详细考察了画面中六位老人的姓名及身份，从而进一步证实了此画的确是张先所作。

更进一步确认《十咏图》作者的人是周密。周密是宋元之际的收藏家，他说："先世旧藏吴兴《张氏十咏图》一卷，乃张子野，图其父平生诗，有十首也。"（《齐东野语》第二十卷）意思是，他的前辈收藏了吴兴的《张氏十咏图》，此图是张子野画他父亲的十首诗。周密此处用"图"字，以更加肯定的语气确认，《十咏图》的作者就是张先。

即使一时无法确认《十咏图》的作者是否是张先，但是图上布满的收藏者的印章和题跋，仿佛就正在向人们诉说这幅古画的曲折经历。比如，南宋丞相贾似道的三方印，明朝内府典礼稽查司的印，乾隆的鉴赏、嘉庆的御览、宣统的收藏等等，一共 24 方印，这些钤印不可能都是造假。

总之，无论《十咏图》的作者是谁，它都不是赝品，更不是伪作，它的历史价值不容否认。从整个画面看，作者将华丽的楼阁，恬静优美的池塘与农家劳作的场景巧妙地结合在同一画面中，相互映衬，而且笔墨清雅，艺术水平相当高。元朝著名书法家鲜于枢在他的跋中这样夸赞《十咏图》："展之咏之，终日忘倦。信摩诘当让一头地。"意思是，打开《十咏图》观赏画面的同时，吟诵其中的诗句，一整天都不知疲倦，即使王维再世，也会自叹不如。

王维是唐代的大诗人，也是山水画的鼻祖。苏轼曾经说："味摩诘之诗，诗中有画；观摩诘之画，画中有诗。"（《苕溪渔隐丛话前集》卷十五）虽然王维的画中有诗，诗中有画，但诗与画毕竟是分离的，而张先的《十咏图》是诗与画的完美结合。

《十咏图》除了艺术水平非常高之外，还有一项极为珍贵的地方，就是保存了一批名家和巨匠仅存的真迹。比如，张先的墨迹，天地间只此一件。此外孙觉、陈振孙的序跋，也都是仅存的手迹。还有元朝人鲜于枢、颜尧焕和脱脱木儿的题跋，不仅笔墨精妙，而且是唯一的墨本。因此，故宫博物院花 1980 万元人民币将其收购是值得的。

　　2019 年元月，日本东京国立博物馆举办了《祭侄文稿》的专门展，并且以"颜真卿超越王羲之的名笔"为标题。所谓《祭侄文稿》，是唐代书法家颜真卿的书法作品。此帖行书，麻纸墨迹，纵 28.2 厘米，横 72.3 厘米，笔法气势磅礴，悲怆苍凉，激昂遒劲，草而不乱，被后世赞誉为"在世颜书第一""天下行书第二"。可是，这次展出却引起了海峡两岸尤其是台湾同胞的强烈不满，指责《祭侄文稿》的收藏单位台北故宫博物院将此帖借给日本展出是对国宝的损毁，因为"纸寿千年，展一次伤一次"！舆论的指责是有道理的，颜真卿的《祭侄文稿》的确太珍贵了！

　　众所周知，颜真卿在书法艺术史中的地位非常重要，练习书法必临颜体，似乎是不成文的规定。稍微了解书法艺术的人都见过颜体，必定留下深刻的印象，因为其特点极为鲜明。比如，《多宝塔碑》《麻姑仙坛记》

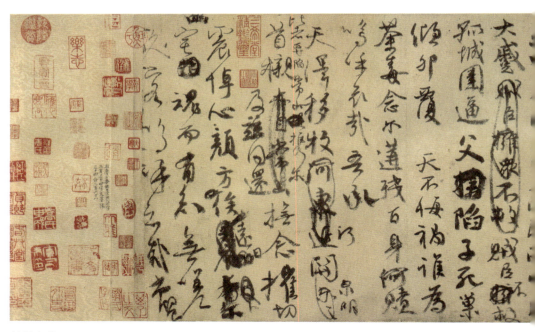

祭侄文稿

等，都是严谨规整的楷书。可是，这篇《祭侄文稿》却是行书，末尾甚至接近草书。这在今天能够见到的颜真卿的书法作品中，绝无仅有。

令人感到不解的是，在这幅珍贵的书法艺术作品中，居然有十几处涂抹和修改的地方，甚至还有漏字。人们不禁要问：颜真卿究竟怎么了，为什么要以长辈的身份为侄子写祭文，又为什么完全没有了往日的严谨，写这篇文稿之前，究竟发生了什么事，让颜真卿几乎乱了方寸呢？还是让我们仔细阅读和分析一下《祭侄文稿》的内容吧，答案就在其中。

颜真卿《多宝塔碑》局部

颜真卿开篇写道："维乾元元年，岁次戊戌九月，庚午朔，三日壬申。"

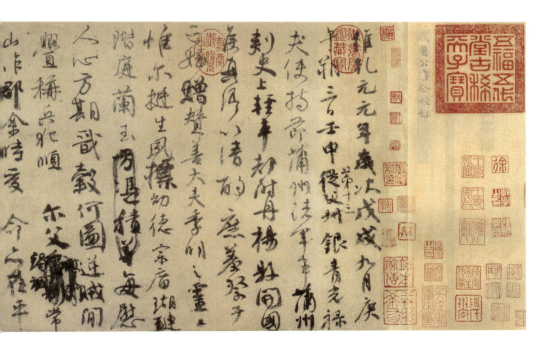

祭文内容其一

祭文内容其二

此处的"维"是语气助词，没有具体意思。"乾元"是唐肃宗李亨的年号。乾元元年是戊戌年，即758年，庚午朔就是九月初，这一天是九月初三，是一个月里最适合祭祀的日子，壬申就是下午三点至五点之间。

接着颜真卿写了"从父"两个字，然后又涂抹掉，改成"第十三叔"。颜真卿为什么这样修改呢？据我分析，从父是按照族谱排辈分，可能是同族的叔叔或者伯父，关系比较模糊而且疏远；第十三叔则说明颜真卿与这位侄子的父亲是叔伯兄弟，按照年龄排行第十三，显然比"从父"亲近许多。

接着颜真卿写下一串自己的头衔："银青光禄夫，使持节蒲州诸军事，蒲州刺史，上轻车都尉，丹扬县开国侯。"所谓"银青光禄夫"，应该是"银青光禄大夫"，颜真卿此处丢了一个"大"字，说明他当时的心情非常激动；所谓"使持节蒲州诸军事"，就是接受皇帝委托，可以直接代表皇帝，在蒲州（今山西省永济市蒲州老城）行使各项军事权力，具体官职是"蒲州刺史"，就是蒲州的最高长官，相当于今天的省长；所谓"上轻车都尉"，是朝廷给颜真卿授的勋，是一种荣誉称号；所谓"丹扬县开国侯"，是皇帝给颜真卿封的爵位。

这一连串的头衔和爵位虽然有些是名誉虚衔，却表明颜真卿当时地位显赫，官至三品，位居侯爵。今天的人们可能不理解，颜真卿写个祭文，为什么要把自己的官职和

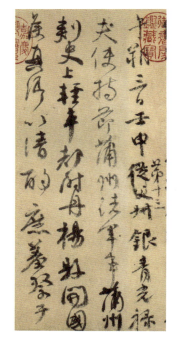

祭文内容其三

头衔都写在最前面呢？难道要炫耀自己显赫的地位吗？当然不是，颜真卿之所以这样写，是为了显得祭文的庄重和肃穆，只有这样，才是对侄儿最高的尊敬和最大的安慰。

那么，颜真卿的侄子究竟是什么人，居然让地位显赫的颜真卿如此庄重肃穆地写祭文呢？这位侄子名叫颜季明，官职并不高，只是位"赠赞善大夫"，虽然正五品却是死后追赠的。可是颜真卿却对侄子予以极高的评价。他说："惟尔挺生，夙标幼德，宗庙瑚琏，阶庭兰玉，每慰人心。"意思是，你相貌堂堂，玉树临风，自幼德行美好，是国家的栋梁，家族的精英，所作所为，总能够让我们感到欣慰。

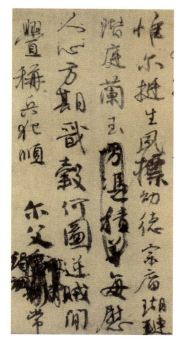

祭文内容其四

接着颜真卿将"方凭积善"四个字涂去之后写道："方期戬谷，何图逆贼间衅，称兵犯顺。"意思是，正当长辈们对你寄予厚望，希望你有美好未来的时候，没想到遭遇逆贼起兵造反，如此优秀的侄子，命运因此全部改变。那么，颜真卿为什么将"方凭积善"四个字涂掉呢？我认为，正是这些造反的逆贼使侄子遭遇悲惨，让颜真卿不再相信善恶报应的说教，并且对人性彻底绝望。而这些造反的逆贼就是安禄山和史思明！

安禄山当时担任范阳（今河北省涿州市）、平卢（今辽宁省朝阳市）和河东（今山西省太原市）三镇的节度使。大唐王朝的北部和东北部，相当于今天的辽宁、河北和山西三省的军政大权，都落在安禄山一个人的手上。他的实力非常雄厚，野心也因此膨胀起来。天宝十四年十一月，安禄山命令部将史思明为先锋，从范阳出发，打着"奉皇帝圣旨讨伐逆臣杨国忠"的旗号，发动了夺取全国最高权力的战争，中国历史上著名的"安史之乱"爆发了!

安禄山的叛军号称二十万,其中大部分是骑兵,日夜兼程,向黄河北岸扑来,准备渡过黄河,然后向西进攻长安。此时的大唐王朝,和平日子过得太久,人们根本不知道什么是战争,也不知道如何应敌。当听到安禄山发动叛乱的消息时,民间一片恐慌,朝廷上下混乱,叛军因此所向披靡,黄河以北各郡纷纷投降,大唐王朝危在旦夕!

就在这关键时刻,有人挺身而出,力挽狂澜。他就是颜季明的父亲,颜真卿的叔伯哥哥,常山郡太守颜杲卿。正如颜真卿在文稿中说:"尔父竭诚,常山作郡。"可是,这句话颜真卿在文稿中涂改了多次。先写成"受制",涂了以后改成"威胁",又涂了之后再改成"竭诚"。这三次的修改,表明颜杲卿当时的处境非常复杂和危险。

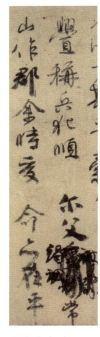

祭文内容其五

颜杲卿怎么"受制"呢?因为,颜杲卿这个人性格刚正,处理公务聪明干练,政绩考核为上等,因此升任范阳郡户曹参军,专管户籍。安禄山听说他的名声,上表推荐他为营田判官,负责屯田。天宝十四年,安禄山推荐颜杲卿为代理常山郡太守,驻守真定县(今河北正定县)。安禄山是三镇节度使,因此,常山郡处在安禄山的管辖之下,这就是所谓的"受制"。

颜杲卿又如何受"威胁"呢?当安禄山的叛军经过真定城下的时候,由于常山郡受安禄山的管辖,颜杲卿是安禄山的属下,再加上事发突然,面对来势汹汹的叛军又没有任何准备,为了避免城中军民不必要的伤亡,颜杲卿采取了假意归降的缓兵之计,与常山郡的长史,也就是颜杲卿的副手袁履谦,一起出城到叛军队伍里拜谒安禄山。

安禄山为自己不费一兵一卒占领了常山重镇而欣喜若狂,于是,赐给颜杲卿紫袍,袁履谦红袍。同时,为防不测,安禄山把颜杲卿的小孙子作为人质带走了。并且派自己的养子李钦凑率领七千人马驻守真定城附近的土门县（今河北井陉县），监视颜杲卿的一举一动，这就是"威胁"。

在回城的路上，颜杲卿指着安禄山所赐的衣服对袁履谦说："我和你怎么能穿这些衣服？"袁履谦领悟他的意思，于是和真定县令贾深、内丘县（今河北邢台内丘县）的县令张通幽商定对付叛贼的计策，这就是"竭诚"。颜真卿经过三次反复，终于找到准确表达颜杲卿当时的处境和政治态度的词句。当然，这种态度是不能让敌人知道的。

为了麻痹敌人，颜杲卿托病不出，不再处理军务，让长子安平县（今河北省衡水市安平县）的县尉颜泉明往返于各地，联系反对叛军的力量。此时颜真卿在平原郡（今山东省德州市）担任太守，这就是祭文中所说的，"余时受命，亦在平原"。于是，颜真卿派遣自己的外甥卢逖来到常山，与颜杲卿相约起兵，以切断叛贼的后路。颜杲卿十分高兴，认为两地的军队可以形成掎角之势，有可能牵制叛军西进，以保京城安全。颜杲卿与兄弟颜真卿建立联系之后，又暗中结交太原尹，即太原府最高行政长官王承业做内应，派平卢节度副使贾循夺取幽州郡（今河北涿州市）。可是，计划中途泄露，安禄山杀了贾循，平叛斗争遇到重大挫折。

颜杲卿虽然表面上装作无所事事，但是暗中一直在联络各方人士，等待时机成熟，准备一起举事。可是，与唐朝上下一片混乱和恐慌相反，安禄山号令严明，大军整肃，将士以死相拼，各个以一当十。唐朝的官军遇上叛军，一触即溃，连吃败仗。十二月，叛军渡过黄河开始进攻陈留郡（今河南省开封市陈留镇），陈留郡的官员们开城投降了。

直到这个时候，唐玄宗才相信安禄山造反了。一怒之下，杀了安禄山的长子，也是自己的孙女婿安庆宗，并且将孙女赐死。安禄山的小儿子安庆绪看到哥

祭文内容其六

哥安庆宗被杀的布告，哭着告诉安禄山。安禄山大哭，一边哭一边说："我儿有什么罪过，要杀死他！"丧子之痛让安禄山疯狂了，见到投降的官军挤满大路两边，立刻下令让他们自相砍杀，留下几千具尸体之后，安禄山才进入陈留城。

天宝十四年十二月，叛军占领洛阳。第二年正月，安禄山称帝，定都洛阳，国号大燕，年号圣武。然后，继续向西进攻，兵锋直指潼关。潼关一旦失守，长安城必定不保，大唐王朝首都告急。为了牵制安禄山的叛军，避免他们进攻潼关，危及长安，颜杲卿决心立刻举兵讨伐叛军。

颜杲卿派小儿子颜季明到平原郡给颜真卿送信，相约一起举兵，平定叛乱，这就是祭文中的"仁兄爱我，俾尔传言"。可是中间却涂去了一个"恐"字，似乎是表达颜杲卿的担心，更像是颜真卿有不祥的预感。因为，当时的局面太复杂、太危险，随时可能发生意外。颜杲卿与颜真卿联系好之后，便与长史袁履谦等人谋划，准备拿下土门县城，既解除对常山郡的威胁，也形成从背面攻击叛军的态势。可是，当时安禄山派李钦凑、高邈率领七千人马镇守土门县城，怎么才能得手呢？

就在这个时候，机会来了。土门县城守将高邈前往幽州未回，另一位守将李钦凑隶属常山郡管辖，因此，颜杲卿便派人召李钦凑到郡里议事。李钦凑连夜赶来，颜杲卿说夜间不方便开城门，就让他住在城外的驿站里；又派袁履谦等人设宴慰劳他，等他喝醉之后把他杀了，同时还杀了他的部将以及全部贼党，把尸体投进滹沱河。就这样，颜杲卿拿下了土门县城。这就是颜真卿在祭文中说的，"尔既归止，爰开土门"，意思是，正是侄儿颜季明将信带到，相约举事，才顺利拿下土门县城。

几天之后的一个晚上，藁城县（今河北石家庄藁城区）的县尉崔安石来报，李钦凑的副将高邈回到了蒲城（今石家庄藁城区北蒲城村），颜杲卿立即命令崔安石

祭文内容其七

杀掉高邈。第二天早晨，高邈的几个骑兵随从先到藁城驿站，崔安石先杀了这几个人。不久高邈到了，崔安石骗高邈说："太守准备好了酒筵，正在旅舍等你。"高邈来到旅舍的厅前刚刚下马，就被擒获。当天，叛将何千年从洛阳赶来，刚到驿站也被抓获。两个叛将被捆绑着带到真定县城。

颜杲卿派长子颜泉明等人用木盒装上李钦凑的首级，并押送高邈、何千年两个叛将去京城长安，汇报战况。到了太原时，太原尹王承业却将颜泉明等人留下，并且将颜杲卿给皇帝写的情况汇报也截留了，自己另外写奏章，献上叛将，把攻下土门县城、杀掉李钦凑和擒获两个叛将的功劳，都归了自己。不知内情的唐玄宗将王承业提升为大将军，他的下属获赏赐者超过百人。

颜杲卿拿下土门县城、斩杀和擒获叛将之后，立刻整顿本部人马，训练士卒，并且将檄文发到黄河以北的各郡县，声称朝廷已经任命荣王李琬为河北兵马大元帅，哥舒翰为副元帅，统领三十万大军，即将从土门出兵攻打叛军。各郡县听说之后，纷纷杀掉叛军的守将，响应颜杲卿，前后共有十五个郡被唐军收复。

与此同时，颜真卿也打出讨伐叛贼的旗号。当安禄山派使者传送东都留守和御史中丞等人的首级到平原郡时，颜真卿杀了叛军的使者，收好了首级。周边各县纷纷响应，杀了叛军的郡守带着本部人马，到平原郡与颜真卿会合。当时常山、平原二郡军威大振。这个时候，朝廷终于了解颜杲卿起兵抗击叛乱的真实情况，于是任命颜杲卿为卫尉卿，也就是京城禁卫军的统领，正三品，兼御史中丞，提拔袁履谦为常山郡太守。

安禄山正率领军队向西进犯，已经到了陕县，马上就要抵达潼关。这个时候，听说河北有变，他立即回师向东，同时命史思明率军北渡黄河。正所谓，"土门既开，凶威大蹙"。意思是，土门县城拿下之后，敌人的威风受到打击，并且实现了吸引叛军掉头，挽救京城危机的战略意图。

天宝十五年，史思明率兵渡过黄河攻打常山郡。几天之后，叛军开始猛攻真定县城。面对来势汹汹的叛军，颜杲卿积极组织军民进行抵抗，

祭文内容其八

并且派人到山西太原向王承业求援。可是，王承业拒不出兵。颜真卿在祭文中悲愤地写道："贼臣不救，孤城围逼！"颜真卿此时心情非常激动，对这一句进行先后多次的涂改，表达了他写文稿时复杂的心情和对王承业的痛恨。正是由于王承业见死不救，才导致"孤城围逼"。由于力量对比实在太悬殊，颜杲卿昼夜苦战，井水枯竭，粮食和箭矢都用光了。

四天之后，真定县城被叛军攻破，颜真卿痛心地写道："父陷子死"。颜真卿将"擒"字改成"陷"字，更显得颜杲卿的英勇悲壮，和守城之战的艰苦卓绝。颜杲卿和袁履谦一同被俘，史思明胁迫他们投降，遭到二人的严词拒绝。这里的"子死"说的就是颜真卿的侄子颜季明。当时，史思明下令将颜季明带到颜杲卿面前，然后把刀架在颜季明的脖子上，对颜杲卿说："投降，我就让你儿子活命。"颜杲卿还是不答应投降。于是，史思明将颜季明和颜真卿的外甥卢逖一起处死，将颜杲卿和袁履谦押往洛阳，交给安禄山处置。

颜杲卿被送到洛阳，安禄山生气地说："我提拔你当太守，我有什么事亏待你，你为什么要背叛我？"颜杲卿瞪着眼骂道："你本是营州放羊的羯奴而已，窃得皇上的恩宠，天子有什么事情亏待你，而你却反叛呢？我家世代是唐朝之臣，坚守忠义，恨的是不能杀掉你，报答皇上，怎么能跟着你反叛呢？"安禄山怒不可遏，把颜杲卿绑在柱子上，不但用凌迟之刑折磨他，还生吃他的肉。颜杲卿依然不停地痛骂安禄山，安禄山下令割断他的舌头，并恶狠狠地说："看你还能骂吗？"颜杲卿声音含混地怒吼几声之后，气绝身亡，时年六十五岁。

安禄山又下令，将作为人质的颜杲卿的小孙子以及袁履谦等人都残忍地杀害了。颜氏家族在这次安史之乱中被杀害了三十多位，因此，颜真卿在祭文中悲愤地哭号道："巢倾卵覆！"

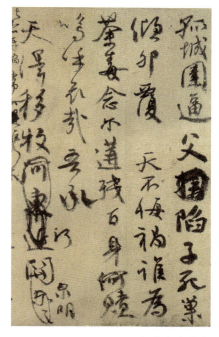

颜杲卿兵败被杀之后，颜真卿继续与叛贼作战。直到唐朝大将李光弼和郭子仪带领主力军收复了常山郡，把颜杲卿、袁履谦两家的亲属，数百人释放出狱。在颜杲卿、颜季明英勇就义三年之后，颜真卿才终于找到了颜季明的遗骸，可是只发现了他的头颅。

面对心爱的侄儿、尊敬的兄长和自己的外甥，以及被残害的颜氏家族的亲人们，颜真卿真是五内俱焚啊，他大声地质问："天不悔祸，

祭文内容其九

谁为荼毒？"意思是，苍天啊，看到这样的人间惨祸，难道不会感到悔恨吗？究竟是谁制造了这场灾难呢？是啊，这场人间惨剧，究竟应该由谁来负责呢？

没有答案！

面对只剩下头颅的侄儿，颜真卿的心都碎了，真的是一字一泪地哭喊："念尔遭残，百身何赎！呜呼哀哉！"意思是，一想起你遭到如此地残害，我真想死一百次以换回你的生命！

人死不能复生，告慰侄儿最好的方法是告诉他：你为之牺牲的目标已经实现，叛贼被驱逐，常山已收复。所以，颜真卿平复一下心情之后继续写道："吾承天泽，移牧河关"。写了"吾承"二字之后，突然另起一行写"天泽"，这是表示对天子的尊敬，也表示心情的转换。此时，叛贼还没有被彻底消灭，他接受天子的任命去蒲州任职。他将"河东近"三个字涂去，补上一个"关"字，似乎要说"河东近日即可收复"，表明他要收复河东的心愿何其强烈。

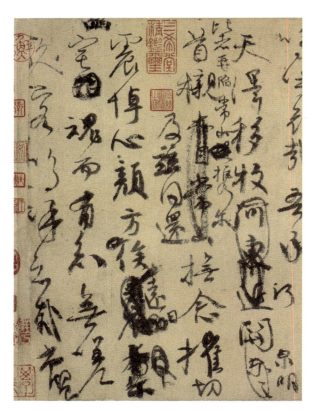

祭文内容其十

最后，颜真卿对侄儿的亡灵说："泉明比者，再陷常山；携尔首榇，及兹同还。抚念摧切，震悼心颜。方俟远日，卜尔幽宅。魂而有知，无嗟久客。呜呼哀哉！尚飨。"意思是，你的哥哥泉明跟随唐朝大军攻下常山，这才带着盛装你头颅的棺木一同回来。可是，面对你的头颅，我痛不欲生，心灵震颤，摧毁容颜。还要等一段时间，我才能为你选一块安息之地。你的灵魂有知，不要埋怨待在这里回不了家。呜呼哀哉！请享用这些祭品吧！

从《祭侄文稿》的墨迹看，颜真卿通篇使用一只微秃的毛笔写成，可见战事的匆忙。前半篇12行，写得略微温婉，表明颜真卿开始在控制情感，整理思绪；后半篇13行，节奏加快，显然，颜真卿越写越激愤，字体和心情一样变得跌宕起伏。通过字体我们可以体会到，颜真卿因哽咽而停顿，因激愤而疾书。

虽然，笔枯需要蘸墨，斟酌需要涂改，但是整篇文稿依然笔力雄奇，气势磅礴，给人以强烈的震撼和巨大的心灵冲击。颜真卿在写作《祭侄文稿》时，沉浸在悲痛之中，不在意笔法，却发挥出颜氏书法的最高水平，一篇多处涂抹的草稿，却成为一部不朽的书法艺术作品。

国宝追踪 III

颜真卿的《祭侄文稿》完成之后就下落不明，一直在民间流转。直到 200 多年之后，被北宋名臣李士衡收藏。可是，《祭侄文稿》上并没有留下李士衡的任何收藏印迹，它曾经被李士衡收藏过的依据就是北宋词人叶梦得的回忆。叶梦得说："颜鲁公真迹，宣和间存者，犹可数十本，其最著者……《祭侄季明文》在李观察士衡家。"（《避暑录话》卷下）意思是，颜真卿的真迹，在北宋宣和年间有几十本之多，其中最著名的有很多，《祭侄文稿》在李士衡家。

有人对此提出质疑，叶梦得是 1077 年生人，李士衡于 1032 年去世，享年 74 岁。叶梦得在李士衡去世 45 年之后才出生，年龄相差一百多年，二人根本不是同时代人，叶梦得是如何在李士衡家见到颜真卿的《祭侄文稿》的呢？其实，这个疑问很好解释。叶梦得说的是"在李观察士衡家"，强调的是"家"，说明李士衡去世之后，李家继续收藏着《祭侄文稿》。

叶梦得比李士衡小一百多岁，他到李家见到的应该是李士衡的玄孙辈了，可是，他却不提李家主人的名字，依然只提李观察士衡。这说明，一来，是李士衡的名气太大，当时无人不知，无人不晓，甚至连北宋名臣范仲淹都给他撰写过碑文。二来，是李家的孙子们出息实在不大，说了无人知晓，于是索性不提。也许正是这个原因，《祭侄文稿》最终从李家流出，落到北宋书法家安师文的手中。

到了北宋中期，书法家黄庭坚曾经两次见到《祭侄文稿》，可是，黄庭坚看到的都不是真迹，而是石刻的拓本。虽然，这可以证实，在北宋时期颜真卿的《祭侄文稿》被刻成石碑，因此得到广泛传播。但是，《祭侄文稿》的真迹到哪儿去了呢？

这就得说说宋徽宗了。这位著名的书画皇帝不仅自己喜欢创作，书画双绝，而且酷爱收藏名人字画。他当了皇帝之后，广为搜罗天下名迹，阿谀奉承的大臣们争先恐后地贡献自己的收藏。正所谓"凡所知名，罔间巨细远近，悉索入九禁"（《铁围山丛谈》卷四）。意思是，只要是名家的作品，无论篇幅大小，距离远近，统统被皇宫内府收藏。《祭侄文稿》的真迹就是在这个时期进入北宋内府。因此，它才会出现在《宣和书谱》中。

可是，《宣和书谱》收录了20多幅颜真卿的书法作品，其中有17幅是行书，《祭侄文稿》却排在最后，而排在第一的是颜真卿的另一部行书作品《争坐位帖》。这种排列代表当时书法界的观点。比如，苏轼认为颜真卿的《争坐位帖》"尤为奇特"（《颜鲁公文集》卷二十四）；黄庭坚认为，颜真卿的《告伯父文稿》"一纸半书而真行草法皆备也"（《豫章先生文集》二十八卷）；米芾与苏轼的观点一样，认为《争坐位帖》是"世之颜行书第一也"（《宝章待访录》）。显然，在北宋时期，《祭侄文稿》并没有所谓"天下行书第二"的地位。

那么，究竟是谁将《祭侄文稿》定位为"天下行书第二"的呢？这个人叫鲜于枢，他是元朝著名书法家和收藏家。当他得到《祭侄文稿》的真迹时，喜悦之情溢于言表，于是在题跋中写道："唐太师鲁公颜真卿书，《祭侄季明文稿》，天下行书第二。"可是，元明清三朝的书法界，并没有认同鲜于枢的观点。

直到现代社会，人们才普遍接受《祭侄文稿》是"天下行书第二"的说法。甚至2019年元月，在日本东京举行展览时，称《祭侄文稿》是"颜真卿超越王羲之的名笔"，这就不是第二而是第一了。这是为什么呢？据我分析有两个原因：

第一，历代书法评论家虽然都不否认《祭侄文稿》的内容具有强烈的震撼力，但是，他们却觉得《祭侄文稿》不够典雅。可是，对于现代人而言，这种狂放甚至粗粝的风格，与其内容更加贴切。

第二，被宋明两代书法家极力推崇的《争坐位帖》和《告伯父文稿》均已经失传，如今《祭侄文稿》是颜真卿唯一存世的行书作品的真迹！况且，"天下行书第一"的王羲之的《兰亭集序》的真迹早已消失，《祭侄文稿》作为颜真卿的真迹，其珍贵性就不言而喻了。

第13讲

追索青铜壶

在故宫博物院的展厅内，陈列着一件精美的战国时期的青铜壶。此壶缩口、斜肩、鼓腹，壶肩上有两只兽首衔环，壶身上有精美的图案纹饰。这些图案纹饰生动地刻画了古人"采桑习射""宴乐打猎""水陆攻战"等情景，形象独特，工艺精湛，真实地反映了当时的生活场景和社会风貌，具有极高的文化意义和艺术价值，是一件不可多得的稀世珍宝。可是，这件精美的青铜壶，却差一点被偷运出境，流失海外。那么，究竟是什么人如此胆大妄为，敢盗卖国宝，又是什么人能够将此青铜壶拦截下来，避免其流失海外呢？这还得从抗战胜利之后，"清理战区文物损失委员会"的成立说起。

　　成功追索回这件珍贵的青铜壶的正是民国政府教育部成立的"战区文物保存委员会"，它主要从事战区与后方的文物保护工作，并为战争结束后对沦陷区的文物调查做准备。抗日战争胜利之后，由于侵略者在战争期间掠夺了我国大量的珍贵文物，因此，我国人民要求尽快追回被掠夺的文物呼声非常强烈。依照有关国际条约，在战争中被掠夺的文物，应该归还给文物的所有国。因此，民国政府于 1945 年 10 月 1 日，责成教育部将"战区文物保存委员会"，更名为"清理战区文物损失委员会"，简称"清损会"，直接隶属于教育部领导。

　　"清损会"成立之后，需要大量的专业人员到曾经的沦陷区，尤其是像北平这样的文化古城，寻找和追索被侵略者掠夺的文物。这个时候，清损会的两位副主任梁思成和马衡极力推荐一位年轻人，担任清损会平津区的助理代表，这个人的名字叫王世襄。有些人对此感到不解：梁思成先生是一位建筑学家，当时的中央研究院研究员，马衡先生是故宫博物院院长，两位都是学术界鼎鼎大名的人物，为什么要推荐这位刚过而立之年，名不见经传的王世襄呢？这就得说一说王世襄这个人了。

　　王世襄出生在北京芳嘉园一个官宦家庭，也是书香门第。母亲金章

青铜壶

出身名门，曾经游学欧陆，擅长画花卉翎毛，又精通西洋画法。她笔下的金鱼似在水中游弋，灵动鲜活，层次分明。她还写了一本书，名字叫《濠梁知乐集》，专门讨论如何画鱼，在中国美术史上独辟蹊径。王世襄深受母亲的影响，自幼喜欢各种门类的艺术。王世襄的父亲叫王继曾，曾经留学法国，回国后供职于清末民初的外交界，在工作之余喜欢逛

王世襄

古玩店，是个古董鉴赏和收藏家。这样的家庭氛围，培养了王世襄广泛的兴趣爱好。

王世襄虽然受到了良好的家庭教育，可是他的专业背景却有些复杂。比如，他从小在家中跟着私塾老师读儒家经典、中国历史和诗词曲赋；可是到了10岁那年，父亲却送他到美国人办的学校读书，不但了解和熟悉西方文化，而且学得一口流利的英语。作为一个世家子弟，优越的环境和年少时好奇爱动的性格使他经常与京城的各玩家交游，喜斗蟋蟀，爱养信鸽，一副顽主做派。

后来，母亲的突然去世，对王世襄的触动很大，使他的生活态度发生了巨大的变化，从此摒弃一切玩兴，潜心务学。天赋极高的王世襄24岁毕业于燕京大学文学院国文系，获得学士学位；27岁获得燕京大学文学院的硕士学位，论文的题目是：中国画论研究·先秦至宋；毕业后王世襄在家继续完成元至清部分。完成论文全稿之后，王世襄离开北平，辗转来到大后方重庆，想寻找一项合适自己的工作。

他先到故宫博物院办事处，拜访了马衡院长，虽然马院长很欣赏他，可是，他最后还是接受了梁思成先生的召唤，到中国营造学社当助理研究员，跟随梁思成先生在四川省民间考察和研究中国古代建筑。如此家庭出身，这般学术背景，加上精通英语，又在北平出生，担任"清损会"平津区助理代表，再合适不过了。显然，马衡和梁思成对王世襄是慧眼识英才。

当时"清损会"平津区的代表是教育部的特派员、语言文字学家沈兼士，副代表是金石学家唐兰和历史学家傅振伦。可是，这两位副代表由于交通困难始终没有到任。作为助理代表的王世襄就成了实际上的副代表。就这样，王世襄以"清损会"平津区助理代表的身份，回到了阔别多年的家乡北平。王世襄回到北平之后，先与相恋五年的心上人完婚，随即开始了他向曾经的侵略者追索被劫文物的工作。

王世襄先在报纸上刊登消息，鼓励市民提供线索。几个月过去，虽然市民们提供了许多信息，却一直没有发现有价值的线索。以王世襄自己对北平的了解，在日本侵华战争期间，有许多青铜器、瓷器、古代名画被日本人和德国人或强取豪夺，或廉价收买。可是，这大多都是听说和传闻，要追索这些国宝，必须有确凿的证据。那么，怎么才能找到确凿证据呢？这可难不倒王世襄。

少年时期的经历，现在派上了用场。王世襄开始走访他曾经非常熟悉的北平城内大大小小的古玩店，希望通过这些古董商人了解被外国人掠夺的文物的下落。经过一番努力，终于有了重大发现。许多古玩商都说，抗战时期，河南省发现了一些古代墓葬，出土了许多非常珍贵的青铜器，几乎都被一个叫杨宁史的外国人买走了。在这些青铜器中有一个青铜壶，花纹非常精美，多年经营青铜器的古董商都从来没有见过这样精美的宝贝，堪称绝品。可是，令人奇怪的是，抗战胜利之后，杨宁史却突然不见了，他手头上的青铜器和那件精美的青铜壶也下落不明。

王世襄立刻搜索有关杨宁史的背景材料，经过一番调查得知：杨宁史于1886年出生于瑞士阿尔本，中学毕业后在德国汉堡一家公司任职，1908年到德国禅臣洋行从事贸易工作，1911年被派到中国在天津的禅臣洋行任职，三年后升任经理，并且成为主要股东之一。后来又到山西太原发展，结识了军阀阎锡山，介绍德国专家为阎锡山建炼钢厂。阎锡山修筑同蒲铁路，杨宁史为他代购修路的材料以及火车头和各种机器，二人因此成为朋友。

20世纪30年代，杨宁史成为德国禅臣洋行在中国的总代理人，此后便开始周游中国，很多城市和名山大川都留下了他的足迹。日军占领天津之前，杨宁史又回到了天津，除了担任禅臣洋行的总经理之外，还兼任天津物华进出口公司、上海洪记进出口公司的顾问。杨宁史不但能讲流利的中文，而且还酷爱中国文化，尤其喜欢收藏中国的文物。据说他的住宅完全是中国风格，非常豪华，装饰着许多珍贵的中国古代文物。

了解了杨宁史的情况之后，王世襄心里有底了。因为，人可能失踪，房子总不会长腿。既然是禅臣洋行的总经理，那就先找禅臣洋行。这是一家历史悠久的德国独资公司，其总部设在德国汉堡，在中国许多中心城市都开设了分行。禅臣洋行在北平的分行，就在东城区的干面胡同。这个地方王世襄太熟悉了。

一天上午，王世襄来到少年时期经常出没的干面胡同，准备先探听一下虚实。当他走进洋行办公室，刚要向秘书说明来意时，却发现这位外籍女秘书正在打印一份文物目录。女秘书见王世襄是中国人，就没有防备，可是，精通英文的王世襄瞥了一眼就看清楚了，这是一份青铜器的清单，大都是商周时期的文物，传说中的那件精美的青铜壶也在其中。见到诸多国宝的名字赫然在列，王世襄急忙走上前去，指着这份目录对女秘书说："我就是为它而来，请你把这份目录交给我。"女秘书说："目录是罗越先生要求我打的，如果您需要，必须经过罗越先生的同意。"女秘书提到的罗越，王世襄恰好认识，他是个德国人，对中国古代绘画、玉器、青铜器都很有研究。

王世襄立刻找到罗越的住所，向他索要这份目录，并询问了目录上青铜器的情况。罗越承认这份目录是他编写的，但是，目录上的青铜器是禅臣洋行总经理杨宁史先生的收藏。他还告诉王世襄，杨宁史现在天津。日本投降之后，中国政府下令限制日本人和德国人自由行动，他只能待在天津，而罗越因为是德国人，也不能离开北平。既然已经被限制离境，为什么还要整理这份青铜器的目录呢？罗越对此不做任何解释。

王世襄突然意识到，杨宁史这是要将这批文物偷运出境！必须立刻找到这批青铜器，以防止它们流失海外。可是，这批文物一定被杨宁史藏匿起来了，如果他不承认，即使有这份清单，找不到这批文物也没用！必须带着罗越一起去天津，拿着这份目录，找杨宁史当面对质。王世襄打定主意之后，马上到北平市警察局办理批准罗越离开北平前往天津的特别通行证。拿到特别通行证之后，王世襄立刻带着罗越来到了天津。

王世襄到天津之后，通过"敌伪产业处理局"天津办公处，轻而易举地就找到了杨宁史。精明的杨宁史一见到罗越，并且知道了王世襄的身份之后，马上明白了他们的来意。结果这次查询出乎意料的顺利。杨宁史当即承认，目录清单上的这些中国青铜器的确是他收藏的，都是十几年来他花大价钱买来的。

王世襄向杨宁史说明了中国政府"清损会"关于收回所有散失文物的决定，并且告诉他，他手中的这批中国青铜器即使是花钱买的，也属于被收回的范围，因为它们都是禁止出境的文物。当王世襄进一步追问这批文物的存放地点时，杨宁史回答说："都放在天津的住宅里，可是天津的住宅已经被第 94 军占用。"王世襄提出要去现场查看，杨宁史摇了摇头说："别说你们，就连我自己也进不去了。你们要接收这批文物，只能直接与第 94 军的有关方面洽谈。"

虽然杨宁史不愿意一同前去查看他收藏的这批文物，但是，王世襄提着的心还是暂时放下了。因为，第 94 军是中国的军队，中国的国宝在中国军队的手里，应该是安全的，这批文物流失海外的危险暂时消除了。因此，王世襄带着罗越回到了北平。再说，要到第 94 军控制的地方搜查文物，以王世襄当时的身份是不行的，必须获得更高一级部门的批准和正式公文才行。

几天之后，王世襄带着教育部特派员办公处写给第 94 军的公函，坐火车第二次前往天津。这次天津之行，王世襄信心满满，想着就要见到传说中那只精美的青铜壶，心头不由得有些激动。可是，当王世襄带着公函来到了第 94 军办事处说明来意时，一个副官模样的人，爱理不理地接过了公函，随意地瞄了一眼说："行了，放在这里吧。你先回北平，等收到我们的回信再来。"

王世襄小心翼翼地问："什么时候能有回信呢？"

那位副官模样的人理都不理就走了。王世襄无可奈何地退了出来。

两天之后，王世襄又一次来到第 94 军办事处，一进门就发现前天送来的公函还在桌子上放着，根本就没往上送。一位管收发的人说："这几天太忙，到时候我们会往上送，你还是回北平等着吧。"王世襄只好返回北平，向"清损会"平津区代表沈兼士做了汇报，希望他能有办法推动这件事情早一点解决。可是，沈兼士只是一位学者、教授，到北平主要是负责接收敌伪文化教育机关的，面对第 94 军的不配合，他也无能为力。所以，沈兼士听完王世襄的汇报之后，只是摇了摇头，什么也没说。

这种事情当然不能不了了之。可是，教育部的特派员都无能为力，一个小小的助理代表又能怎么样呢？王世襄一时不知如何是好。就在这个时候，忽然接到沈兼士的通知，让王世襄马上到教育部特派员的办公处见他。两个人见面之后，沈兼士说："教育部长现在天津，你拿着我的介绍信去见他，请他出面解决杨宁史手头这批国宝的事情。他是政府的部长，应该会有些效果。"王世襄带着沈兼士的亲笔信，再次赶往天津，来到教育部长的会客室。部长正在天津一家饭店召集许多人开会。王世襄从上午一直等到傍晚才见到部长。这位部长看了一眼沈兼士写的介绍信，转手递给秘书说："你接待一下，看他有什么要求，你给办一办。"下达完命令之后，部长转身就走了。

王世襄把前两次来天津的经过和秘书说了一遍，部长秘书写了一封公函，让王世襄第二天再去一趟第 94 军办事处。这回的公函规格比前两次都高，落款是国民政府教育部部长，公文的内容是请第 94 军给予方便，让清损会的代表进入杨宁史的住宅，进行文物的清点和回收。

这一次，王世襄一进门就亮出了教育部长的牌子。里面出来了一个当官的，听完王世襄的陈述，接过公函对他说："公函放在这里，你回北平等着去吧。"就在王世襄转过身往回走的时候，清楚地听见他冷冷地说："什么教育部不教育部的，管得着我们 94 军？"

人们不禁要问：第 94 军为什么连教育部长都不放在眼里呢？这就得说说这个第 94 军了。这支军队虽然组建于抗战初期，但是曾经参加过武汉会战、长沙保卫战和湘西会战。第 94 军的军长叫牟廷芳，是黄埔一期的学生，曾经参加过东征和北伐。抗日战争期间，率军参加过淞沪会战，防守过江阴要塞，经历过宜昌保卫战。1942 年担任第 94 军军长之后，率部转战湖北、湘西、桂北，屡建战功。1945 年 8 月，率部攻克桂林，得到最高统帅部的嘉奖。抗战胜利之后，牟廷芳率领第94军作为首批接收部队，先接管上海，又接收天津、秦皇岛，并且兼任天津警备司令。

牟廷芳　　　　　　　朱启钤

这就更令人难以理解了。既然是出身黄埔的抗日名将，率领的是一支在抗日战场上杀敌立功的英雄部队，为什么对"清损会"的工作拖延不办呢？原因很简单，都是杨宁史在暗中捣鬼。抗战胜利之后，杨宁史一面想方设法将在华资金转移到瑞士；另一方面，为了寻求军方支持，将已经解体的伪蒙疆政府在他们公司订购的大量军火全部送给第94军。另外，牟廷芳在接收上海、天津期间，耗巨资在他的家乡贵阳营建私邸，又资助族人修建"牟氏宗祠"，还捐助了200万元在家乡修建中学。一位中将军长，哪来这么多钱呢？果真在一年之后，牟廷芳因涉嫌贪污受贿被查办，并且被夺去兵权，令其退出军界。

面对收了杨宁史好处的第94军，追索青铜壶和其他文物的事就陷入了困境。怎么办呢？一筹莫展的王世襄，突然想起一个人来，他是王世襄父亲的至交，名叫朱启钤，号桂辛，人称"朱桂老"，是国民党元老，20世纪初，曾经担任过中国交通总长及内务总长。说不定凭他的名望，还有他和民国政府上层人士的交情，能找到解决问题的突破口。

于是，王世襄来到朱启钤的家，讲述了自己在追索青铜壶的过程中，遇到的困难和陷入僵局后的苦闷。朱老听完之后笑着安慰道："你今天来得正好，下午行政院长要来看我，你中午不要回家，就在我这儿吃饭，赶快把你遇到的困难和问题，写成简要的书面材料，等院长来了之后，我当面交给他。"

当天下午，民国政府的行政院长果然来到了朱启钤的家。朱启钤对行政院长说起德国商人杨宁史收藏许多青铜器，并且有可能偷运出境的事，同时将王世襄准备好的书面材料交给了行政院长。然后又指着王世襄说："他是专门清理战后文物的，我说不清楚的地方，他可以补充。"行政院长看了王世襄整理的书面材料，深感事态严重，表示马上就去处理。

行政院长离开北平立刻赶往天津，到达天津之后，直接派人去第94军控制的杨宅进行调查。面对行政院长的命令，第94军自然不敢继续抗命，只好同意对杨宅进行搜查，可是结果却令人大失所望，杨宅里根本没有青铜器。行政院长觉得，无论是朱启钤还是王世襄，都没有必要撒谎。既然，杨宁史说那批青铜器收藏在他的宅子里，为什么找不到呢？在行政院长的追问之下，第94军的人只好实话实说。杨宁史压根没有把青铜器放在这座宅子里，显然，是杨宁史在撒谎。行政院长立刻派人审问杨宁史，面对行政院长的追问，杨宁史也只好如实交代了。

原来，在抗日战争刚刚胜利的时候，杨宁史就预感到手里的青铜器会有麻烦，所以他急忙找到他的德国朋友罗越，为他整理了清单，然后将包括精美的青铜壶在内的所有收藏品精心打包装箱，交给了一家外商托运公司。可是，他的动作还是慢了一步，中国各地海关接到政府的命令，禁止德国、日本等国的在华人员和财物出关。眼看这批文物在近期内无法出境，为了躲过中国政府的追索，杨宁史和托运公司达成协议，将这批文物存放在托运公司的库房里，想等风声过后，再找机会运回德国。正在杨宁史忙着为他的洋行和文物寻求出路的时候，他却被一道禁令滞留在了天津。

当王世襄代表"清损会"找到他追索这批青铜器时，这个狡猾的德国商人谎称这些青铜器都收藏在第94军占据的他的宅子里。然后，通过第94军高层的关系，既不让王世襄清查他的宅子，又用他的宅子吸引王世襄的全部注意力，这就叫"明修栈道，暗度陈仓"。当杨宁史听说第94军的人多次阻止清损会的人进入他的宅子时，心中不禁暗喜。因为，只要"清损会"的人迟一天进入他的宅子，他的谎言就可以多拖延一天，就更有可能将手里的国宝偷运出境。

可是，让杨宁史万万没有想到的是，王世襄居然能够搬动行政院长！在行政院长的亲自干预之下，事情最终败露。经过三个多小时的谈话，杨宁史答应将自己十几年收藏的二百多件古代青铜器全部交出来。他承认，这些藏品原本就属于中国，理应还给中国政府。只是，杨宁史提出要以"呈献"的名义，而不是被没收。行政院长同意了杨宁史的请求，并且答应为这些文物在故宫博物院专门开辟陈列室。

几天之后，在天津警方的护送之下，杨宁史携带着包括精美的青铜壶在内的所有青铜器来到北平。第二天上午，在故宫的绛雪轩，完成了这批文物的交接。此次杨宁史交出的青铜器共计 241 件，皆为生坑器物，保持着刚刚出土时的模样。而且，类别全、涵盖广、时代序列完整、器形和图案精美。其中最有价值的就是这件特别精美的青铜壶。

完成了文物的交接之后，杨宁史立刻向民国政府递交了一份《恢复德侨营业永久办法》的申请，人们这才明白，杨宁史这是"醉翁之意不在酒"，他是想通过献出所有收藏品，换取民国政府允许德国的产业在中国继续合法经营。这种"捐宝救德产"的企图，并没有得到民国政府的同意。不久，天津市警察局奉令调查杨宁史在敌伪时期资敌的罪行，并且将禅臣洋行查封，杨宁史"捐宝救德产"的愿望落空了。

当这件精美的青铜壶被故宫博物院收藏之后，专家们开始对它进行仔细的研究，终于揭开了它神秘的面纱。此壶高31.6厘米，腹径21.5厘米，以兽首衔环为中心，前后中线为界，分为两部分，形成完全对称的相同画面。自壶口至圈足，被五条斜角云纹划分为四个区域：

壶颈部为第一区域，上下分为两层，左右分为两组。主要表现采桑和射礼。采桑组由五个女子构成，有的在树上采桑，有的在树下运桑。射箭组一共四位男子，一个个束装佩剑，在一座建筑物下，依次练习射箭。

壶的上腹部为第二区域，也分为两组画面。左面一组为宴乐舞蹈场面，有人在敬酒，有人在烹饪。还有三个人在演奏乐器，为舞蹈伴奏。右面的一组为射猎的场景，四个人仰身作射箭状，一个人立在船上也作

壶一区

壶二区

壶三区

壶四区

射箭状。

　　壶的下腹部为第三区，也由两组画面构成。一组为陆上攻城之战，攻方沿云梯向上攀登，与守方短兵相接，战斗非常激烈。另一组为水战，两艘战船，各插旌旗，阵线分明，右船尾部有一个人击鼓助战。船上的人大多使用适于水战的长兵器，两只船头上的人正在进行白刃战，船下有鱼鳖，表示在水中双方都有蛙人潜入水中活动，构成了一幅惊心动魄的战争场面。

　　壶的底部为第四区，用垂叶纹作装饰，给人以敦厚稳重的感觉。

　　此壶纹饰内涵丰富，形象逼真，再现了古代社会生活的一些场景。中国著名的金石学专家唐兰先生对此壶进行仔细鉴定之后，将它定名为"战国采桑宴乐渔猎攻战纹青铜壶"。可是这件青铜壶并没有明确的出土记载，人们并不知道它从什么时代的墓葬中出土，史料中对它也没有任何记载。唐先生为什么将它的年代定在战国时期呢？

　　目前对古代青铜器的时代确定，基本上是以铸造工艺、造型特点、纹饰风格为依据。而这件青铜壶的特点非常鲜明。比如，春秋之前的青铜器，纹饰大都是抽象神秘的饕餮纹、蟠螭纹，表现出一种"狞厉"的美，而这件青铜壶却表现真实的生活场景，这正是战国时期"礼崩乐坏"

177

的生动再现。

　　所谓"礼崩乐坏"，正是世俗生活对宗教生活的挑战，人们更加注重社会现实，关心日常生活。比如，第一层绘制的采桑场面，表现了劳动人民的生活内容；渔猎场面，表现了人们对美好生活的向往；水陆攻战的场面，则表现了当时战争的频繁和形式的多样化。

　　这一切表明，服务于鬼神祭祀的工艺开始转化为表现现实生活的艺术，这就是"战国采桑宴乐渔猎攻战纹青铜壶"的意义和价值。所以，这件精美的青铜壶不仅是我国青铜器中的艺术珍品，在美术史上也占有相当重要的位置，的确是一件珍贵的国宝。幸亏王世襄先生的机智和不懈地追索，否则这件国宝早已流失海外！

第 **14** 讲

《重屏会棋图》之谜

　　　故宫博物院珍藏着一幅五代时期南唐的绘画作品，名字叫《重屏会棋图》。此图绢本设色，纵40.3厘米，横70.5厘米。画面正中有两个人对弈，两个人旁观；四个人身后有一道屏风，屏风上画着妻婢共同服侍一位男主人的生活场面；男主人身后是一幅山水画屏风。屏中有屏，大屏套小屏，因此被称为"重屏"。一幅画面，将宫廷娱乐、民间生活和自然山水等三重空间同时呈现，构图巧妙，令人回味无穷。可是，此画既没有留下作者的落款，也没有标明画面中人物的身份，因此，此画自问世以来，人们不断在猜测：此画的作者是谁，画面中的人物是谁，屏风上的男主人又是谁？为了解答这些疑问，我们先从画面上人物的身份说起。

　　《重屏会棋图》创作完成之后不久就流入民间，因此，没人知道它的作者，也不知道画面上人物的身份。北宋时期的王安石见到此画时是这样描述的："不知名姓貌人物，二公对弈旁观俱；黄金错镂为接壶，粉幛复画一病夫。后有女子执巾裾，床前红毯平火炉。床上二姝展氍毹，绕床屏风山有无。"（《王文公集》卷五十）意思是，不知道画面上的人物是谁，只见两个人在下棋，两个人在观看；投壶用的接壶用金镂装饰，屏风上画着一个病人。病人身后有一女子手持头巾外衣，床前铺着红色毯子，病人身旁有火炉。两个美女在铺床，床边立着一道屏风，上面画着自然山水。通过以上描述说明，王安石看到的就是《重屏会棋图》。由于此图没有标明作者和画面中人物的身份，因此即使像王安石这样的大学问家，当时的朝中重臣，也说不清楚此画的作者和画面中的人物究竟是谁。

　　最早辨认出此画中心人物身份的，是南宋时期的学者王明清。据王明清回忆，有一天，一位名叫楼大防的黄门侍郎向王明清展示最近得到的周文矩所画的《重屏图》，上面有徽宗皇帝亲题的白居易的诗。楼大防指着画面中间戴帽子的人问道："这是什么人？"王明清回答说："很多年前，我爷爷在九江当太守，在庐山的圆通寺得到一幅江南李中主的画像，现在收藏在家里，与此画中的人应该是一个人。周文矩的绘画水平非常高，被视为神品，一定是他画的当时的真实场面。"说完这话之后，王明清为了证实自己的观点，急忙回到家里，将爷爷收藏的李中主的画像拿给楼大防看，果真"面貌冠服，无毫发之少异"（《挥麈三录》卷之三）。意思是，相貌服饰完全一样。王明清因此为此画作了题跋。此画的中心人物的身份终于明确了，他就是南唐中主李璟。

通过王明清用自家收藏的李中主的肖像画对照，可以肯定此画的主人公就是李璟。同时，王明清根据此画的水平和画面中的场景，推测此画的作者是周文矩。显然，王明清的推测是有道理的。因为，周文矩是南唐时期的画家，虽然生卒年代不详，但是主要活动于南唐中主李璟和后主李煜时期。他是李家王朝的御用画师，后主李煜对他非常赏识，《宣和画谱》曾经这样记载："煜命文矩画《南庄图》，览之叹

重屏会棋图

其精备。"意思是，李煜命令周文矩画《南庄图》，此图完成之后，李煜一边欣赏一边感叹画的精致完备。

知道了此画中心人物的身份，又考证出了此画的作者，人们一定会问：周文矩为什么要画这样一幅人物画呢？据说，这位南唐皇帝李璟有一个最大的爱好，就是下围棋，他经常和家人、大臣切磋棋艺。作为一国之君，沉迷于围棋，必然耽误国事。可朝中的大臣谁也不敢劝谏皇帝，唯恐触怒龙颜，惹祸上身。当然，也有人例外，这个人就是将军肖严。

肖严是南唐一员虎将，常年驻守在舒州（今安徽省安庆市）担任刺史。有一天，肖严应召回宫汇报军情。可是，当他进入大殿的时候，只见文武大臣一个个垂手肃立，一声不吭地观看皇上和一个大臣下围棋。肖严见状，只好站在一旁等候。一个多时辰过去了，皇上依然没有升殿问政的意思。肖严看着满朝文武默不作声地等待，终于忍无可忍地走上前去，一把将棋盘上的棋子扫在地上。

正在专心下棋的李璟吓了一跳，等缓过神来之后，怒气冲冲地质问肖严："你干什么？难道你想学魏征向唐太宗以死直谏吗？"肖严毫无惧色地顶撞道："臣不是魏征，陛下您也不是唐太宗。臣早已将生死置之度外，只是怕皇上您耽误了国家大事，不得不打断您的雅兴！"李璟一听这话，怒气顿时消了一半。他明白肖严此话虽然难听，却是忠诚为国家，劝自己不要因为下棋荒废政事，因此，李璟没有追究肖严的冒犯之罪。可是，这爱下棋的毛病就是改不了，怎么办？

有一天，李煜前来觐见皇上，对父亲说："儿臣想出了一个好办法，既能让父皇您过棋瘾，又不耽误国事，可以两全其美。"李璟一听这话非常高兴，赶忙让李煜说来听听。李煜建议道："其实方法很简单，找一位画师来，画一幅父皇您下棋时的场景，然后，将画挂在宫中，父皇您的棋瘾上来时就看看这幅画，既不耽误朝政，也可以满足您想下棋的愿望。"李璟听罢点头说："嗯，好主意！"得到了父皇的同意，李煜马上着手安排，并且找来了当时的大画家周文矩。

遵照皇子李煜的指令，周文矩很快将皇帝下棋的场景画了下来，就这样，传世名作《重屏会棋图》诞生了。画面中的陈设简单雅致，却表现出宁静高贵的气氛。一张坐榻上，四个人的坐姿舒适而放松，显然，这是一间比较私密的皇宫内宅。那么，画面中其他人物是什么身份呢？一时不得而知。

图中家具

直到元朝，其他三个人的身份才被一位名叫袁桷的学者考证出来：与李璟同榻观棋的是他的三弟李景遂，李璟左侧下棋者是他的四弟李景达，对弈者是李璟最小的弟弟李景逿。袁桷的依据有二：其一，依照胡须多寡断定年龄大小；其二，根据唐朝"尚左尊东"的规矩排座次。显然，此画意在表现李璟兄弟四人之间的手足亲情，与和谐亲密的家庭气氛。

可是，事实却并非如此。因为，南唐烈祖李昪一共有五个儿子，此画面中却少了一位；而且，坐在李璟身边的李景遂不久之后就被李璟的长子李弘冀刺杀了。显然，李璟弟兄之间的关系并非画面上表现得那样亲爱和睦。那么，既然兄弟关系紧张，为什么还要画一幅兄弟和睦相处的画呢？这就得从画面中缺少的那位兄弟说起了。

这位兄弟名字叫李景迁，是李璟的二弟。李璟原名李景通，是其父李昪的长子。可是，在这五个儿子中，李昪更喜欢次子李景迁。因为，他无论相貌还是风度气质，都与李昪非常相似。当时南唐还没有建立，李昪还是吴国的宰相。李景迁是吴国皇帝的驸马，由他继承李昪的位置，似乎名正言顺。可惜的是，李景迁还没等到李昪受禅称帝，就过早地离开了人世。

李景迁死后，李昪并没有因此将希望转到李璟身上，却转而喜欢四

图中四位人物比较

子李景达，因为他出生的时候，久旱逢甘霖，人们都认为是吉祥之兆。再加上李景达长大成人之后，在处理政事方面显示出过人之处，令李昪非常喜欢。就在李昪通过禅让的方式当了南唐皇帝的那年，幼子李景逷出生，其母种氏因此深得李昪宠爱。于是，种氏就在李昪耳边吹风，想立李景逷为太子，这种后宫干政之举，引起李昪的反感，立刻将种氏废了，最终立李璟为太子。

可是，长子李璟并不喜欢政治，却偏爱文学艺术，李昪觉得李璟很难担当国家重任，几次想废长立次，又担心会引起政局动荡，就没有付之行动。李璟知道父亲的心思，也无意卷入政治漩涡，更担心兄弟争位，会影响统治基业，所以坚决辞去太子之封，去庐山国学潜心读书，不问政治。李昪因此对李璟刮目相看，并且下诏说："守廉退之风，帅忠贞之节，有子如此，予复何忧？"（《南唐书》卷二）意思是，坚守廉洁退让的风度，引领忠诚坚定的气节，有这样的儿子，我还有什么忧虑呢？

南唐升元七年二月，信仰道教的李昪因服用丹药中毒，背上生疮，不久病情恶化去世，终年 56 岁。李昪去世前留下遗嘱，命太子李璟监国。可是，皇帝驾崩之后，李璟却泪流满面地要把皇位让给自己的各位弟弟，不想当皇帝，弟弟们哪敢接受啊。这个时候，一位大臣将皇帝的龙袍和冠冕给李璟穿戴上，同时对李璟说："上天将皇帝的宝座和国家的权力交给了你，怎么能够固守小节呢？"听了大臣的劝告，李璟这才即位当了皇帝。

李璟当了皇帝之后，对兄弟们十分友善。比如，他封三弟李景遂为齐王，担任兵马大元帅，住在太子东宫；封四弟李景达为燕王，担任兵马副元帅；封五弟李景逷为保宁王。并且正式下诏，要以兄终弟及的方式传承皇位。兄弟们非常感动，但却都表示不愿意当皇储。保大五年，李璟立三弟李景遂为太弟，并诏令其长子李弘冀，不得继承李景遂之位。可是，让李璟没有料到的是，十二年之后，李弘冀毒杀了李景遂，几个月之后，李弘冀也因惊恐而亡。

显然，李璟与兄弟之间的关系非常微妙。因此，周文矩画《重屏会

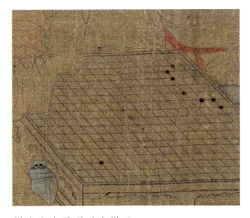

棋盘和李景遏手中棋子

棋图》，根本不是表现李璟下棋的场景，而是希望皇上的弟兄之间关系和谐。可是，仔细观察四个兄弟所坐的位置，又耐人寻味。李璟居主位，其右边的李景遂为次位，左边下棋的李景达为第三位，右边的李景遏为第四位。这正是皇帝李璟希望的兄终弟及的权力交接秩序。周文矩果真要表达这个意思吗？作为一个御用画家，他怎么可能如此大胆，用绘画的方式，暗示这种极为敏感的主题呢？

当人们再仔细观赏这幅画的时候，又发现了一个更为奇怪的细节。画面中的棋盘上，没有白子，只有八枚黑子。虽然下围棋黑先白后，但是，只落黑子，不见白子，这显然不是在对弈。画面中的李景遏执黑，先用一个黑子占桩，然后再用七个黑子在棋盘的最高处摆出了一个勺状组合，这是棋谱上没有的棋局。显然，这个细节不会是周文矩随意设计的，也不太像皇帝李璟的旨意，那么，这样的棋局究竟表现什么意思呢？

有学者认为，李景遏手上的一枚黑子非常关键。因为，棋盘上的七枚黑子中有六枚可以分别代表北斗七星中的天璇、天玑、天权、玉衡、开阳和摇光等六颗星，李景遏只要将手中这枚黑子放到天璇的前面，就可以代表天枢，从而构成完整的北斗七星图。这样一来，先期守角占桩的那枚黑子，

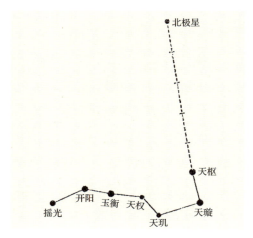

北斗七星和北极星示意图

就是北极星。那么，李景遏摆出一幅北斗七星图，究竟要表达什么意思呢？

李璟表情

北极星在古代又被称为"紫薇星"，是苍穹中地位最高的星座，也就是"帝星"，北斗七星围绕着北极星运转。显然，这幅星象图表明：李璟的三个弟弟李景遂、李景达和李景遏将效忠于皇帝李璟，弟兄三人绝无继位当皇帝之心。据说，李璟看了此图之后非常喜欢，只要有时间就拿出来欣赏一番。不知不觉中，下棋的瘾也淡了许多。

可是，再仔细观察此画，又发现疑点，就是画面中的李璟并没有下棋，目光也根本不在棋盘上，而是若有所思地看着远方，神情中似乎有一缕淡淡的惆怅。周文矩擅长画人物，尤其擅长表现人物的内心世界。那么，在兄弟和谐相处的气氛中，面对绝无即位之心的三位兄弟，皇帝李璟心中的惆怅从何而来呢？结合四人身后屏风上的内容，也许可以找到满意的答案。

根据元朝书法家、收藏家陆友仁的考证，屏风所画的场景是白居易《偶眠》诗的图解。白居易的原诗是："放杯书案上，枕臂火炉前，老爱寻思事，慵多取次眠。妻教卸乌帽，婢与展青毡，便是屏风样，何劳画古贤。"（白居易：《白氏文集》卷五十五）意思是，书案上放着茶杯，头枕在手臂上，床前是暖暖的炉火，总是爱想事情，慵懒时打瞌睡。妻子摘去我的帽子，婢女给我铺床，这个画面就是一幅屏风，何苦在屏风上画古代圣贤。对照《重屏会棋图》可以看出，诗的内容与屏风的情景完全相符。

可是，无论是画面屏风上的人物，还是《偶眠》诗中的主人公，都与我们印象中的白居易完全不同。一提起白居易，人们就会想起"离离原上草，一岁一枯荣，野火烧不尽，春风吹又生"的千古名句。白居易

28 岁考取进士，不久被召入翰林院为学士，很快又拜左拾遗，仕途一片光明，极有可能入相。可是他总是在皇帝面前直言进谏，说一些别人不敢说的话，经常让皇帝感到不快，终于在元和十年，被政敌排挤出京城，贬为江州司马。

这次贬谪对白居易的打击很大，他的心境变得消沉了。因此，"江州司马青衫湿""白尽江州司马头"这样的句子经常出现在他的诗中。从此，他为逃避朋党之争，力请离开京城，远离政治斗争中心，以求自保。仕途的不得意，让白居易过上了寄情于诗酒的放浪生活。

除了仕途坎坷之外，沉重打击白居易的还有家庭生活中的两件事：第一件事是，白居易的几个儿女相继夭折，最后只剩下女儿阿罗长大成人，没有儿子便无人接续香火，这对古代中国人而言是一个令人绝望的打击；另一件事是，白居易晚年时，爱妾樊素去世。两件事加在一起，白居易心头的悲凉就可想而知了。

心灰意冷的白居易，称病辞官，定居洛阳。他在洛阳城东，营造私家园林，"十亩之宅，五亩之园，有水一池，有竹千竿"，过着饮酒赏花，弹琴赋诗，逍遥自在的隐士生活。用他自己的话说，"有叟在中，白须飘然，识分知足，外无求焉"（《白氏文集》卷六十）。可是，在他令人羡慕的

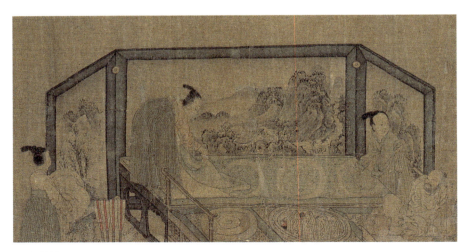

画中屏风

归隐生活的背后，却充满了惆怅和寂寞。因此，他的诗中经常表现春归的怅惘，秋来的白发，哀叹花开花谢，感慨时光飞逝，人生短暂，真是一地的颓唐。

为了排解心头的伤感，白居易的颓唐渐渐变得琐细，开始在诗中大量描写生活细节。比如，吃饱喝足之后，睡睡懒觉，睡醒之后，随便走走。甚至不厌其烦地描述自己平日喜好的食物，身上的各种穿戴，以及手持的各种拐杖等等。一个才华横溢的天才诗人，在现实政治和无常生活的打击之下，变得俗不可耐。

白居易的这种生活方式，却令太多人羡慕，因此，他的形象就成了屏风表现的题材。正如白居易在诗中描述说："卧疾瘦居士，行歌狂老翁，仍闻好事者，将我画屏风。"(《自咏》)意思是，我只是一个因病卧床的瘦居士，作诗放歌的老头子，不料却有好事者，将我画在屏风上。如果说这首诗还略有些自嘲的话，那么《偶眠》中的"便是屏风样，何劳画古贤"，却将白居易内心的得意淋漓尽致地表现出来。

白居易的形象之所以成为屏风画表现的主题，主要因为，白居易晚年的生活成为后世文人心中的典范。显然，图解《偶眠》诗的屏风，在《重屏会棋图》完成之前，就已经布置在李璟的宫中。李璟毕竟是一国之君，为什么要选取这样一个主题，作为宫中屏风的图样呢？难道他也希望像白居易那样，纵情山水，饮酒赋诗，过自由自在的生活吗？如果一个国家元首有这样的向往，那他一定是一位昏庸的君主。

可是，李璟并不昏庸。曾经有一天李璟喝醉了，命令江南著名歌女王感化给他唱歌，王感化故意反复吟唱一句歌词，"南朝天子爱风流"。皇帝李璟显然还没有完全喝醉，听出王感化在讽刺自己，说他只知道享乐，不认真打理朝政。就在王感化没完没了地重复那句歌词的时候，李璟突然将酒杯摔在地上，大声叹息道："使孙陈二主得此一句，不当有衔璧之辱也！"(《南唐书》卷二十五)意思是，如果当年东吴的后主孙皓、陈朝的后主陈叔宝早听得进去这句歌词，就不会承受亡国之痛和被俘之辱了！

虽然李璟不是亡国之君，亡国之后当了俘虏的是他的儿子李煜，但是，很多人都认为，南唐的亡国之君是李煜的父亲李璟。正是在李璟手里，南唐由盛转衰，由帝降格为主，最后灭亡。可是，我认为这完全是"成者王侯，败者寇"的观点。其实，李璟是一个很有作为的君主。

首先，继承父亲遗志。李璟的父亲李昪，以禅让的方式取代吴国君主自己当了皇帝，然后改国号为"唐"，打出大唐王朝的旗号，自诩为大唐王朝的继承者。南唐在李昪的治理之下由弱到强，实力不断壮大。李璟即位之后，就宣布将百姓拖欠的税赋全免了，给失去生活来源和劳动能力的人提供粮食和衣物。显然李璟是一位爱民的好君主。在李璟的领导之下，南唐达到了鼎盛。

其次，重视文化建设。毫无疑问，南唐文化是大唐盛世的历史重现，又是大宋辉煌的先期征兆。由于五代时期中原王朝的统治者大都重武轻文，所以出现了中原文人南迁之风，而南迁的目的地，主要是南唐。李璟尊重士人，为他们提供了相对安定的政治环境，将一大批出类拔萃的文人招至自己的麾下，并且委以重任，逐渐形成了"文官政治"，最终使南唐在文化方面超过了中原王朝。

当然，不可否认的是，李璟更喜欢文学创作。比如，南唐有一位大词人叫冯延巳，就是"风乍起，吹皱一池春水"的作者。有一天，李璟对冯延巳说："吹皱一池春水，干卿何事？"冯延巳回答："不如陛下您的'小楼吹彻玉笙寒'。"李璟听了冯延巳这番话之后自然非常高兴。不过，冯延巳还真不是奉承皇帝，李璟这句词的确很有意境，充分表现出李璟的才华和诗人气质。

然而，通过这句词，人们可以隐约地感受到，皇帝李璟在内心深处与诗人白居易的契合。因为，白居易晚年在豪宅美园中，过着衣食无忧的享乐生活，不关心政治，远离权力中心，饮酒赏花，弹琴赋诗，逍遥自在。这种生活方式，的确令不想当皇帝的李璟心向往之。因此，李璟令人将白居易的《偶眠》诗画到屏风上做装饰，就完全可以理解了。

李璟去世之后李煜即位，《重屏会棋图》继续珍藏在皇宫内府。可是，南唐灭亡之后，《重屏会棋图》却一直下落不明。仅过了一百多年，王安石看到此图时，就认不出画面中的人物，也不知道此画的作者是谁了。直到北宋末年，书画皇帝宋徽宗对南唐大画家周文矩仰慕已久，早就听闻他曾经为李璟画过一幅《重屏会棋图》，所以千方百计地想找到这幅画，却始终未能如愿。于是，就派太监童贯到南方搜寻宝物时顺便打听一下《重屏会棋图》的下落。

不久，童贯来到杭州，设立明金局，专门为徽宗皇帝征集古玩字画。此时，蔡京被贬杭州已将近一年。他听说童贯此次是专为皇上征集字画而来，觉得自己的机会到了。有一天，蔡京来到童贯的住处，上门求见。两人见面之后，蔡京神秘地从袖子中掏出一个锦盒，献给童贯。童贯将锦盒打开一看，正是徽宗皇帝日思夜想的《重屏会棋图》，不禁欣喜若狂。

那么，蔡京又是怎样得到《重屏会棋图》的呢？因为，蔡京本身就是一位书法家，自从被贬到杭州之后，闲来无事开始搜集字画。一个偶然的机会，遇到了周文矩的《重屏会棋图》，蔡京早就听说皇帝四处寻找这幅图，于是，不惜花重金将此图买了下来。蔡京知道，如果将这幅图献给徽宗皇帝，一定可以使自己重返官场，恢复往日的风光。果然不出蔡京所料，当童贯将《重屏会棋图》呈给皇帝的时候，宋徽宗喜出望外，不仅重赏了童贯，而且把蔡京重新召回京城。

得到了《重屏会棋图》之后，宋徽宗如获至宝，亲笔将白居易的《偶眠》诗题写在画卷上。显然，无论是李璟与弟兄游戏对弈，还是白居易晚年逍遥自在的意境，都很对徽宗皇帝的脾气。因此，徽宗皇帝不但在画卷上题诗，而且让画院制作摹本，并且著录于《宣和画谱》之中。可是，北宋灭亡之后，此画就下落不明了。

直到明朝中期，此画被明朝著名的金石学家都穆收藏。从此，此画在许多收藏家手上流传。明清两朝，总共有十几部著作著录了《重屏会棋图》。可是，在这些著录中，此画以《重屏图》《重屏会棋图》《李后主重屏图》和《观弈图》等不同的名字出现。而且，对此画的尺幅、题识、鉴藏印记、流传过程等情况的记载，都不尽相同。这是为什么呢？

这只能说明，民间流转的《重屏会棋图》有很多版本。那么，故宫博物院收藏的又是哪个版本呢？根据宋人王明清的记载，在早期流传的《重屏图》的真迹上，有宋徽宗题写的白居易的《偶眠》诗。可是，故宫藏本上却并没有这首诗。这说明，故宫藏本不是早期流传的版本，更不是周文矩的真迹，而是后人的摹本，《重屏会棋图》的真迹已经不知所踪。

　　说了半天，《重屏会棋图》的故宫藏本，不是周文矩的真迹而是摹本，人们也许对此会感到失望。其实，即使是摹本，也并不影响此画的价值。因为，就目前仅存的两种版本比较，《重屏会棋图》的故宫藏本是最接近原作的宋摹本，它是研究南唐历史和绘画艺术不可多得的材料，是当之无愧的国宝。

《座右自警辞卷》之谜

在中国国家博物馆，收藏着一幅南宋时期的书法作品，名字叫《座右自警辞卷》。所谓"座右"指座位的右边，古人常把自己珍视的文章、书籍和字画等放在此处；"自警辞"是自我警示的话语；《座右自警辞》，其实就是"座右铭"。辞的内容由南宋人谢昌元所撰，经民族英雄文天祥书写并题跋，形成这幅《座右自警辞卷》。此卷纸本草书，纵36.7厘米，横335.7厘米，字体精致洗练，俊秀飘逸，虽然笔画粗细变化不大，但疏密有致，一气呵成，是一幅上乘的书法艺术作品。人们不禁要问：谢昌元是什么人，文天祥为什么要给他书写《座右自警辞》并且题跋呢？

　　《座右自警辞卷》内容的撰写者谢昌元字叔敬，西蜀资州（今四川资阳）人。自幼聪明好学，省试时获得第一名，调绍庆府（今重庆彭水）担任教授。淳祐四年考取进士，第二年，到施州（今湖北恩师）任知州；后来，又到封州（今广东新兴）担任太守。谢昌元在封州任职期间，重视教育，新建学校，颇有政绩。再后来，又到广东常平（今广东东莞常平镇）担任提举茶盐，负责为朝廷征收茶盐税。谢昌元觉得当时的盐税太重，于是上奏朝廷，蠲免盐税，可是朝廷没有批准。谢昌元只好拿出自己的俸禄，替盐民缴税，显然这是一位爱民的好官。后来，谢昌元到庆元府（今浙江宁波）担任沿海参议官，从此在鄞县（今宁波市鄞州区）侨居。德祐二年，谢昌元担任将作少监，负责工程建设部门的副职。

　　咸淳九年，文天祥来到潭州（今湖南长沙）担任湖南提刑，就是省一级的地方司法官。就在这一年，文天祥为谢昌元书写了《座右自警辞》（以下简称《自警辞》）并且写了题跋，完成了这幅传世之作《座右自警辞卷》（以下简称《自警辞卷》）。可是，这不禁令人产生一个疑问，就是谢昌元究竟是什么时候到潭州见到文天祥的？

　　谢昌元在这段时间里，究竟在什么地方任职，史料中没有明确记载。

座右自警辞卷

或者在常平担任提举茶盐，或者在鄞县出任沿海参议官。常平距离潭州大约 1500 里地；鄞县距离潭州大约 2000 里地，谢昌元不太可能听说文天祥到湖南担任提刑的消息之后，或者从常平，或者从鄞县，慕名前来求字。那么，谢昌元怎么会在潭州遇见文天祥的呢？从三个地方相隔的距离看，这两个人几乎没有时间相遇，怎么会有文天祥对《自警辞》的题写呢？人们不禁对《自警辞卷》的真实性产生了怀疑。

为了排除这个疑点，我打开南宋时期的地图寻找线索，终于找到了答案。从地图上看，无论是从鄞县到常平，还是从常平到鄞县，如果走水路，潭州都是必经之地。从谢昌元先在常平，后到庆元府任职的顺序分析，很有可能是谢昌元从常平离任，到鄞县赴任的时候途经潭州，偶然遇到刚刚上任的文天祥。于是，就向文天祥求字，为自己书写《自警辞》。

可是，令人不解的是，谢昌元当时已经 60 岁，文天祥才 37 岁。谢昌元为什么要请一位比自己小 23 岁的人书写《自警辞》并且题跋呢？这不禁再一次令人对此作品的真实性表示怀疑。不过我认为，此作品的真实性不容怀疑，谢昌元让文天祥书写《自警辞》至少有两个原因。

第一，文天祥的书法水平非常高，尤其以小篆体闻名于世，当时有人这样评价文天祥的字："善小篆……笔画贞劲，似其人也。"（《书史会要》）意思是，文天祥擅长小篆，字体像他的为人一样，忠贞挺立。可惜，现在存世的文天祥的文稿非常少，仅存的几幅也都是行草，看不到文天祥的小篆作品了。

第二，文天祥的人品令人敬佩。南宋开庆初年，蒙古大军南下进攻襄阳，襄阳即将不保，朝廷一片慌乱。这个时候，宦官董宋臣建议迁都，满朝文武居然没人敢站出来反对。只有文天祥给皇上上疏："乞斩宋臣，以一人心。"（《文山先生全集》卷十九）意思是，请求皇帝下旨杀了惑乱人心的董宋臣，统一民众意志。建议杀董宋臣，不仅因为他主张迁都，更重要的是，董宋臣是个非常歹毒的人，文天祥提醒皇上离他远一些。因为，董宋臣倚仗权势干尽了坏事。京城之内的男女老幼，都叫他"董阎罗"，杀董宋臣是为民除害。

正是以上两个原因，谢昌元才会在途经潭州的时候，向文天祥求字，为自己书写《自警辞》。文天祥读了谢昌元的《自警辞》之后，欣然命笔，并且热情地写下了几百个字的题跋，一幅传世名作《自警辞卷》诞生了。那么，谢昌元在《自警辞》中究竟表达了什么样的观点，让两位年纪相差 23 岁的文人，仅一次萍水相逢，就成了忘年之交呢？为了解释这个疑点，就必须详细地介绍一下谢昌元的《自警辞》了。

谢昌元开篇说："周公谓鲁公曰：'君子不弛其亲，不使大臣怨乎；不以故旧无大故，则不弃也。'"意思是，周公旦对鲁国国君伯禽说："君主不能疏远亲人，不能让大臣抱怨；只要老部下没有大错，就不能抛弃。"接着又引孔子的话说："君子笃于亲，则民兴于仁；故旧不遗，则民不偷。"意思是，领导对亲人仁厚，人民就会仁爱；领导不遗弃老部下，百姓就不会苟且。

引完两位圣人的话之后，谢昌元感叹道："周公传国，孔子立言，恳恳于亲戚故旧者，皆所以厚风俗、美教化也。"意思是，无论是周公向儿子传授治国理念，还是孔子用言论教诲后生，都强调诚恳地对待亲人和朋友，这样做才会使风俗纯厚，人心善良。可是，面对当时的社会现状，谢昌元感慨道："世远人亡，经残教弛！"意思是，世代久远，哲人已死，经典残破，教化废弛。

感慨完之后，谢昌元讲了一个故事：一位名叫苏章的刺史巡视地方，来到清河郡。清河郡太守是苏章的老朋友。二人相见，美酒佳肴，回

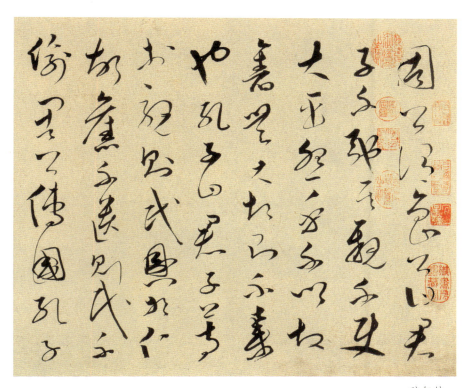

辞句其一   197

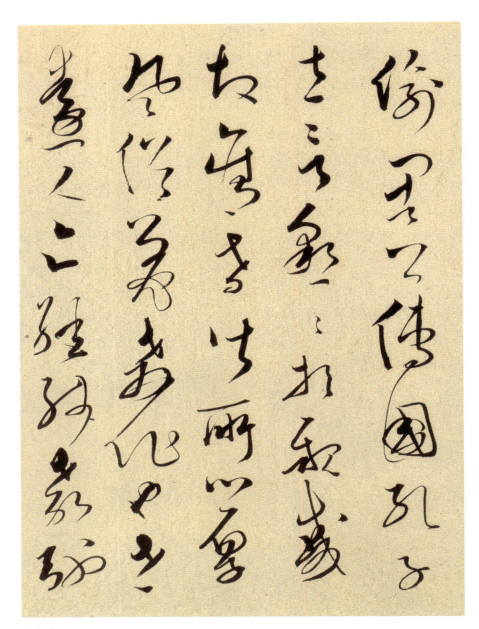

辞句其二

忆往事，非常高兴。可是，当酒席即将结束时，苏章突然对老朋友说："今日老友在此饮酒，是私人感情；明天刺史秉公办事，是公家法度。如果你认为，我仅凭一两天的巡视不能给你定罪，那是你巧言令色，不但不仁，而且不直，不谅，不多闻，不具备益友的三个条件。"

所谓"益友"出自《论语》："益者三友，损者三友。友直，友谅，友多闻，益矣；友便辟，友善柔，友便佞，损矣。"意思是，益友有三种，损友有三种。正直，诚信，见闻广博的人，是益友；走邪路，阿谀奉承，巧言令色的人，是损友。苏章的意思很明确，如果这位老朋友不承认对他的指控，就不是益友而是损友。既然是损友，就别怪我苏章翻脸无情了。

这个故事出自《后汉书·苏章传》，本来是赞扬苏章的刚正不阿，对老朋友不讲情面的正面形象。可是，谢昌元却评价道：苏章既然已经发现问题，面对老朋友，应当真诚相告，善加劝解，使之悔过并且努力改正。怎么能先用美酒相待，后用法律惩处呢？苏章显然是"卖友买直，钓名干进"，意思是，出卖朋友，以显自己正直；沽名钓誉，以求官职升迁。对此，谢昌元愤愤地说："然则，何益哉？世变愈下，人心愈非！"意思是，苏章的做法，不仅没有益处，反而使世风沦丧，人心更坏！

然后，谢昌元引韩愈的话："反眼下石，为禽兽之所不为。"意思是，翻脸不认人，投井下石，这种人禽兽不如。接着又引苏轼的话感慨："争半年磨勘，虽杀人亦为之。"意思是，为了通过朝廷半年一次的考核，即使杀人也敢做。引完两人的话之后谢昌元说，读韩苏二人的话，我觉得苏章的行为也没什么了不得。可是，"周孔垂训，必归之成德，君子有旨哉"。意思是，周公和孔子的教训，必能成就人的德性，是君子行为的宗旨。显然，周公和孔子的教诲，就是谢昌元的《自警辞》，勉励自己要有仁

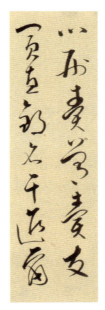

辞句其三

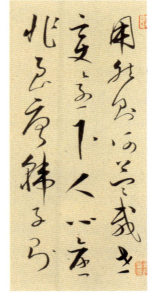

辞句其四

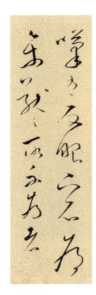
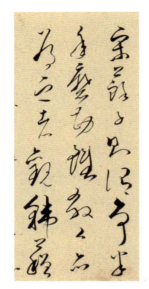
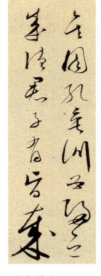

爱之心，珍惜友情，努力成就一名真正的君子。

对谢昌元在《自警辞》中所表达的见解，文天祥不仅非常赞同，而且很有感触，因此，在书写完《自警

辞句其五　　　辞句其六　　　　　辞句其七

辞》之后，紧接着写下了他的题跋，表达了自己的观点。文天祥在题跋中说：人之所以为人，是因为有人伦。朋友是人伦之一，情义是道德起点。亲人不失其为亲人，朋友不失其为朋友，各尽本分，所以才是人。世人都认为苏章是正确的，没人指出过问题，因此传为典故，得到习俗的认同，一千多年来一直如此。可是先生您却根据人心，引经据典，追问动机，指出苏章是"卖友买直，钓名干进"，挑明了以往被人忽略之处，提醒人们不要做苏章这样的人。

然后，文天祥引《论语》中的话："观过，斯知仁矣。"意思是，看到过失，就知道什么是仁。紧接着又引程颐的话："君子过于厚，小人过于薄。"意思是，君子往往太仁厚，小人往往太刻薄。所以，苏章就是一个刻薄的小人。文天祥认为，谢昌元的观点可以帮助人们树立规矩，使刻薄变得敦厚。最后，文天祥赞美谢昌元"真仁人哉"！落款是，"后进学者文天祥"。显然，文天祥对谢昌元非常尊重和赞赏，二人惺惺相惜，志同道合，联手完成的《自警辞卷》可以说是相得益彰，珠联璧合。

二人合作完成了《自警辞卷》之后，谢昌元带着这幅珍贵的书法作品离开了潭州，赶赴鄞县上任去了，两位忘年之交的朋友，就此分

国宝迷踪
111

200

手。可是，令二人绝对没有想到的是，他们从此各自走上了完全不同的道路，其命运和结局也是天壤之别。那么，当他们再度重逢的时候，彼此都发生了什么样的变化呢？让我们先从文天祥的遭遇说起。

二人分手之后的第二年，文天祥来到江西赣州担任知州。半年之后，元军对南宋发动了大举进攻。南宋的官

文天祥题跋其一   文天祥题跋其二

员望风而逃，许多城池不战而降。消息传到临安（今浙江杭州），朝野震动。

危难时刻，太皇太后向全国发出《哀痛诏》，号召各路的勤王之师立刻赶赴临安。几天之后，文天祥接到了太皇太后的懿旨，命令他："疾速起发勤王义士，前赴行在。"（《文山先生全集》卷十七）意思是，立刻组织义军，入京勤王。文天祥手捧诏书痛哭失声！为什么呢？因为，此时文天祥只是江西提刑，并非军队将领，手头没有一兵一卒，太皇太后点名下诏，只能说明国中已无兵可调，无将可用，《哀痛诏》没有召来勤王之师，国家到了生死存亡之际。

文天祥立刻向全国各路发布檄文，很快组织了义兵，并且将自己的全部家产用作军费。不久，前方传来消息，元军攻陷建康（今江苏南京），临安戒严，京城危在旦夕！危难之际，朝廷晋升文天祥为权兵部侍郎，就是代理国防部副部长。德祐元年七月初七日，文天祥率义军从江西吉州（今江西省吉安市吉州区）出发，八月二十六日到达临安。

十一月，元军分三路直取临安，临安的门户独松关失守，临安城岌岌可危。就在这危难时刻，左丞相留梦炎逃跑了，右丞相陈宜中和太皇

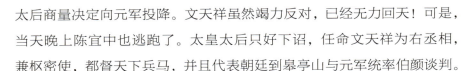

太后商量决定向元军投降。文天祥虽然竭力反对，已经无力回天！可是，当天晚上陈宜中也逃跑了。太皇太后只好下诏，任命文天祥为右丞相，兼枢密使，都督天下兵马，并且代表朝廷到皋亭山与元军统率伯颜谈判。

第二天，文天祥等人到皋亭山会见伯颜。文天祥一见伯颜立刻声明："我不是来投降的，是以宰相身份与你对等谈判的。"伯颜说："你是丞相，是干大事的。"文天祥问："宋朝是帝王正统，非辽金可比，今北朝将保留宋朝，还是毁我社稷？"伯颜说："社稷必不动，百姓必不杀。"文天祥说："既然如此，请退兵到平江或嘉兴。"平江就是现在的苏州。伯颜蛮横地说："要我退兵，战场上见！"文天祥说："想毁我社稷没那么容易，如今两淮、两浙、闽广还都在我们手里，如果继续战争，各地豪杰并起，从此战乱不断，你们将永无宁日！"伯颜恫吓道："不怕我现在就杀了你！"文天祥大义凛然地说："宋朝状元宰相，所欠一死报国耳。宋存我存，宋亡我亡。刀锯在前，鼎镬在后，有什么可怕？"

文天祥的这番话让伯颜感到震惊，马上改变态度，敷衍文天祥说："前几天已经派人去见你们的太皇太后，听听她的意见之后，再与丞相商议。"伯颜怕文天祥回临安组织军队抗元，于是将文天祥拘留在军营中。德祐二年（1276年）二月初五日，伯颜在祥曦殿正式举行降元仪式。伯颜劝文天祥投降，被文天祥严词拒绝。

同年五月初一日，陈宜中、张世杰、陆秀夫等人拥立益王赵昰在福建福州登基，重建南宋王朝，改元景炎。文天祥从元军军营中逃脱之后，立刻赶到福安，朝廷将他官复原职。几天之后，文天祥离开福安，在福建地区打出抗元大旗，一时间声势大振。可是，不久元军进逼福安。陈宜中、张世杰手握重兵，却不战而撤出福安，护卫皇帝赵昰登舟入海。从此，南宋小王朝就只能漂泊在海上。

文天祥依然在福建、江西和广东一带坚持抗元斗争。景炎三年十二月的一天，文天祥率部队行军到广东海丰的五坡岭，正在吃午饭的时候，突然遭到元军的袭击。文天祥来不及应战，被元军俘获。

元军统率张弘范率元军水师进攻厓山，文天祥被囚于海船中同行。

张弘范让文天祥给张世杰写信，劝他投降。文天祥写下了《过零丁洋》一诗，其中有这样一句："人生自古谁无死，留取丹心照汗青。"张弘范看了这首诗之后，放弃了劝降的企图。大义凛然的文天祥，以自己的实际行动，兑现了他在《自警辞卷》中所做的道德承诺。

1279 年 2 月 6 日，张弘范率元军水师向厓山发动总攻。虽然，宋军与元军相比，略占优势。可是，由于指挥失误，宋军最终失败了。陆秀夫见败局已定，先令全家投海自杀，然后将小皇帝赵昺绑在自己身上，一起跳海殉国，无数军民纷纷跳海，誓死不当亡国奴，南宋王朝灭亡了。那么，在这场惨烈的民族浩劫之中，谢昌元以及《自警辞卷》的命运又如何呢？

关于谢昌元在南宋灭亡时的表现，人们有很多说法。一种说法是由景炎二年，即 1277 年，忽必烈命令谢昌元的长子谢大椿召其父谢昌元入朝而起。

当南宋德祐皇帝投降之后，忽必烈命令谢大椿给其父写信，召谢昌元入朝。忽必烈见了谢昌元之后，非常器重他，称谢昌元为"南儒"。并且命谢昌元任职于门下省，也就是元朝最高行政领导机构，后来担任礼部尚书。对谢昌元提出的建议，皇帝忽必烈几乎都能够采纳。如果这个说法成立，谢昌元是在整个南宋朝廷都投降大元国之后，才出任元朝政府官员的。

可是，看过谢昌元的履历，就可以发现一个疑点。谢昌元三十岁就考取了进士，曾经多次担任州一级的长官，官居正五品，六十多岁的时候，却成了将作少监，官居从六品，相差三级。担任朝廷命官三十多年，为什么官职不升反降？据我分析，很有可能谢大椿投降蒙古的事被朝廷知道了，从此谢昌元失去了朝廷的信任。当谢昌元与文天祥偶遇的时候，其子谢大椿投元已经十几年了。一个在南宋不得志，儿子投元已经十几年的谢昌元，还会忠于宋朝朝廷吗？此时，让文天祥写这幅《自警辞卷》又有什么意义呢？

可是，谢昌元的后裔，明朝人谢源在《自警辞卷》的卷后，题写了谢昌元的《行实》，也就是小传。在这篇《行实》中，谢源对谢昌元在南宋的任职，只提施州知州，其他一概不提。这是为什么？显然，谢源别有意图，与施州城有关。

南宋开庆元年，为了防御蒙古人的进攻，谢昌元将施州的郡城移到了柳城，然后，自筹经费百万、粮食千石，修筑郡城，受到皇帝嘉奖，并且官升一级。当元军进攻时，谢昌元率领城中军民，凭借天险，坚持抵抗元军。直到德祐二年，终因重兵围困，弹尽粮绝，将士全部战死，柳城被攻破，谢昌元被俘，只好投降。

可是，谢昌元 1244 年考取进士之后，第二年就在施州任职。在以后的几十年里，他从施州到广东新会，又到广东常平，最后在庆元府任职，并且侨居鄞县。实际上，谢昌元在施州修完郡城之后不久就离开了。因此，他不可能在施州城破之后投降。那么，谢昌元究竟是什么时候，又是怎样投降的呢？清朝人万斯同在《宋季忠义录》中记载了这样一段史实，回答了这个问题。

元军进攻庆元府，派十八骑兵驻守西山附近的资教寺，平江军（今江苏苏州）节度判官袁镛约庆元知府赵孟传和将作少监谢昌元共同抵御元军。赵孟传和谢昌元对袁镛说："好的，你先去，我们两个人带着人马随后就到。"于是，袁镛一个人来到元军面前大声痛骂。突然几个元军从背后扑上来将袁镛捕获，显然敌人早有准备。

原来，赵孟传和谢昌元让袁镛去进攻元军，不但没有随后跟上，反而悄悄来到元军的驻地，献出地图投降了。面对被俘的袁镛，元军首领威胁说："投降就得到富贵，不投降就烧死你！"袁镛骂道："我身为宋朝之臣，死就死吧，绝不投降！"元军首领大怒，果真用火烧袁镛。不一会，袁镛的头发和胡子都被烧光了。袁镛依然骂不绝口，一直到被烧死为止。

如果这个说法成立，那么，这位在《自警辞》中强调仁爱和友情，讥讽苏章"卖友买直，钓名干进"，发誓做君子的谢昌元，居然是一个出卖战友，投敌叛国的伪君子！书写《自警辞卷》的文天祥，如果知道谢昌元的行径，真不知做何感想！

就在谢昌元卖友求荣，投降元朝的同时，文天祥在元军的押解之下，艰难地行进在从广东北上大都（今北京）的路上。到大都之后，元朝政府组织各类人物，开始劝文天祥投降：首先是南宋左丞相留梦炎，结果被文天祥一顿羞辱。可是，当成为阶下囚的宋恭帝出现在文天祥面前时，文天祥跪倒在地，痛苦地乞求道："圣驾请回！"几天之后，文天祥再次拒绝了元朝丞相博罗的劝降。

不久，一帮投降元朝的南宋大臣联名给忽必烈上奏，请求皇帝开恩不要杀文天祥，也不要逼他为元朝效命，让他出家为道士，放他一条生路。在这篇奏章的签名中，出现了谢昌元的名字。显然，《自警辞》对谢昌元依然有作用，他想救这位朋友一命。可是，留梦炎却坚决反对。他说："文天祥出来，一定会号召江南士人反抗元朝朝廷，到那个时候，将置我们这些人于何地？"所以，这封联名上疏最终并没有递交给皇帝。

几天之后，忽必烈召文天祥入殿，文天祥长揖不跪。忽必烈的卫兵将文天祥的膝盖打伤，文天祥依然挺立不动。忽必烈对文天祥说："如果你能像忠于灭亡的宋朝一样忠于我，我让你当丞相。"文天祥回答说："天祥受宋朝三帝厚恩，号称状元宰相，今事二姓，非所愿也。"忽必烈问："你的心愿是什么？"文天祥回答："我愿一死，足矣！"忽必烈只好放弃了劝降。面对高官厚禄的诱惑和死亡的威胁，文天祥依然恪守着《自警辞卷》中的誓言，这才是真君子！

这个时候，民间出现传言，有人组织反元义军，准备劫走文天祥给他们当宰相。显然，文天祥已经成了民众心目中的英雄和反元复宋的旗帜。忽必烈听到这一消息之后，才最终下决心，处死文天祥。就这样，民族英雄文天祥，慷慨就义，用自己的生命践行了《自警辞卷》中的誓言，成就为"真仁人"！

那么，被文天祥赞誉为"真仁人"的谢昌元，在投降元朝之后，如何处理《自警辞卷》，似乎不得而知了。我从《自警辞卷》的第一位收藏者王应麟身上发现了线索。王应麟是南宋的礼部尚书，《三字经》的作者。南宋灭亡之后，他隐居乡里，闭门谢客，著书立说。《自警辞卷》

是怎么到他手上的呢？史料中没有任何记载。据我推测，一定是谢昌元离开鄞县赴大都上任之前送给王应麟的。

理由很简单：王应麟是鄞县人，仅比谢昌元小十岁，谢昌元去世之后不久，王应麟就去世了，因此，王应麟不太可能从谢昌元的后人手里得到《自警辞卷》。而且，谢昌元一直在大都为官，直到死后才葬回鄞县。所以，谢昌元只能在离开鄞县北上去大都之前，将《自警辞卷》送给王应麟。

这样一来，这幅珍贵的《自警辞卷》，在谢昌元手上仅保存了不到三年。这完全可以理解。在出卖战友的谢昌元手里，《自警辞卷》已经成了绝妙的讽刺。再加上元朝统治者为了镇压南宋民众抗元斗争，消除文天祥的影响，绝不会允许元朝的官员收藏文天祥的墨宝。所以，谢昌元在投元之后，根本不敢将《自警辞卷》继续留在身边。

不过，《自警辞卷》从王应麟家流出之后，经历元明清三朝，一直流传有序，最后被清宫内府收藏。显然，历代收藏家都非常重视这幅作品，不仅因为它的艺术水平非常高，更因为它是文天祥为数不多的真迹之一，是文天祥人格境界和爱国主义精神的历史见证，的确是当之无愧的国宝！

第 **16** 讲

金编钟之谜

在故宫博物院的珍宝馆里，展示着一组16枚的编钟，这组编钟与以往的编钟有很大的不同。以往的编钟由青铜铸造，而这组编钟用黄金铸造；以往的编钟音调的高低由编钟的大小来决定，而这组编钟的大小基本一致，音调的高低完全由钟壁的薄厚来决定，其制作工艺显然要复杂得多。由于用黄金铸造，这组编钟的外形比较小巧，整体高度仅16.2厘米，整个腔体呈椭圆形，造型优美，制作精良。16枚金编钟大小一样，整齐排列，金光灿灿。用黄金制作乐器，这在人类历史上是极为罕见的。黄金本来是硬通货，人们为什么用它制作编钟呢？这就得从乾隆皇帝八十大寿的庆典说起了。

故宫博物院收藏的这套金编钟制作于乾隆皇帝在位期间。乾隆皇帝名为爱新觉罗·弘历，是清朝第四位皇帝，在位整整60年，是中国历史上在位时间仅次于康熙（在位61年）的帝王。就在乾隆当皇帝的第55个年头，也就是1790年，他正好80岁，想给自己大张旗鼓地做一回寿。皇帝有这个愿望，大臣们自然积极响应，京城内外，朝野上下，立刻紧张地准备起来，打算为皇上热热闹闹地庆贺一番。可是，这却难坏了很多王公大臣，他们不知道给皇上送什么礼物好，轻了拿不出手，重了力所不能及，怎么办？这个时候，有人出主意，大家凑份子，共同给乾隆皇帝送一件大礼。

十几位王公大臣一拍即合，开始商讨，送一件什么大礼好呢？有人建议送古董，有人提出送字画，意见一时难以统一。正在大家发愁不知道送什么礼物好的时候，一位站在门口的大臣，看着屋顶金碧辉煌的琉璃瓦，突然来了灵感，对众位王公大臣们建议道："不如给圣上打造一套黄金编钟，在他八十大寿时奏响，一定会博得满堂喝彩！""好主意！"这个建议立刻得到在场王公大臣的齐声称赞。

铸造黄金编钟的事定下来之后，就请宫廷中的工匠精心设计这组

金编钟

编钟。编钟的模型很快就制作完成，可是，这些王公大臣们又为难了。这组编钟的模型虽然不大，可是，要铸造一套黄金的编钟，据工匠估计，至少需要黄金一万两。到哪儿去弄这么多黄金呢？这个时候，内务府的官员出主意说，让各省的总督筹集黄金，理由就是为皇帝祝寿。这个主意果真好，筹集黄金的倡议一发出，各省总督立刻积极响应，铸造编钟所需要的黄金很快就凑齐了。

经过一段时间的精心制作，这组金编钟终于完成了，16枚编钟总共花费黄金原料11439两。每一件编钟的背后都有"乾隆五十五年造"的款识，正面是每枚编钟自己的名字，用来标明它的音调，比如，"黄钟""大吕""姑洗"等；编钟顶端有瑞兽为纽，两条蟠龙跃然其间，龙身上方，祥云朵朵；龙

黄钟

钟纽

身下部，海浪翻滚。整套编钟造型优美，装饰华丽，气派非凡，不愧是皇家制作。

不过，说起编钟，并不是什么新鲜发明，这种中国古老的乐器早在商朝时期就已经出现了。只是，时代不同，编钟的大小、形制和数量也不同。从 3 枚一组，到 6 枚一组，直至 16 枚一组。迄今为止，发现的最大规模的编钟，就是湖北随县出土的曾侯乙编钟，数量多达 64 枚。有人可能马上反驳说，不对，是 65 枚！其实，仔细观察就会发现，其中有一枚不是原配。以往的编钟都用青铜铸造，完全用黄金铸造编钟，这在中国历史上是第一次也是唯一的一次。

在乾隆皇帝八十大寿的那天，王公大臣和各地官员们呈献的寿礼源源不断地送进京城，堆满了皇宫的库房。据说，仅用青田石、寿山石等

曾侯乙编钟

材料镌刻的含有"福""寿"内容的印玺，就有六百多方。当然，在众多的寿礼中，最引人注目的还是这组黄金铸造的编钟，纯金的材质在阳光下熠熠生辉。庆典时辰一到，金编钟奏响祝寿的乐章，悠扬悦耳，乾隆皇帝龙颜大悦。

从此，这组金编钟就成了乾隆皇帝的挚爱，一直珍藏在皇宫的太庙中，遇到朝会、宴享、祭祀等重大活动，才拿出来和玉磬一起奏响。可是，这组稀世珍宝，却在二百多年之后，被偷偷抵押出宫，差一点儿被化成金锭，也差一点儿落在日本人手里。那么，究竟发生了什么事呢？这还得从"清宫收藏品抵押案"说起。

1922 年，年满十六岁的废帝溥仪要结婚，而且还要举办"大婚典礼"。在皇族成员奢侈不减，早已入不敷出的情况之下，溥仪要求场面宏大，规格豪华，不减当年历代先祖。为此还专门派人去景德镇御窑定制了一批大婚纪念瓷器。但是，这笔高额的费用，清宫内府根本拿不出来，这可怎么办？溥仪想尽办法，绞尽脑汁也凑不足这笔款子。最后，只得打起清宫内府收藏品的主意。

1924 年 5 月，由溥仪的岳父，也就是婉容的父亲荣源出面，用宫中收藏品作抵押，找盐业银行贷款。经过双方反复磋商之后，清宫内务府开具了抵押品的清单。这些抵押品包括：16 枚黄金编钟，抵押 40 万元；皇帝和太后使用的金印，皇帝册封后妃使用的金册，以及各类金器，总重量达一万多两，还有各种玉器、瓷器等大约 2000 多件，抵押 40 万元。一共 80 万元，月息一分，期限一年。到期如不能偿还，则变卖抵押品，作价抵还本息。这就是民国初年著名的"清宫收藏品抵押案"。

其实，溥仪用宫中收藏品抵押贷款已经不是第一次了。可是，以往抵押贷款都是找外资银行，这次规模如此巨大的抵押贷款，清宫内务府为什么选中资金并不是最雄厚，信誉也不是最好的盐业银行呢？这就得说说这个盐业银行了。盐业银行成立之初，由袁世凯的表弟张镇芳任总经理。张镇芳在清朝末年曾经担任过盐运使，民国初年担任河南督军、总统府顾问。在张镇芳担任盐业银行总经理时，由盐务署拨官款，实行官商合办，经营全部盐税收入。袁世凯死后，盐务署不再拨官款，从此盐业银行由官商合办转为商办。1917年张镇芳因参与张勋复辟而被捕，总经理由当时担任天津造币厂厂长的吴鼎昌继任。显然，即使在盐业银行成为商业银行之后，依然有着北洋政府的官方色彩。

H. E. WU DING-CHANG
Minister of Industry

吴鼎昌

问题就在这里。无论清末还是民初，有官方背景的商业银行往往官商勾结，利益共享，是腐败的重灾区，这次"清宫收藏品抵押案"就是典型。清宫内务府之所以找盐业银行贷款，不是因为该行的信誉好、资金雄厚，而是因为具体操办溥仪婚礼的荣源与盐业银行北京分行经理岳乾斋两个人是生意上的合作伙伴。这显然是一次清宫内务府官员与商人之间相互勾结的阴谋。

双方签署了宫中收藏品抵押协议之后，在1924年6月的一个夜晚，一辆卡车载着几个大箱子，里面装着金编钟和其他几千件宫中收藏品，悄悄地驶出紫禁城的神武门，急速朝北京盐业银行驶去。不一会儿卡车来到银行后门，这些宝物就暂时存放在银行的仓库里。

签约的时间是民国十三年，即1924年5月31日，一年之后到期。清宫内务府与盐业银行之间之所以签约一年，就是因为，清皇室的遗老们满怀信心地认为，一年之内大清朝就会复辟，到那个时候，一定能够将这批国宝赎回来。

可是，四个月之后，冯玉祥发动了北京政变，修改了民国政府对清皇室的"优待条件"，政府每年的拨款由400万大洋减少到50万。虽然，政府对清室成员的私产仍然予以保护，但是，紫禁城中的财产收归国有，并且要求皇室成员限期搬出紫禁城。几天之后，冯玉祥派鹿钟麟带兵入宫强制执行。溥仪在巨大的压力之下，不得不搬出皇宫，暂时迁居到醇亲王府，也就是他亲生父亲的家中。1925 年 2 月，在日本人的保护之下，溥仪潜往天津。

1925 年 5 月 31 日，抵押合同到期，清宫内务府根本无力赎回这批抵押出去的宫中收藏品。盐业银行趁机给清宫内务府补了一笔现款，这批珍宝就归盐业银行所有了。就这样，这起"清宫收藏品抵押案"就变成了典型的"国有资产流失案"。盐业银行北京分行经理岳乾斋将这批宫中抵押品作为账外物资，存放于设在东交民巷的外库之中。

所谓"账外物资"，就是盐业银行内部另外有一本账，上面记录的钱财不属于银行财产，而属于银行的高管，类似于今天某些单位的"小金库"。在岳乾斋的操作之下，清宫内务府用抵押品换取的贷款由盐业银行的账外资金给付，那么，这批抵押品就都成了盐业银行的账外物资，最终将被银行的高层经理们私分。

这一切，岳乾斋一直瞒着盐业银行的总经理吴鼎昌。可是，纸里包不住火，吴鼎昌最终还是听说了此事，立刻派张伯驹以银行监察人的身份提交董事会质询，岳乾斋这才不得不将相关账簿交出。可是，这些抵押品都属于盐业银行的账外物资，董事会无法干涉。于是，吴鼎昌和岳乾斋二人达成妥协，把除了金编钟之外的国宝都私自瓜分了。

俗话说，没有不透风的墙。废帝溥仪将金编钟等宫中收藏品抵押给盐业银行的事被某报社的记者获悉，他立刻在报上发表文章，揭露此事。消息一出，舆论哗然，纷纷指责清宫内务府与盐业银行相互勾结，盗卖国宝。岳乾斋心里很清楚，他和清室所做的这些秘密交易，一旦被捅破，他将面对牢狱之灾。为了度过危机，他威逼利诱溥仪的叔叔载涛，让他出具证明，宣布清室已经把这批抵押的国宝赎回去了。可是，此时的清室不但没钱，而且也不敢把此事公之于世。于是，清宫内务府发表了一则声明，宣布用皇宫收藏品抵押贷款一事纯属子虚乌有。就这样，这笔巨额的国有资产，便流失到私人的腰包中去了。

当然，以溥仪为代表的皇室成员并不认为他们的行为是盗窃。因为，他们一直以为紫禁城内的财产都是他们的祖先留下来的。可是，辛亥革命后，民国政府与退位的清室早有协定，原紫禁城内的财产只能在宫内使用，不得流出宫外。所以，用宫中收藏品抵押贷款一事，根本不合法。也就是说，清宫内务府没有权力将宫中的财产抵押给任何银行。既然抵押手续不合法，那么谁藏匿这批抵押品，谁就是窃取国家财产。

可是，盐业银行的总经理吴鼎昌与北京分行的经理岳乾斋却将这批除了金编钟之外的抵押品私分了。最可恶的是，岳乾斋生怕事情败露，于是在夜深人静的时候，将其中的金印、金册等一批珍贵的国宝级文物拿到前门外的金店，化成一块块的金锭和金条。

其他一些无法融化的玉器、瓷器等宝物，岳乾斋委托盐业银行出差去美国的下属携带出境准备出售。这些古董据专家估计价值将近100万美元，这在当时可是一笔巨款啊！后来，因为价格没谈妥而未能出手，只好寄存在美国花旗银行的保险箱内，岳乾斋死后，这些宝物居然下落不明。新中国成立后，从岳乾斋儿子家里查没了一批皇宫的收藏品，证明"清宫收藏品抵押案"确实存在。

尽管盐业银行的高管们矢口否认，可是，外界的传闻越来越多，不仅民国政府的高官有意染指，就是其他资金更加雄厚的银行也垂涎三尺。显然，这批抵押在盐业银行的国宝继续放在北京已经凶多吉少。于是，盐业银行的高管决定将金编钟转移出北京。说来也巧，此时的盐业银行北京分行的经理陈亦侯将调任天津分行当经理。于是，陈亦侯决定，把金编钟从北京运到天津。

几天之后，一辆经过巧妙伪装的卡车悄悄地驶出了位于北京东交民巷的盐业银行仓库，经过一路颠簸，停在了天津分行的大楼前。陈亦侯指挥几个工友从汽车上搬下几个木箱，这些装着金编钟的木箱被藏匿在天津分行地下库房的夹壁墙里。这件事情，除了银行总经理吴鼎昌、副总经理朱虞生和陈亦侯自己之外，没有任何人知道。

可是，日本特务机关却不知怎么得到了消息，陈亦侯成了日本特务关注的对象。有一天，日本驻天津副领事的女儿带着名酒、瓷器、盆景

仲吕

等礼物，到陈亦侯家拜访，纠缠着要认干爹，其实是在探听金编钟的下落。面对这个日本小姑娘，陈亦侯装傻充愣，一问三不知，什么金编钟，从来就没听说过！这位日本姑娘只好灰溜溜地回去了。几天之后，几个日本人突然来到盐业银行，对银行的库房进行丈量，显然日本人听到了什么风声，结果什么也没有发现。

1937年7月7日，日本侵略者发动卢沟桥事变。不久，日军占领了除美、英、法、意等国租界之外的整个天津，金编钟的处境更加危险了。一天，陈亦侯家里突然来了一位不速之客，他是日本驻天津副领事。上次是派女儿来，这次亲自出马了。他满脸堆笑地进了陈家大门，还送上了一份礼物，假惺惺地寒暄了一阵之后，突然话锋一转问道："陈先生见多识广，可否听说过清宫有一套金编钟？"陈亦侯立刻明白了日本副领事的来意，于是若无其事地回答道："金编钟是国宝，这谁都知道，可是这东西从来都是深藏在宫中，谁也没见过，也不知是真是假。"

突然，日本副领事从腰间掏出手枪，"啪"的一声拍到桌上，恶狠狠地威胁道："我们早就打听到了金编钟的下落，都是你一手经办的，你要是不说，就别怪我不客气，好好想想吧！"面对威胁，陈亦侯依然镇静自若，坚决否认关于金编钟的事情。日本副领事见问不出结果，只好拂袖而去。

可是，狡猾的日本人并不死心。当天晚上就开始对盐业银行天津分行实施严密监控，银行四周出现了很多密探监视来往车辆，并且接二连三地到陈亦侯的家中寻衅滋事。有一次，竟然把刺刀架在了陈亦侯的脖子上。

在软硬兼施的手段都无效之后，日本人终于失去了耐心。有一天，一群日本兵突然端着刺刀来到陈亦侯的家里，挖地三尺也要找出金编钟，折腾了半天，什么也没找到，只好悻悻而去。几天之后，一群日本兵又闯进盐业银行，里里外外地搜查了几遍，也没有发现金编钟的踪迹，只好将陈亦侯逮捕。无论日本人如何逼问，陈亦侯始终只有三个字："不知道。"

日本人毕竟只是听说金编钟在陈亦侯手上，却没有确凿证据，只好把陈亦侯释放了。再加上盐业银行天津分行位于法租界内，日本人的行为多少还有些顾忌。经过一番徒劳无功的折腾之后，日本人不再纠缠陈亦侯、寻找金编钟了。

1941 年底，日军偷袭珍珠港，太平洋战争爆发，驻天津日军迅速占领了美、英、法等国在天津的租界。陈亦侯再也坐不住了，因为，金编钟确实一直藏在法租界。陈亦侯立刻给盐业银行总经理吴鼎昌发急电，寻问如何保护这组金编钟。为了避人耳目，陈亦侯派专人从天津赶到西安，在西安用银行的密码发电报给上海，由上海转香港，再由香港转重庆，找吴鼎昌。此时的吴鼎昌在大后方的贵州省担任省主席。吴鼎昌循着同样的路线发了回电。一封电报往返一个半月，得到的电文却只有一个字："毁！"就是让陈亦侯把这组金编钟化成金锭！

那么，吴鼎昌为什么要让陈亦侯将金编钟毁掉呢？原因很简单，按照盐业银行的规定，对银行账外物资的处理，所得百分之六十归责任经理，其余百分之四十由银行高管私分。也就是说，如果陈亦侯把金编钟化成金锭，百分之六十交给吴鼎昌，他可以在其余百分之四十中得到一大部分，这可是几千两黄金啊！

陈亦侯见到这封电报之后，却火冒三丈，大骂吴鼎昌"混蛋透顶"！陈亦侯深知金编钟的价值和意义，全世界还没有人能够把金子敲出乐章来，如果把国宝毁了，他将成为历史的罪人！同时，陈亦侯也明白，如

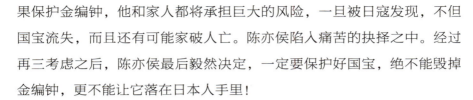

果保护金编钟，他和家人都将承担巨大的风险，一旦被日寇发现，不但国宝流失，而且还有可能家破人亡。陈亦侯陷入痛苦的抉择之中。经过再三考虑之后，陈亦侯最后毅然决定，一定要保护好国宝，绝不能毁掉金编钟，更不能让它落在日本人手里！

但是，陈亦侯心里很清楚，以当时的情况，完全靠他一个人的力量很难做到这一点，因为日本人早就盯上了他。怎么办？这个时候，他想起了一位朋友，盐业银行的一位董事，天津四行储蓄会的经理胡仲文。陈亦侯之所以找胡仲文帮忙，一方面，胡仲文办事老练，为人可靠；另一方面，胡仲文是盐业银行副总经理朱虞生的女婿，他是知情者；当然，最重要的是，陈亦侯相信，胡仲文和自己一样，有一颗爱国之心。

果真不出所料，胡仲文毫不犹豫地答应帮助陈亦侯保护金编钟。虽然他明知道此事有极大的风险，一旦事情败露，金编钟不但从自己手里流失，还会招来杀身之祸。可是，胡仲文觉得陈亦侯既然如此信任自己，决不能辜负朋友的信任，同时也愿意为保护国宝贡献自己的力量。面对咄咄逼人的日本侵略者，情况已经十分危急。于是，胡仲文当机立断，立即转移金编钟。

几天之后的一个夜晚，陈亦侯带着自己的司机，将金编钟装入8个小木箱，先后分4次由盐业银行运到四行储蓄会。位于英租界内的四行储蓄会静悄悄的，职员和工友都早已下班回家。接应陈亦侯的胡仲文带着一名亲信工友帮忙搬运。因为这两处距离较近，金编钟的转移工作很快便完成了。

胡仲文选择藏匿金编钟的地方，是四行储蓄会大楼地下室一个不起眼的小库房。胡仲文将金编钟放进这间小库房之后，用几吨煤末将装金编钟的木箱掩埋起来，锁上门之后将钥匙带在自己身上。然后，又吩咐总务人员再买8吨煤末，堆在小库房的门口，并且关照有关人等不许动用这些煤末。这间小库房的门本来就很小，门口又堆了8吨煤末，门几乎被掩埋了，谁也想不到在这堆煤末后面的小库房里会藏匿着国宝。两位挚友把金编钟藏好之后，握手起誓："天知地知，你知我知！"

金编钟掩藏好的第三天，日本人派了二十多名军警，突然冲入盐业银行天津分行进行彻底搜查，显然，日本人根本没有放弃对金编钟的寻找，他们当然一无所获。幸好陈亦侯和胡仲文将金编钟转移了，否则，这组国宝就会落到日本人的手上，造成千古遗恨。

1945 年，抗战胜利了，陈亦侯和胡仲文刚刚松了一口气，可是国民党的接收大员很快开始打金编钟的主意。最先打听金编钟下落的，是国民党政府的财政总长孔祥熙。他要到天津视察，事前派秘书抵达天津，一边做准备工作，一边查找金编钟的下落。当这位秘书找到陈亦侯打听金编钟下落时，陈亦侯面对这位老同学大发雷霆："你们究竟安的什么心！当初把这掉脑袋的事儿扔给我不管，日本人要杀我的头，你们又让我毁掉它，今天又来找我打听它的下落！要找，你们找吴鼎昌去！"国民党派系之间的利益之争非常激烈，孔祥熙虽然是财政部长，也知道不能公开侵夺吴鼎昌的利益。于是，此事便不了了之。

不久，特务头子戴笠给天津警察局局长李汉元下达密令，密令中有两条非常明确：其一，金编钟属于敌伪逆产，必须没收；其二，陈亦侯必须以汉奸罪论处。可是，让戴笠没有料到的是，李汉元和陈亦侯是生死之交，陈亦侯早年救过李汉元的命。因此，李汉元接到戴笠的密令之后，悄悄找到陈亦侯，把密令给陈亦侯看。陈亦侯看完之后微笑着问李汉元："这个密令值多少钱？"李汉元回答说："充其量值一根火柴。"说完这话之后，李汉元取出一根火柴，轻轻地擦着火，把密令烧了。

胡仲文虽然没有受到追问，但是，心里却一直惴惴不安。为什么呢？因为，国民党政权在垮台之前，曾经强迫收兑金银以挽救接近崩溃的经济。天津的马路上到处张贴着布告，鼓励检举隐匿金银者，奖给所值的百分之七十，被检举者要罚没两倍。这种优厚的奖励，对某些知情者具有很大的诱惑力。他们只要打个电话，写封信，就可以成为百万富翁！

幸好胡仲文和那两位帮助转移金编钟的司机和工友，始终不为金钱所动，一直严守秘密。

1949 年 1 月 15 日天津解放，天津私营金融业奉命停业 3 天。1 月 18 日，胡仲文上班之后，立即以盐业银行董事的身份给天津市军管会写信，代表盐业银行将自己秘密守护了 8 年的金编钟上缴给了天津市军管会。

1953 年的一天，金编钟离开故宫整整 29 年之后，从天津被送回北京，重新回归故宫博物院。虽然这套金编钟已经有 200 多年历史了，但依然是金光灿灿，音质优美。1970 年我国第一颗人造卫星播放的"东方红"乐曲，就是由这组金编钟所奏响，美妙的乐音，曾经响彻宇宙。

第 **17** 讲

《临韦偃牧放图》之谜

在故宫博物院收藏着一幅古代绘画艺术作品，它的名字叫《临韦偃牧放图》，此图绢本浅着色，纵46.2厘米，横429.8厘米。图中表现马夫牧放皇家御马的场景，在四米多长的画卷上，共有1286匹骏马和143位各色人物，栩栩如生，气势恢宏，充分展现了群马成势的壮观场面和作者高超的绘画艺术功力。不过，此画并非原作，而是北宋画家李公麟对唐代画家韦偃《牧放图》的临摹本。众所周知，艺术作品的原作比临摹本更有价值，可是，人们却只提临摹本而不提原作，这是为什么？韦偃的原作在哪儿？李公麟为什么要临摹它？李公麟的临摹本问世之后，又遭遇了哪些磨难？为了回答这些问题，还得从韦偃说起。

《临韦偃牧放图》是北宋画家李公麟的作品。画家韦偃，唐朝京兆（今陕西西安）人，长期居住在益州（今四川成都），官至少监。所谓"少监"，是"监"的副手。唐朝设"监"的官署主要有殿中省、秘书省、司天台、将作监和少府监等部门。史料中没有说韦偃究竟在哪个部门担任少监。但是，唐朝这些部门的监都是从三品，而少监则是从四品，大致相当于今天的厅局级。虽然级别不算太高，但是，设监的官署主要负责与皇帝日常生活有关的事务，因此，无论是监还是少监，都由皇帝的亲信担任，显然韦偃的社会地位还是挺高的。而且，韦氏在唐朝是京城地区的名门望族，是皇帝的姻亲，否则也不可能担任少监这样的职务。

可是，出身名门的韦偃，史料中却没有他生卒年代的记载，不知道他究竟生活在唐朝的哪个阶段。我们只能通过与韦偃交往的人推断他生活的年代。大家都知道唐朝有一位大诗人叫杜甫，他曾经在一首诗中说："韦侯别我有所适，知我怜君画无敌。"（《题壁上韦偃画马歌》）意思是，韦侯与我告别要远行，他知道我喜欢他的画，他的画天下无敌。这里的"侯"并非爵位，而是古代士大夫之间彼此的尊称。韦偃要离开益州去京城，临行前与杜甫道别，杜甫写诗送别韦偃。显然，二人关系密切。

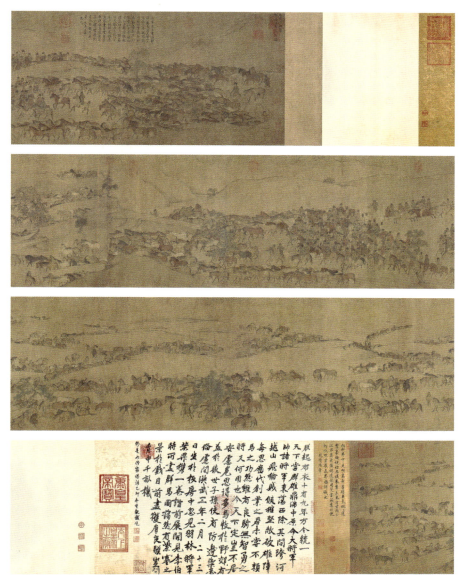

临韦偃牧放图

　　杜甫这首诗作于天宝年间。这个时间段，杜甫30岁到45岁。那么，韦偃多大呢？杜甫在天宝年间的另一首诗中，提供了线索，杜甫说："天下几人画古松，毕宏已老韦偃少。"（《戏韦偃为双松图歌》）意思是，天下很少有人画古松画得这么好，可惜毕宏已经老了，不过，韦偃还年轻。

根据此句诗可以推断，韦偃比杜甫年轻。

此诗作于天宝年间，那时，杜甫四十多岁，比杜甫年轻的韦偃应该在三十岁左右，基本上与杜甫算是同时代人。杜甫经历了玄宗、肃宗、代宗和德宗四朝。韦偃大致也活动于这个时间段，这个阶段为大唐王朝由盛转衰的"中唐时期"。因此，可以得出结论，韦偃是中唐时期的画家。

中唐时期延续着大唐盛世的风气，在画坛上的典型表现就是喜欢画马，人们喜欢欣赏以马为主题的作品。受时代风气的影响，韦偃虽然善于画很多种类的作品，比如，人物、台榭和松树等，但是，他最擅长的还是画马。韦偃的《牧放图》，就是放马图。当然，时代的风气首先通过家庭影响韦偃，画马是韦氏的家传。从小就跟着父亲学习画马的韦偃，水平很快就超过了父亲，甚至与同时代的曹霸和韩干齐名。

说起曹霸，可是唐代的大画家，特别擅长画马和人物。据史料记载："每诏写御马及功臣，官至左武卫将军。"（《历代名画记》）意思是，经常按照朝廷的指令，画御马和功臣，最终因马画得好，被提拔为左武卫将军。画马能画出个从三品官，这说明曹霸的马的确画得不一般。可惜的是，他的作品没有流传到今天，我们无缘欣赏，只能通过杜甫的诗加以体会了。杜甫在一首诗中盛赞曹霸画的马："斯须九重真龙出，一洗万古凡马空。"（《丹青引赠曹将军霸》）意思是，曹霸下笔只一会儿的工夫，画的马就像真龙自九重天而降，人间从古到今的所有凡马，都消失不见了。水平如此之高的曹霸，有个学生名字叫韩干。

韩干出身卑微，少年时期在酒馆打工，后来诗人王维发现了他的艺术天赋，就资助他学画。韩干起初拜曹霸为师，后来坚持自己独立摸索，学成之后被召为宫廷画师。皇帝命他拜当时的画马名家陈闳为师，可是韩干却说，我有老师，皇帝马厩中的马，都是我的老师。由于韩干重视写生，所以他画的马超过了前人。韩干的代表作是《牧马图》，绢本浅着色，黑白双马，一个驭马师同时控制这两匹马，人和马的形象都极为生动。韩干因为马画得好，官至太府寺丞，从五品。

无论是曹霸、韩干还是韦偃，都因马画得好，而成为朝廷大臣，并

牧马图

且官居从五品以上，的确能够说明当时的社会风气，人们非常重视以马为主题的绘画。正是在这样的风气的引领之下，经过多年的探索和积累，逐渐形成中国古代绘画艺术中的一个重要种类——"鞍马画"。

其实，爱马并非大唐时期独有的风气，而是中华文化的一个重要特征，因此，才会有鞍马画这样的绘画艺术种类。曾几何时人们一直以为，只有生活在马背上的游牧民族才喜欢马，其实，马的形象在中华文化中有着丰富而且深刻的意义和内涵，中国人喜欢马也是世界少有的。

比如，《周易·说卦》将"乾"比作良马；《周易·乾卦·象传》将"乾"解释为"天行健，君子以自强不息"，其具体形象就是草原上奔驰的骏马，象征着大自然生生不息，以及君子奋斗不止的精神。

再比如，《吕氏春秋》记载："马之美者，青龙之匹，遗风之乘。"

身长超过七尺的马被称为"龙"，日行千里的马被称作"遗风"。古人将马和龙联系在一起，说明马在古人心目中不是一般的动物。其实，任何形象的比喻和神秘的象征，都源自于生活实践。马的神奇和被人们所喜爱，主要源自于马本身所具有的实用功能。

在中国古代社会，马在战争、交通和生产过程中具有不可替代的作用。尤其是在战争中，马作为重要的军事装备，有时会决定战争的胜败。正所谓，"马者，甲兵之本，国之大用"（《后汉书·马援传》）。比如，春秋时期最早重视和使用骑兵的是秦国，所以秦国迅速从西部崛起。到了战国时期，秦国要一统天下，作战需要大量的马匹，因此，秦国人将养马视为立国之本。在最后的统一战争中，秦国的战马功不可没，秦始皇陵中的马俑就是最好的证据。

汉武大帝为了反击匈奴，建立自己的骑兵部队，不惜血本选用良种马，就是天马。这种天马产自大宛国，位置大约在今天的新疆伊犁和西北亚的巴尔喀什湖一带。据说，天马能够日行千里、夜行八百，出的汗是血红色的，所以被称为"汗血宝马"。汉武帝听说西域大宛国有这种良马，于是，派使团带着一匹黄金打造的马，前往大宛国换天马。可是，却被大宛国王拒绝了。在汉朝使团归国途中，金马在大宛国境内被劫，汉朝使者被杀。

汉武帝得到消息之后大怒，立刻命令李广利将军带兵征讨大宛国。李广利带着汉朝大军将大宛国都城整整围困了四十多天。最后，大宛国王只好求和，把所有的马拿出来让李广利挑选。李广利挑选了三千多匹天马胜利而归。有了这三千多匹良马之后，中原马匹的品种得到了根本的改善，汉武大帝建立起强大的骑兵部队，终于将匈奴赶出大漠。由此可见，品种优良的马匹，在战争中起着至关重要的作用。

优良的战马，对于大唐王朝的建立更是功不可没。比如，隋大业十三年四月，薛举、薛仁杲父子在金城郡（今甘肃兰州）起兵。七月，薛举称帝，立薛仁杲为太子，国号"秦"。十二月，薛氏父子集中十万大军，想趁李渊父子立足未稳，夺取长安。李渊封李世民为西讨元帅，出兵御敌。两军相持两个多月，秦军粮草不济，军心浮动，进退两难。李世民抓住战机，先用少量兵力诱敌，拖住秦军的精锐部队，然后出其不意，亲率劲旅直捣敌后。秦军大乱，兵卒溃逃。李世民带领两千多名骑兵紧紧追赶，一昼夜奔驰二百多里，最终截住薛仁杲的败军，迫使薛仁杲率残部投降。如果没有品种优良的战马，不可能取得这次战争的胜利。

正是因为战马在大唐王朝建立过程中立下了赫赫战功，李世民在昭陵，也就是他自己陵墓的北麓，祭坛旁两侧的庑殿内，雕刻了六座骏马雕像，人称"昭陵六骏"。它们分别是："特勒骠""什伐赤""拳毛䯄""飒露紫""白蹄乌"，以及"青骓"。这些骏马表明，大唐王朝的骑兵部队的马匹很多来自西域各游牧民族的优良马种。

由于大唐王朝在建立过程中，以及后来抵御外族入侵的战争中，骑兵部队起到了关键作用，战马立下了卓越战功，因此，唐朝的统治者都非常喜欢马。即使到了大唐盛世，社会安定，边境祥和，贵族们仍然喜欢游猎骑射，再加上当时唐朝与西域各国的关系非常密切，西域各国不断向中原输入大批良马，进一步助长了大唐王朝好马的风气。

正是在这样的社会风气影响下，才会形成鞍马画这种独具中国特

特勒骠　　　　　什伐赤　　　　　拳毛䯄

飒露紫　　　　　白蹄乌　　　　　青骓

色的艺术门类。唐朝鞍马画体现着唐人独特的审美观念、尚武精神和政治抱负。韦偃的《牧放图》就是在这样的大背景之下完成的。而且，韦偃在鞍马画的发展进程中，起着关键性的作用。

这种作用主要表现在韦偃创造了一种"点簇法"用来画马，也就是用跳跃的笔法，用点簇绘成马群。这就与以往的鞍马画有了最大的不同。过去只画单一或者几匹骏马，而韦偃却能表现一群骏马。这种画法意义重大，因为，无论马的品种有多么优良，如果仅画一两匹马，它只能是贵族手中的玩物；只有马的品种优良，而且骏马成群，群马成势，才有可能表现大唐王朝国力的强盛。

韦偃的《牧放图》就是这样一幅能够表现大唐强大军事力量的群马图。非常可惜的是，韦偃《牧放图》的真迹已经无法见到了。据说，韦

群马

偃的《牧放图》不知通过什么途径流失到了日本，后来在第二次世界大战中，毁于美军的飞机轰炸。但是，也有人推测《牧放图》的真迹很可能还在，只是因为收藏者精通法律，为了避免给政府上缴大笔所得税，因此将计就计，借口此画毁于美军飞机轰炸，把它永久藏匿起来，秘不示人。也就是说，韦偃的《牧放图》即使安然无恙，也无缘与世人见面了。

不幸中的万幸是，

北宋时期有一位绘画艺术家，名字叫李公麟。他临摹了一幅韦偃的《牧放图》，并且保存完好，流传至今，的确弥足珍贵。这也是为什么人们只提《临韦偃牧放图》，而不提韦偃《牧放图》的原因。可是，李公麟临摹韦偃的《牧放图》，并不是为了艺术创作，而是奉某位皇帝的敕令，限期完成的任务。那么，究竟是哪位皇帝下达敕令，让李公麟临摹韦偃的《牧放图》呢？

历代的说法都是宋徽宗，理由是，徽宗皇帝是一个爱好绘画的人，他最喜爱的就是鉴赏历代名画。有一天，有人给徽宗皇帝进贡了一幅唐朝画家韦偃的《牧放图》。徽宗皇帝见到这幅画之后非常喜爱，经常拿出来欣赏，而且总是向别人赞叹，这幅《牧放图》堪称绝品，举世无双。为了更好地保护这幅画，徽宗皇帝给李公麟下达敕令，命令他在规定的期限内，临摹一幅韦偃的《牧放图》。

那么，徽宗皇帝为什么偏偏要给李公麟下达这样的敕令呢？这就得说说这位李公麟了。李公麟，安徽舒城人，也有人说是安徽桐城人，据说他是南唐皇帝李氏的后代，也算是名门之后。李公麟的父亲李虚一是北宋时期一位书画收藏家，家中收藏颇丰。这样的家庭氛围，为李公麟学习绘画提供了条件，从小便培养了他良好的鉴赏力和绘画技巧。李公麟酷爱画马，却一直苦于没有好马作为临摹的对象，有一天他无意中经过皇帝的御马厩，发现这里有数以百计的好马，李公麟顿时喜出望外，于是，他经常找各种借口，到御马厩观察马的生活习性，并且给马写生。

时间长了，御马厩的马倌儿不乐意了。有一天，马倌儿终于忍无可忍地说：李大人，求您以后不要再画这里的马了。李公麟以为看马、画马影响了马倌儿的工作，于是连忙道歉。可是，马倌儿却说，您画的马实在是太有神了，我怕您再画，会把这些马的精气神都给画走，我就不好交差了。通过马倌儿夸张的说法，我们可以体会到，李公麟画马的确是一绝。渐渐地，请李公麟画马的人也越来越多，就连他的好朋友苏轼也写诗称赞他："龙眠胸中有千驷，不惟画肉兼画骨。"（《苏文中公全集》第一一五卷）龙眠是李公麟的号，他画马的名声终于传到徽宗皇帝的耳朵里，于是皇帝下达敕令，让李公麟临摹韦偃的《牧放图》。

李公麟领了皇帝的旨意，捧着韦偃的《牧放图》回到家中。李公麟心想，如果完全按照韦偃的《牧放图》临摹，会因为太拘泥于原图，而使临摹本呆板没有生气。那么，怎样才能既画得不走样又有新意，同时还让皇帝满意呢？经过一番思考之后，李公麟决定用他的拿手绝活，创造性地临摹《牧放图》。李公麟的拿手绝活就是白描，这是中国绘画技巧中一种非常重要，也非常见功力的表现手法，特别适合描绘人物、走兽和花卉。

李公麟运用简练的墨线，生动地描绘出 1286 匹骏马不同的形态，画中的每匹马都不超过两寸，可它们却千姿百态，无一雷同，形神兼备，

画面前段

栩栩如生。画面中的 143 位马夫，或骑马或步行，形象和神态也各不相同。

从整篇的结构上看，卷首为起势，骏马奔腾向前，把观者的视线引向前方，马夫们巡视牧场，场面庄严肃穆；画面中段，一千多匹骏马千姿百态，有的低头觅食，有的追赶嬉闹，有的狂欢奔跑，有的就地翻滚；画面后段，马群经过一番激昂亢奋的奔腾之后，已显疲倦，怡然自得地斜卧在地上休息。全卷气势由雄壮刚劲，转为柔和平缓，构图从紧凑转为疏朗，足见画者功力之深厚。

李公麟完成《临韦偃牧放图》之后，在画卷的右上角用篆书自题："臣李公麟奉敕摹韦偃牧放图。"可是，这句话却给后人留下了一个谜团，就是这位下达敕令的皇帝究竟是谁。在自题中，李公麟当然不能直呼皇

画面中段

画面后段

帝其名，因此，也就无法说明究竟奉的是哪位皇帝的敕令。那么，后人凭什么说这位下达敕令的皇帝就是宋徽宗呢？有人解释说，因为宋徽宗主持了对宋以前的古代艺术珍品加以临摹的活动，以达到保存艺术珍品的目的。

可是，也有学者认为，这位下达敕令的皇帝不可能是宋徽宗，有如下几个理由：

第一，李公麟晚年不再画马。宋徽宗即位时是 1100 年，这一年李

公麟虽然 51 岁，但是，他在六年之后就去世了。徽宗皇帝不可能一即位就让李公麟临摹《牧放图》，也就是说，下达敕令的皇帝如果是宋徽宗的话，也是他即位几年之后的事，此时的李公麟已经进入晚年。晚年的李公麟不再以马为绘画主题了。因为，李公麟笃信佛教，自称"龙眠居士"。佛家朋友警告他，不要再画马，否则死后可能会转世为马。因此，李公麟晚年放弃画马，只作佛教绘画。

第二，身体状况不允许。即使以上传说未必可信，但是，李公麟晚年的身体状况不好，这是事实。如此规模的绘画，在 4 米多长的画卷中，竟然画了 1286 匹骏马，而且是千姿百态，无一雷同！画面中的马夫 143 人，或骑马或步行，个个栩栩如生。如此巨大的工作量，而且还要限期完成，以李公麟晚年的身体情况看，的确不太可能。

第三，宋徽宗胸无大志。徽宗皇帝是一位非常杰出的绘画艺术家，可是，作为皇帝他却胸无大志，无所作为，生活奢侈，宠幸奸佞，根本不是秦皇、汉武、唐宗、宋祖一类具有雄才大略的古代帝王。很难想象，这样的君主会对因群成势的战马感兴趣，他更喜欢的是山水、花鸟和仕女的艺术主题。

综合以上三个理由，这位学者认为，宋徽宗不太可能是下达敕令让李公麟临摹韦偃《牧放图》的皇帝。那么，下达敕令的皇帝究竟是谁呢？这位学者认为，他只能是宋神宗。

因为，神宗皇帝一直追求大宋中兴，努力走一条富国强兵之路。他即位之后不久，就启用王安石推行新法。在王安石推行的新法中，有一项非常重要的内容，就是"保马法"，让每户人家都要为朝廷养马，具体方法是，政府提供马匹，或者政府出资让百姓自己买马，每一户可养一匹，经济条件好的可以养两匹。那么，政府为什么动员民间的力量饲养军马呢？

因为，北宋建立之后一直没有从辽国手中收回燕云十六州，同时，西北地区又崛起了一个西夏国。面对北方游牧民族的压力，神宗皇帝决心富国强兵，收复失地。为达此目的，必须有一支强大的骑兵部队，因此，北宋需要大量的战马。可是，历代王朝牧马的主要区域被西夏国占领。所以，只好动员民间力量，为政府饲养军马。

正是在这样的背景之下，神宗皇帝看到了韦偃的《牧放图》，他激动的心情可想而知，因此，他才会下达敕令，让李公麟临摹韦偃的《牧放图》，并且限期完成。神宗皇帝在位的时间是1067年—1085年，在这个时间段，李公麟的年龄是18岁到36岁，正是年富力强，创作力最旺盛的阶段。因此，下达敕令让李公麟临摹韦偃《牧放图》的只能是宋神宗。

虽然，人们普遍认为，艺术作品的原作永远比临摹本有价值，可是，李公麟的《临韦偃牧放图》却并非单纯的临摹，而是再创作，因此在某种程度上超越了原作，并且使鞍马画在北宋时期完成了一次重要的转变。这种转变主要表现在以下几个方面：

第一，从关注马转为关注艺术表现。比如，唐代曹霸和韩干都是画马名家，无论肥瘦始终都带有王室的贵族气，欣赏作品的人，不自觉地会将重心落在马的状态上，而忽略艺术家对马的表现。这种现象自李公麟开始改变，让观赏者不是欣赏作品中的马，而是欣赏艺术家如何表现马。

第二，使用线条白描。李公麟创造性地运用白描，将线条的魅力无限放大，从而使观赏者开始关注绘画语言本身的价值，更深切地体会艺术家如何表现马。李公麟清新简练的画风，为鞍马画的创作注入了一股新的活力。无疑，李公麟这场线的改革是必要而且成功的，因为线条的表现力在这里充分地彰显出来，他所流传下来的鞍马画，就是最好的佐证。

第三，表达作者的性情。李公麟曾说："吾为画，如骚人赋诗，吟咏性情而已。"（《清河书画坊》卷十二）意思是，我画马就像诗人写诗一样，只为表达自己的个性和情怀。也就是说，李公麟画马不再刻意描绘对象的真实，而是努力表现自己的性情和心灵。这样一来，作品中的马就是艺术家自己精神状态的投射。这一点，恰恰是中国古代绘画艺术的本质特征和最高水平。

因此，李公麟的《临韦偃牧放图》问世之后，一直被视为珍品受到追捧，尤其是具有雄才大略的帝王，更是评价极高。比如，明洪武三年的一天，一位名叫叶升的将军捧着李公麟的《临韦偃牧放图》来见朱元璋。当叶升将画卷打开时，朱元璋被画面中壮观的场景震撼。他心潮澎湃，激动不已，随即提笔在《临韦偃牧放图》上写下了一段题跋。

题跋的内容是："朕起布衣，十有九年，方今统一天下。当群雄鼎沸中原，命大将军帅诸将军东荡西除，其间跨河越山，飞擒贼侯，摧坚敌，破雄阵。每思历代创业之君，未尝不赖马之功。然虽有良骑无智勇之将，又何用也？今天下定，岂不居安虑危，思得多马，牧于野郊，有益于后世子孙，使有防边御患备虑。"

朱元璋题跋

朱元璋的题跋不但字不好看，而且没有什么文采，甚至有些语句还不通，这也难怪，朱元璋出身草莽，文化水平不高。不过，朱元璋对《临韦偃牧放图》的主题的理解，还是比较准确的。可是，朱元璋的这篇题跋却遭到了后人的嘲笑。那么，究竟是什么人，居然敢嘲笑大明王朝的开国之君呢？这个人就是清朝的乾隆皇帝。

有一天，乾隆皇帝踱步来到宫廷收藏书画的地方，想欣赏一下前朝的名家珍品。恰好一个工匠正在装裱一幅画，乾隆皇帝一看不禁赞叹不已，这幅画正是李公麟的《临韦偃牧放图》。更让乾隆皇帝感兴趣的是朱元璋的题跋，乾隆皇帝一时兴起，也在此图上留下了一段话："向于卷中见明高帝墨迹，英气飒飒，迸露豪楮，恍睹其仪表。"意思是，看到朱元璋的"墨迹"，就像见到了朱元璋本人一样。这句题跋表面上似乎是在夸朱元璋，其实，暗藏讥讽。因为，朱元璋的容貌以丑闻名，见字如见人，说明朱元璋的字和他的人一样丑。

清朝灭亡之后，《临韦偃牧放图》被溥仪盗出皇宫，后来又带到长春，收藏在伪皇宫的小白楼中。在日本投降前夕，溥仪逃跑时携带一百多件宫中的收藏品，这些收藏品被东北民主联军没收，最后交给辽宁省博物馆，其中包括《临韦偃牧放图》，现在由故宫博物院收藏。李公麟的其他真迹均已被毁，《临韦偃牧放图》已成孤本，其艺术价值无法估量。

第18讲

《曹全碑册》之谜

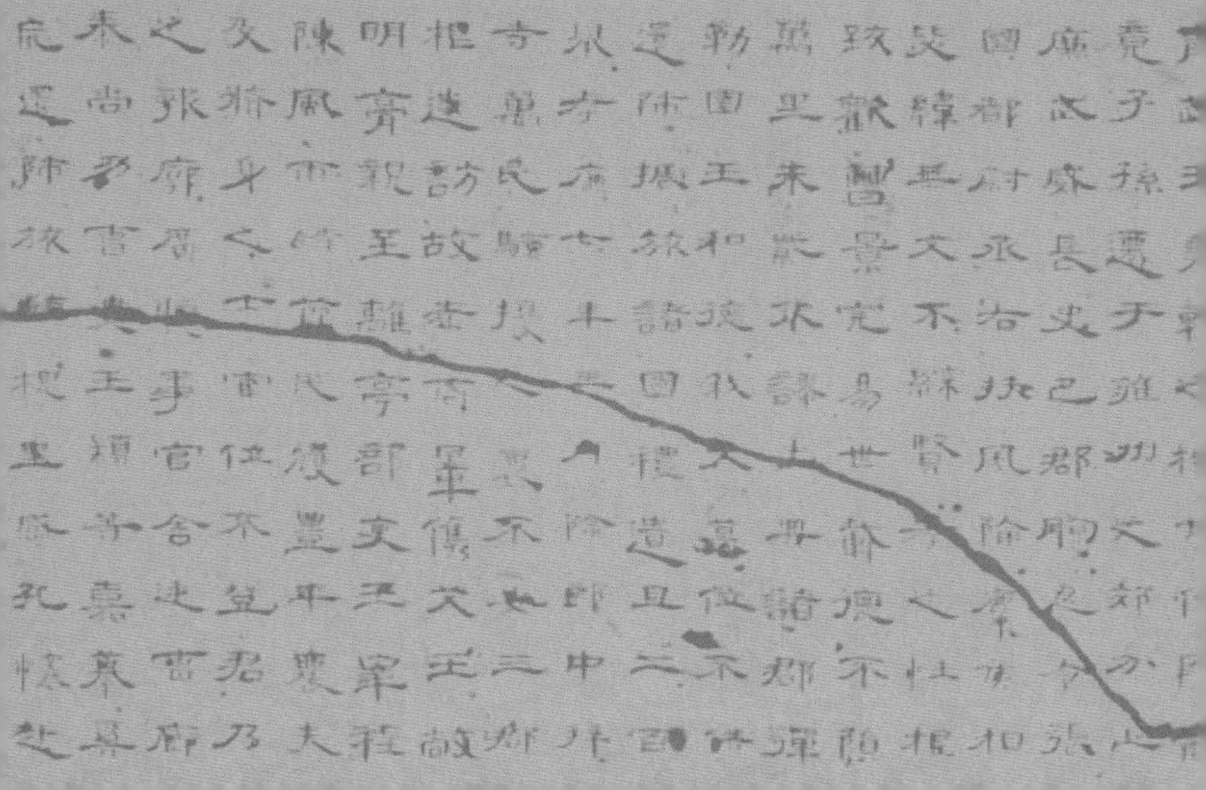

在上海博物馆，收藏着一套完整的碑文拓本，16开纸本，纸墨精绝，旧装完好。因为是拓印东汉的《曹全碑》，所以这册拓本的名字叫《曹全碑册》。《曹全碑册》的价值当然取决于《曹全碑》，因此必须重点讲述此碑。《曹全碑》全称《汉郃阳令曹全碑》，通高253厘米，宽123厘米，碑文由隶书写成，制作于东汉中平二年，即185年，距今已经有两千多年的历史了。明代万历初年出土于陕西郃阳（今陕西渭南合阳）县，1957年入藏西安碑林博物馆。此碑的碑文完好，字迹清晰，典雅秀丽，反映了东汉隶书全盛时期的风貌，是学习汉隶的范本。《曹全碑》除了公认的艺术价值之外，更重要的是，记载了许多鲜为人知的历史故事。那么，《曹全碑》都记载了哪些历史故事呢？就让我们先从碑主曹全说起。

中国人喜欢标榜自己家族血脉的久远和高贵，《曹全碑》也不例外。我们通过碑文得知，曹氏的祖先源自姬姓，是周文王的儿子，周武王的同母弟弟，叔振铎的后裔。周武王推翻商朝之后分封天下，将六弟叔振铎封于曹国（今山东省菏泽市定陶区）。西周时期，曹国虽然是伯爵却也是一方大国，与鲁国共同守卫周王朝的东土，并且起过重要的作用。可是，春秋以降，曹国多次发生内乱，地位逐渐下降，国力越来越弱。公元前487年，终于被宋景公所灭。曹国灭亡之后，其后裔以国名为氏。

到秦汉之际，曹氏子孙不断繁衍，并且向周边地区迁徙，逐渐从山东到淮河两岸进而延伸到中原地区。刘邦在建立大汉王朝的过程中，有一位名叫曹参的人与刘邦一同起事，后来成为汉惠帝的丞相。因为有功于汉朝而被封为平阳侯，他的后裔一直生存繁衍于容城（即今河北保定容城县），曹全就是曹参的后裔。可是，据碑文记载，碑主曹全是敦煌人，那么这位汉代丞相曹参的后裔曹全，怎么成了敦煌人呢？

这就与汉武帝的雄图大略有关了。汉武帝一改前任皇帝清静无为的政策，实行有为之治，加强中央集权，维护汉朝一统江山。为了武力反击匈奴，他平定河西，设置四郡，巩固西北边境；他凿空西域，屯田移民，确保中原与西域之间商路的畅通。因此，中原地区的移民大量迁入河西走廊。曹氏子孙中的一支就是在这个时候迁徙到敦煌的。显然，出身名门望族的曹全是响应皇帝的号召，开发大西北的先驱者的后代。

叙述碑主的显赫家族和高贵血统，这是为人树碑立传的惯例。可是，当人们仔细阅读石碑背后的署名时却发现了疑点，什么疑点呢？就是在碑文的最后，

曹全碑

曹全碑册

居然有 49 名郃阳县政府的各级官吏的名字，而且很多官吏还出资建碑，从 200 到 1000 不等，总数达到 13200 钱。人们不禁要问：曹全究竟做了什么事，能够赢得郃阳县的各级官吏如此敬重，并且慷慨解囊，为他树碑立传呢？这还得从疏勒国发生的一次叛乱说起。

疏勒国是汉代西域三十六国之一，其国王被汉朝廷封为大都尉，这是专门授予周边游牧民族领袖的荣誉头衔，也是得到中央政府承认的标志。据《后汉书》记载，汉灵帝建宁元年，这位

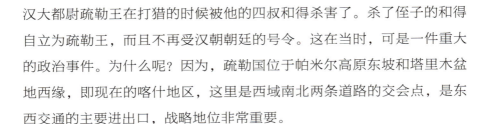

汉大都尉疏勒王在打猎的时候被他的四叔和得杀害了。杀了侄子的和得自立为疏勒王，而且不再受汉朝朝廷的号令。这在当时，可是一件重大的政治事件。为什么呢？因为，疏勒国位于帕米尔高原东坡和塔里木盆地西缘，即现在的喀什地区，这里是西域南北两条道路的交会点，是东西交通的主要进出口，战略地位非常重要。

当然，在东汉时期，这样的事件也不是第一次发生。比如，据《后汉书》记载，东汉永平十六年，即公元73年，龟兹国在匈奴的支持之下攻破了疏勒国，杀了疏勒王，立龟兹人兜题为疏勒王。第二年，军司马班超派人到疏勒国，将龟兹人兜题劫持，并召集疏勒国旧臣，指出龟兹王的无道，立原疏勒国王哥哥的儿子为新的疏勒王，得到疏勒国人的拥戴。从此，班超一直驻守在疏勒国，保证着中原与西域之间的道路畅通。

可是，几年之后，焉耆国在匈奴的支持之下，趁汉明帝驾崩，汉朝国内举行大丧，无暇顾及西域的机会，攻打西域都护（即西域地区的最高长官）陈睦的驻地，陈睦全军覆没。驻守疏勒国的班超孤立无援，龟兹和姑墨等西域国家多次发兵攻打疏勒国，班超和疏勒王一直坚守疏勒国长达一年多时间，可是，中原与西域的交通却中断了。

当班超奉诏回京的时候，整个疏勒国陷入忧虑和恐慌之中，疏勒国的都尉黎弇竟然拔剑自杀了。当班超路过于阗国的时候，于阗国的王公贵族们痛哭流涕地拦住班超，并且高声喊道："依汉使如父母，诚不可去。"（《后汉书》第一二〇卷）意思是，我们依靠汉朝的使臣，就像依靠父母一样，你不能离开啊！并且抱着班超的马脚，不让他通过。班超也不忍离去，只好返回疏勒国。此时疏勒王趁班超离去，居然打出反叛朝廷的旗号，结果被班超杀了个回马枪，叛乱很快被平定了。

东汉建初三年，即公元78年，班超率领疏勒、康居、于阗和扜弥等国的兵马一万多人，击败了姑墨。不久，班超担任西域长史（即都护府秘书长），统率整个西域兵马，几年之内，先后平定了莎车、龟兹和焉耆的反叛。永元三年，班超担任西域都护，将都护府迁到龟兹的它干城，派军司马徐干驻守疏勒国。中原与西域之间的交通再度恢复。

通过以上记载我们可以得知，东汉时期的疏勒国与中原汉朝的关系一直很密切，疏勒国又地处连接中原和西域的咽喉之地，战略地位非常重要。所以，疏勒国发生弑君篡位并且不听朝廷号令的叛乱，汉朝朝廷绝对不会坐视不理。

果真，建宁三年，凉州刺史孟佗派遣他的助理任涉，率领敦煌五百人，与戊己司马曹宽、西域长史张晏率领焉耆、龟兹和凉州本部的军队，一共三万多人，出兵征讨疏勒国。大军进攻疏勒国的首府桢中城，结果四十多天没有攻下，只好撤退了。

可是，据《曹全碑》记载，建宁二年，曹全被举荐为孝廉，授郎中、拜西域戊部司马。由于疏勒国王的儿子和德杀了自己的父亲篡夺了王位，并且不向中央政府贡税述职，于是曹全兴师征讨疏勒国。在整个征讨过程中，曹全为士兵吮吸化脓伤口，与大家分享美酒，极大地鼓励了士气。曹全在攻城和野战之中，展示出过人的谋略和威猛，最终将"和德面缚归死"，意思是，曹全亲手活捉了篡夺疏勒王位的和德，并且将他处死。当曹全率军凯旋时，沿途各国纷纷派使者给他送礼达二百多万，他全部交公，并且造册登记。

显然，《后汉书》和《曹全碑》之间，在内容上有很大的出入。两相对照，至少发现以下四处不一致的地方。

其一，《后汉书》记载平定疏勒叛乱是建平三年，而《曹全碑》记载是建平二年，时间相差整整一年。

其二，《后汉书》里写成"和得"，《曹全碑》中写成"和德"，这可以理解为一个人的名字有不同的音译；可是，《后汉书》中记载和得是疏勒王的季父，也就是四叔，是叔叔杀了侄子篡位，而《曹全碑》却说和德是疏勒王的儿子，和德是杀了父亲，篡夺王位。

其三，《后汉书》称领兵打仗的将军是"戊己司马"曹宽，而《曹全碑》却说是"戊部司马"曹全。"戊己司马"与"戊部司马"应该是同一官职，是凉州地区掌管屯田事务的副职，这个差异可以忽略不计，可是《后汉书》却把曹全错写成曹宽。

其四，《后汉书》称，攻打疏勒国的桢中城，四十多天没有攻克，只好撤兵了。可是《曹全碑》却说，"和德面缚归死"，战争结局完全不同。

那么，以上这些不同的记载，谁的更准确呢？我认为，应该相信《曹全碑》的记载。为什么呢？因为，《曹全碑》的碑文虽然有人撰写，但是这些史料应该是曹全提供的，他是当事人。而且立碑的时间是平定疏勒国叛乱 15 年之后；而《后汉书》是南朝时期范晔所作，距离事件发生已经过去 200 多年了。

正是由于《曹全碑》更接近史实，我们通过它可以了解更多的东汉时期的历史事件。比如，东汉桓帝、灵帝时期，当权者分为宦官和外戚两派，两派之间，相互争斗，交替专权。宦官派任用私人，败坏朝政，为祸乡里，构陷无辜，聚敛上亿财富，腐败非常严重。相对而言，外戚派比较清正，因此，一些品德高尚的士大夫与贵族和外戚派联合，对宦官派进行激烈的抨击。宦官派就以"党人"的罪名，将这些士大夫们禁锢终身，就是永远不让他们为官。这样的事件，前后共发生过两次，每次都以反宦官的士大夫集团的失败告终，他们受到了严重的打击，并且被残酷镇压。这就是东汉时期著名的"党锢之祸"。

通过《曹全碑》我们得知，曹全也曾受到党锢之祸的牵连。曹全因平定疏勒国叛乱有功，被朝廷任命为右扶风槐里县（今陕西省兴平市）的县令。右扶风在汉代是所谓"三辅"之地，也就是隶属于朝廷的京畿地区。东汉时期，右扶风的治所就在槐里县，显然曹全得到了朝廷的重用。可是，不久却"遭同产弟忧，弃官，续遇禁网，潜隐家巷七年"，意思是，自己的同胞弟弟遭遇了党锢之祸，曹全只好弃官不做，不久被宦官党禁锢，只好隐居在家，长达七年之久。

表面上看，只是弃官不做，并且被禁锢七年。其实，问题并不像碑文中记载得那样简单、隐讳。据《后汉书》记载：熹平五年，即 176 年，永昌郡太守曹鸾给皇帝上书，为那些被禁锢的士大夫们辩护。曹鸾认为，这些被禁锢的士大夫都是一些德高望重，品行优良的人，都是国家的栋梁。在可以为朝廷作贡献的时期，却长期被禁锢，屈辱地生活在社会底层。一些参与谋反的大逆不道之人却得到了赦免，这些被称为"党人"的士大夫有什么罪，皇上为什么不能宽恕他们？这正是接连不断地降临自然灾害的原因。皇帝看了这样的上书之后，勃然大怒，立刻下旨，"槛车收鸾，送槐里狱，掠杀之"（《后汉书》第一二○卷），意思是，用囚车将曹鸾押送到槐里县的监狱，用严刑拷打折磨死他！

这就是《曹全碑》中所谓的"遭同产弟忧"！可是，这哪里是一般意义的忧啊，简直就是家族的灾难和灵魂的煎熬！东汉时期的永昌郡，在今天云南的保山一带，从云南保山押送到陕西右扶风的槐里，两地之间的直线距离是 2600 多里地。朝廷为什么要将曹鸾押送到槐里的狱中掠杀呢？显然是在考验曹全是不是曹鸾的同党。面对自己的同胞兄弟，曹全既不能援救，更不能"掠杀"，只好弃官不做。曹全这样的态度显然没有经得住朝廷的考验，自然受其牵连，被"免官禁锢"长达七年之久。通过《曹全碑》让我们深刻地体会到，东汉时期政治生态的恶劣，和专制制度的黑暗和残酷。

曹全被解禁是光和六年，即 183 年。第二年的二月，由于腐败政治的压迫和接连不断的自然灾害，走投无路的贫苦农民在张角的号令之下，纷纷揭竿而起，他们头扎黄巾，高喊"苍天已死，黄天当立，岁在甲子，天下大吉"的口号，向东汉王朝的统治集团发动了猛烈的攻击，这就是历史上著名的黄巾起义。

所谓"黄天"是张角自称，所谓"苍天"是指汉朝，起义的那一年正是甲子年。黄巾起义，是中国历史上规模最大的一次以宗教形式组织的农民起义，对东汉王朝的统治产生了巨大的冲击。为了平息农民起义，全国各地的豪强、军阀纷纷拥兵自重，并且联合进攻起义队伍，起义最后以失败告终。可是，东汉王朝却因此走上不归之路。

《曹全碑》通过陕西郃阳县的县民郭家起兵响应黄巾起义的史实，侧面反映了这一重大的历史事件，以及碑主曹全在这一历史事件中的表现，成功地塑造了曹全这样一位好官的形象。据碑文记载，曹全于黄巾起义爆发后的第二个月被朝廷授予郎中的官职，担任酒泉郡的禄福长。

还没等曹全去酒泉赴任，陕西郃阳县的县民郭家就打出造反旗号，响应黄巾起义，并且放火焚烧县城，一时间人心不安，局势混乱。

由于郃阳县在洛阳以西，张角领导的黄巾军在洛阳以东，起兵响应张角的郭家自然会由西向东发动进攻，与洛阳以东的张角形成对京城的夹击之势，京城处境十分危险。因此，郃阳县虽然距离洛阳城大约七百多里地，但是报告敌情的檄文还是很快送到了京城。皇上询问众位大臣如何应对郭家的造反，大臣们一致推举曹全，因为他有平定疏勒国叛乱的经验。于是皇帝就任命曹全为郃阳县令。曹全临危受命来到郃阳县，立刻组织力量，剿灭造反者，并且清除残余，斩草除根。

可是，令人感到不解的是，在平定郃阳县郭家造反之后的第二年，《曹全碑》就制作完成了。按照常理，人死之后盖棺定论，树碑立传。可是，从朝廷任命曹全为郃阳县令到《曹全碑》的最后完成，仅仅一年半的时间。碑文并没有提及曹全因公殉职，死在郃阳县令的任上，那就表明，立碑的时候曹全还健在。显然，此碑是给活人立的。这就令人不可理解了，为什么郃阳的县吏们给一位还健在的县令树碑立传呢？

碑文记载了一年多的时间里，曹全在郃阳县的所作所为，似乎对这个问题做出了解答。据碑文记载，曹全平定了郭家的造反之后，迅速医治战争创伤，恢复战后经济，稳定社会秩序。为了实现这一目标，他访问本县德高望重的长者，商量恢复社会秩序的事宜，携同当地的俊杰，体恤民众的急需；他慰问老人，抚恤鳏寡孤独，用自己的钱买米买粮，送给体弱多病和没有生活来源的残疾人。

曹全还让女儿配制了一种名叫"神明膏"的草药，专治刀枪创伤，并且亲自送到离城很远的乡下，曾经发生过战斗的地方，交给部队下级军官，让他们送给受伤的士兵，这些士兵用了"神明膏"之后，伤口很快都痊愈了。曹全的所作所为，人们交口称赞，并且迅速传播，因战乱而逃亡的百姓纷纷返回郃阳县故里。

为了恢复战后经济，曹全组织人们修缮因战火损坏的房屋，让城里的商店尽快开业。虽然经历了这场战乱，可是这一年却风调雨顺，全县粮食获得了丰收。无论是种地的农民，织布的妇女，手工业工匠，还是市井商人，都对曹全感恩戴德。除了经济和生产方面做出的努力之外，曹全还在文化与精神层面，为郃阳县作出了贡献。

比如，郃阳县曾经遭受水灾，为了抵抗洪水，当时修建了城郭。可是，自从修了这座城郭之后，郃阳县的一些名门之后和有德性的人士官职一直升不上去。曹全就在城郭的南面开了一道门，叫"南寺门"，通过此门可以直接看到郃阳县南边的华山。不久，郃阳县的一些学子就获得了提拔和晋升。这显然是一种迷信的说法。其实，这些学子被朝廷提拔应该是得到了曹全的举荐，与城南开门没有直接关系。但是，郃阳县人仍将这些功德记在曹全身上。

曹全对县政府的办公、议事和礼仪场所进行了扩建和修葺，这些费用一律不让百姓承担，而且在施工的时候，也不占用农忙时节。曹全在郃阳县的所作所为，表明他是一位仁政爱民的好官。因此，碑文最后赞美曹全道："乡明治，惠沾渥；吏乐政，民给足。"意思是，在曹全的领导之下，郃阳县政治清明，民风纯正，百姓得到实惠，官吏热爱工作，民生富足。

碑文在最后祝愿曹全："君高升，极鼎足。"意思是，祝愿曹全官职高升，位极人臣，成为国家栋梁。这最后一句的祝愿表明，撰写碑文的时候，曹全还活着。可是，这座给活人制作的《曹全碑》，制作完成之后不久，就湮灭在历史的尘埃之中。

直到1300多年之后的万历初年，《曹全碑》才在陕西郃阳县出土。原碑出土时，碑身完整，文字清晰，碑石黑亮，如涂油脂，光可鉴人。当初制作此碑的郃阳县吏们绝对没有想到，这座《曹全碑》不仅具有相当高的史料价值，而且其艺术价值更是不可估量。因为，《曹全碑》的字体是典型的隶书。

中国汉代的隶书，又叫"隶字"或"佐书"，是由篆书演变而成。它的产生，标志着中国汉字发展史上的一个转折点。它把篆书圆转的笔画变成方折，将象形文字简化，提高了书写的效率，奠定了楷书的基础。

创始于秦代的隶书，到了汉代发展为具有艺术性的字体，从此，书法作品有了观赏价值，书法艺术诞生了。其代表性的字体就是隶书。

目前为止，已发现的四块东汉石碑，它们分别是《乙瑛碑》《张迁碑》《石门颂》和《曹全碑》。其中，以《曹全碑》最负盛名，价值也最高。因为，此碑的书法水平最高，整幅作品有如行云流水，刚柔兼济，秀而不媚，艳而不俗，堪称中国汉代隶书的代表作。

可是，到了明朝末年，因为保管不善和岁月的侵蚀，碑文首行最后一个字"因"，有了缺损。到了清康熙十一年，《曹全碑》不知什么原因，断裂成两截，拼合之后的石碑，有十几个字缺损了。《曹全碑》的原初面貌已经无法再见到了。

好在此碑出土之后不久，就有人为此碑制作了拓本。这个最早的拓本，保持了《曹全碑》原初的模样，这个拓本就是我们今天讲的《曹全碑册》，因为，此拓本首行末尾的"因"字没有缺损，石碑断裂之后缺失的十几个字也都在，因此，《曹全碑册》被历代收藏家视为珍品，流转传承。

这份珍贵的拓本，后来竟差一点毁于战火。那么，究竟发生什么事

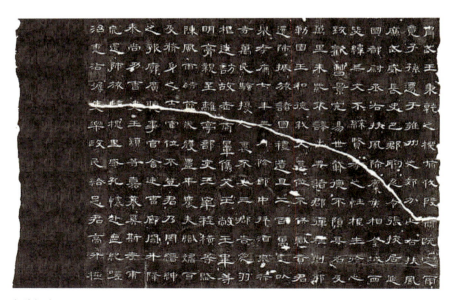

碑裂部分

了呢？这还得从清末最大的碑石收藏家沈树镛说起。通过《曹全碑册》上的题跋，我们得知，清同治四年之后，号称中国"碑石第一"的收藏家沈树镛收藏了《曹全碑册》。同治十二年，沈树镛病逝，他生前的所有收藏品都陆续散失了，《曹全碑册》也流出了沈家。

《曹全碑册》流出沈家之后，几经转手，最后被收藏在过云楼内。所谓"过云楼"，是苏州收藏家族顾氏的书画收藏楼，建于清同治年间，世有"江南收藏甲天下，过云楼收藏甲江南"之称。当过云楼的主人传到顾家第四代顾公雄的时候，中国正处在军阀混战，内忧外患的灾难年代，过云楼随时面临灭顶之灾。

尤其是到了1937年，日本人咄咄逼人，国内局面十分紧张，眼看战争就要爆发，顾家人紧急商讨对策，最后决定，离开苏州，到上海租界避难。顾家人先把家中收藏的书画中最精华的部分存入上海租界的银行保险库，其余的一部分仍旧藏匿在家中。他们在朱家园住所的天井里挖了一个地窖，有一人多高，里面铺油毛毡防潮，上面再抹上水泥。地窖有十几平方米，一部分不能运往上海的书画就密封在铁皮箱中，藏入地窖。

1937年8月13日淞沪会战打响。8月16日，日军投向苏州的第一颗炸弹直接命中了顾家的宅子，炸毁了大厅。顾公雄的父亲顾麟士和小儿子顾公硕以及家人只随身带了些日用品，连夜离开苏州，在亲友的帮助之下，辗转来到了上海租界。就在同一天，顾公雄及家人带着书画，逃离苏州城，先在蠡墅镇的亲戚家落脚，然后又迁到常熟县住了几个月。

1938年初，顾公雄在妹妹和妹夫的帮助下，在上海找朋友借了一辆卡车，将携带的书画运往上海。可是，在途中卡车遭到了日本兵的盘问。好在开车的司机是日本侨民，他用日语与日本兵交流，才通过了检查，总算有惊无险。由于装书画的箱子太多，无法同时将家人一起运往上海，顾公雄只好先将装书画的箱子送到上海，让两个儿子留在常熟汽车站的小店里住了一夜，第二天才再次派车将儿子接到上海。

全家抵达上海之后，顾公雄将一部分珍品寄放在瞿启甲父子的寓所。

瞿启甲，别号"铁琴道人"，是清代著名藏书楼"铁琴铜剑楼"的第四代主人。他的"铁琴铜剑楼"与顾家的"过云楼"，堪称江南双璧。瞿启甲是江苏常熟人，他为了防止家中文物遭到破坏，才不得不带着藏品移居上海租界。瞿启甲不但是一位收藏家，同时也是一位爱国志士。当他听说顾公雄带着全家和所藏文物投奔上海之后，欣然答应替顾公雄保管一部分书画，并保证，有他在，顾家寄存的文物就在。就这样，包括《曹全碑册》在内的一部分收藏品就保存在瞿启甲的家中。

苏州沦陷之后，顾公雄、顾公硕的住所被日军搜查了 7 天，顾公雄的弟弟顾公柔的别墅被搜查了 15 天，并且掘地三尺。等到局势稍稍平静之后，顾家人回苏州探视，发现家园惨遭蹂躏，满目疮痍，放在楼上书柜中来不及带走的字画遭日军劫掠，字画卷轴堆积一地，字画芯子全被挖走。来不及带走、沉在井里的商周时代的青铜器全部不知去向。显然，来顾家搜查的日军都是内行，而且有备而来，目标明确。

幸好顾公雄将过云楼收藏的精品基本上都转移和掩藏了，否则损失惨重。在整个抗日战争期间，顾家一直在上海居住，生活非常困难，尽管如此，他们谁也没有想过要变卖家中收藏。抗日战争胜利之后，顾家将所有的收藏集中在一起，全部存入中国银行的保险箱内。

1951 年，顾公雄临终时在病榻上说出了自己考虑很久的想法，将祖传的全部书画捐献给上海博物馆。顾公雄去世之后，他的妻子和五个儿女遵照顾公雄最后的遗愿，分别于 1951 年和 1959 年两次将祖传家藏的书画捐赠给了上海博物馆，其中就包括我们讲述的《曹全碑册》。

大晟钟之谜

在加拿大的多伦多省安大略市，有一幢具有浓郁西方古典风格的建筑，与周边的建筑风格迥然相异，它就是安大略博物馆。此馆因丰富的中国文物收藏而闻名，其中有斑驳的甲骨，肃穆的铜鼎，神秘的佛像，晶莹的玉器，绚丽的壁画和典雅的古瓷。在这众多的中国古代文物中，有一件青铜古钟特别显眼，其钟体饱满，造型浑厚，色调凝重，设计精巧，一对飞龙充满动感，钟身上铸有"大晟"二字的铭文。从造型上看，它显然是编钟。可是，古代编钟成组排列，此馆收藏的编钟却只有一枚，这是为什么呢？它究竟是什么时代，由什么人主持制作的？钟身上的铭文"大晟"又是什么意思呢？为了解开这些谜团，还得从北宋时期的一次考古发现说起。

　　发现大晟钟的是北宋时期的一次考古活动，可是，考古是现代科学，北宋时期怎么可能有考古发现呢？这种质疑很有道理，因为，此次发现纯属偶然，并非有意为之的考古发掘。那是北宋崇宁三年，即 1104 年

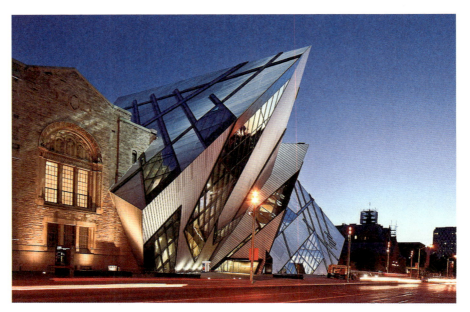

安大略博物馆

大晟钟

　　的事情。有一天，在应天府（今河南省商丘市）的一座院落内，大兴土木的人们在开挖地基的过程中发现了六枚青铜铸造的钟，它们形制古朴，大小不一，显然是一组编钟。可是，现场的人们并不认识它们。

　　因为，编钟是周朝盛行的一种打击乐器，它除了能够演奏乐曲之外，还是贵族的身份、地位和权力的象征。然而，随着春秋战国时期礼乐制度的崩溃，编钟也逐渐退出历史舞台。到了宋朝，贵族已经从社会上消失，人们不会再用编钟表现身份和地位，因此编钟已经成了罕见之物。所以，突然出土的这六枚编钟让应天府的百姓们既开了眼界，也大感惊讶。

　　没有文化的普通百姓们觉得此处出土六枚编钟非常蹊跷，认定是上天降临的神物。于是，"应天府神明降临"的消息不胫而走，并且很快传到徽宗皇帝的耳朵里。笃信道教，迷信鬼神的宋徽宗为此整日坐立不安，总觉得这些青铜编钟是不祥之兆，似乎将有灾难降临。

　　好在大宋是文化水平很高的王朝，完善的科举制度使得朝廷官员中有很多学识渊博并且具有科学精神的学者，他们面对四起的流言，惶惶不可终日的人心，觉得有必要澄清此事，于是对这六枚编钟进行了深入了解。经过他们的认真考证，最终得出结论：应天府挖出的六枚编钟，不是什么神降之物，而是"宋公成之鎛钟"。宋公成是春秋时期宋国君主，这套编钟就是他主持制作的。通过科学论证，破除出土文物的迷信说法，这的确算得上是我国历史上第一次考古发现。

可是，春秋时期宋国的编钟怎么会在应天府出现呢？没有历史知识的人自然会感到神秘。其实原因很简单，北宋的应天府，曾经是周朝时期宋国的首都。宋国是周朝非常重要的一个诸侯国，鼎盛时期曾经称霸中原，成为春秋五霸之一。可是，宋国的君主却不姓姬，与周天子不仅不是一家人，而且曾经是不共戴天的敌人，那么究竟是怎么回事呢？这还得从周朝建立之初说起。

周武王推翻商朝建立周朝之后，采取"以殷治殷"的政策，封商纣王之子武庚于商朝故都朝歌（今天河南省鹤壁市淇县），让商朝的贵族们继续供奉祖先，延续香火，同时利用武庚统治亡国之后的商朝遗民。为了防止武庚叛乱，周武王将他的三个弟弟管叔、蔡叔以及霍叔分别封在商朝故都的周围，负责监视武庚，史称"三监"。

周武王去世，儿子姬诵即位，史称周成王。当时成王年纪太小，因此由周武王的四弟，周成王的四叔周公旦摄政，史称"夹辅周室"。周公旦此举引起了管叔、蔡叔和霍叔的不满，他们怀疑周公旦想篡位。武庚趁机拉拢周武王的众位弟弟发动了叛乱，史称"三监之乱"。与此同时，武庚又联合东南地区商朝的残余势力举兵叛周，形势非常严峻。周成王责成周公旦出兵东征，平定叛乱。经过七年多的战争，最终灭武庚，杀管叔，放逐蔡叔，废霍叔为庶民，平定了"三监之乱"。

"三监之乱"被平定之后，周公旦将弟弟康叔封在商朝的故都，替代武庚的地位，国号"卫"。同时，将商纣王的同父异母哥哥微子启封国于商丘，延续商朝天子一脉的香火，并且将商朝的贵族迁徙到商丘。可是，从商都到商丘，直线距离有500多里地，周朝疆土并不小，周公旦为什么选择商丘作为微子启的封地呢？这就得说说商丘的历史渊源了。

传说帝喾之子契，又叫阏伯，辅佐大禹治水有功，被舜帝封于商（今商丘市睢阳区）做火正，就是掌管火的官员，由于深受人民的爱戴，被尊为"火神"。阏伯死后葬在他的封地，由于他的封地名"商"，所以他的坟墓就被称作"商丘"。公元前16世纪，阏伯的第14世孙成汤灭了夏朝，以自己祖先的封号"商"为王朝的名字，定都于亳（今商丘市谷熟镇），商朝由此建立。显然，商丘是商族人的祖籍地，周公旦将商朝贵族迁徙回了老家。

那么，微子启的封地是商丘，为什么不叫"商国"，却改名为"宋国"呢？这就是周公旦的政治意图了。因为，"宀"代表房屋，"木"字代表树；房屋里的树是长不大，更成不了林的，正所谓"木在口中不得申也，……此与宋字同意"（《说文解字义证》卷十八）。周公旦取"围困"之意，将商朝贵族围困在他们的老家商丘，永远不可能壮大，也不会再威胁周朝。而且，宋国的东面和北面是鲁国，鲁国是周天子的股肱之国，开国之君正是周公旦自己。显然，周公旦是让宋国置于鲁国的监控之下。

周公旦虽然称微子启的封国为"宋"，并且将宋国置于自己的监控之下，但是，却将宋国的级别定为公爵，这在周王朝所有的诸侯中是最高的爵位。并且，特别批准宋国的君主可以使用天子的礼乐，祭祀自己的祖先。由于商朝天子姓子，因此，宋国君主也姓子。显然，宋国在周朝建立之初，就有着特殊的地位。

这个地位特殊的宋国建立之后，共传34代君主，享国829年。宋国鼎盛时期，面积大约十万平方公里。管辖的地区包括今天的河南省东南部、江苏省西北部和山东省西南部，这里土地肥沃，降雨丰沛，适合农业生产，因此，宋国逐渐强大起来。春秋时期，齐国内乱，宋襄公帮助齐公子复国，从此宋国取代齐国的盟主地位，成为春秋五霸之一。可是，宋襄公的霸主地位并没有维持多久，因一次战争的失败而走向衰落。

这场战争发生在公元前 638 年。这一年的十月底，楚军北上与宋国争霸中原。宋襄公为阻击楚军，提前屯兵于边境地区的泓水北岸（位于今河南省柘城县），等待楚军到来。十一月初一，楚军抵达泓水南岸，并且开始渡河，此时宋军已经布置好阵势。宋国大司马子鱼鉴于楚宋两军众寡悬殊，建议宋襄公把握战机，乘楚军渡河时"半渡而击之"。但是，宋襄公认为这样做胜之不武，会被人耻笑，因此断然拒绝。当楚军渡过泓水之后开始布阵，子鱼又劝宋襄公，乘楚军阵势未定时发动攻击，让楚军背水而战，但宋襄公仍然不接受。一直等到楚军布阵完毕，准备停当，宋襄公这才下令向楚军进攻。可是，敌众我寡，宋军哪里是强大楚军的对手，一阵厮杀之后，宋军受到重创，精锐部队全部被歼灭。宋襄公身受重伤，在子鱼等人的拼死掩护之下才突出重围，狼狈逃回宋国。

宋襄公从此成了军事史上的笑柄。可是我认为，泓水之战宋襄公的表现，恰恰体现了商周时期的战场规则。交战双方必须在都准备好的情况下，同时开战。就像今天的体育竞技一样，不允许先发制人，更不允许偷袭，总之不允许任何诡诈之术。可是，时代变了，风气不同了，恪守战场规则的前提，必须是势均力敌。宋襄公在敌众我寡的情况下守规则，只能承受失败的结果。

泓水之战后，宋国元气大伤。直到宋景公时期，趁曹国内乱，灭了曹国（今山东省菏泽市陶丘区），国力逐渐转盛。战国时期，宋康王实行改革，宋国再度强盛起来。向东打败了齐国，往南战胜了楚国，朝西击溃了魏国。最后到了公元前 286 年，齐、楚、魏三国联手，灭掉了宋国，并且瓜分了宋国的领土。

宋国虽然灭亡了，但它立国八百多年，经济发达，文化繁荣，对后世的影响非常深远。比如，儒家、墨家、道家和名家都源自宋国；墨子、庄子和惠子都是宋国人，孔子的祖籍也在宋国。

在文化背景如此丰厚的应天府出土六枚青铜编钟，当然不会是天降神器，更不是灾难的征兆，只是历史文物而已。经过学识渊博的大臣们的辨认，这六枚青铜编钟的主人确定了，他就是宋平公，姓子名成，人称"宋公成"，"平"是他的谥号。他于公元前575年即位，公元前532年去世，在位44年。

应天府出土的青铜器是春秋时期宋国君主宋平公的编钟，这一结论让宋徽宗非常高兴。可是，"宋"字的本意是"困"，宋国的首都应天府，又是亡国之都。宋徽宗知道了编钟的主人是宋平公之后，为什么还会感到非常高兴呢？这就得说说大宋王朝的建立了。

唐武德四年，唐高祖李渊将梁州（今河南商丘）改名为宋州，因为这里本来就是宋国的故地。建中二年，唐德宗在宋州建立了宣武军，也叫"宋州节度"。到了五代的后周时期，世宗皇帝在宋州建立了归德军，任命赵匡胤为归德军节度使，驻守宋州。

后周显德六年，世宗皇帝驾崩，临终前任命赵匡胤为殿前都点检，掌管殿前禁军。第二年元月初一，赵匡胤指使部下在京城开封散布谣言，说北汉和契丹人联合，发兵南下进攻。宰相只好任命赵匡胤为检校太尉，统率后周主力，前往御敌。初三晚上，大军在开封东北大约100里地的陈桥驿发动兵变。第二天一大早，兵变的将士拥立赵匡胤为皇帝，史称"陈桥兵变"。大军随即回师京城，后周恭帝在赵匡胤的逼迫之下，将皇位禅让给赵匡胤，赵匡胤登基称帝。

由于赵匡胤曾经在宋州担任过归德军节度使，所以就将国号由"周"改名为"宋"，史称"宋朝"。从此，大宋王朝的皇室，都称宋国的故都商丘为"龙兴之地"。宋景德三年，宋州升格为应天府，宋大中祥符七年，应天府再度升格为南京，成为北宋王朝的陪都。

在大宋王朝的龙兴之地发现编钟，而钟本来就有安定吉祥的寓意，正所谓"于受命之邦，出为太平之符者"（《宣和博古图》卷二十二），意思是，在接受天命的地方，出土这样的编钟，预示着天下太平。笃信道教且非常迷信的徽宗皇帝，相信这是大吉大利之兆，大宋王朝必将国运昌盛，因此非常高兴。

更令宋徽宗高兴的是，这六枚编钟上都有六个字的铭文："宋公成之齍钟。”这六个字为什么令徽宗皇帝更高兴呢？因为，"齍"与"茎"通用，据古代文献记载，颛帝的音乐被称作"六茎"。颛帝就是颛顼，是传说中的古代帝王，曾经在商丘建都。前文说过，周天子允许宋国君主使用天子礼乐。这六枚齍钟说明宋国君主曾经演奏过古代帝王颛帝的音乐。这个结论，让宋徽宗更加坚信应天府发现编钟是祥瑞之兆，于是他命令大司乐刘昺按照这几口古钟的形制，仿制一套编钟，他要再现上古的雅乐。

可是，复制春秋时期的青铜编钟谈何容易啊，先秦的编钟，一钟双音，这种工艺早已失传。青铜编钟即使外表的形制能够效仿，编钟的音律却很难复原。这是为什么呢？因为，传统的乐音根据音高的不同，分为"十二律"，现代音乐学称之为"十二平均律"，它们是：黄钟、大吕、太簇、夹钟、姑洗、中吕、蕤宾、林钟、夷则、南吕、无射、应钟等十二个半音。其中，黄钟律是基准音，通俗地说，就是"C"大调中的"1"，它是固定音高，其他十一个音律以及所有乐器的音高都根据它来定。可是，这个标准音到北宋时期却无法确定了，因为，中华文化出现了巨大的断层。

唐朝的时候，我国的音乐非常发达，尤其是唐玄宗时期更是达到了顶峰阶段。可是，自安史之乱后，国力逐渐衰微，再经过五代十国的分裂战乱，音乐活动自然被摧残得支离破碎。宋朝建立之后，恢复和重建中华文化，自然要恢复音乐传统，由于缺乏有权威的音乐专家，自宋初至崇宁年间，过去了140多年，曾经五次制定音律，最终都没有成功。

崇宁元年，也就是发现宋公成钟的前两年，宋徽宗就曾经召集群臣讨论音乐和音律标准问题。与会者认为，国家的音乐体制残缺不全错误太多，宫廷乐队的乐器也都很破旧，宫中琴瑟参差不齐，管乐乐器都由乐工自带。每次合奏的时候，极其混乱，而且音调偏高。乐器的材质太差，舞蹈没有样子，乐曲没有谱子。乐工都是农民和商人，遇到朝廷有祭祀活动，临时在民间召集。当时的宫廷音乐已经很不成体统，非整顿不可了。

可是，整顿宫廷音乐缺少标准，更需要专家。于是，徽宗皇帝下诏，在全国范围寻找懂音律的人士。这个时候，有人将一位90多岁的退役老兵魏汉津推荐给皇帝。魏汉津自称家居西蜀（今四川成都），曾经师从唐代仙人李良。唐朝灭亡距离徽宗皇帝的时代已经过去200多年了，显然是魏汉津编造的瞎话。可是，笃信道教的徽宗皇帝却因此非常信任这位魏汉津，将制作黄钟律标准音的任务交给他。

魏汉津向宋徽宗进言说：黄帝用竹管制作黄钟律管，其长度为九寸。夏禹效法黄帝，"以身为度"，就是将自己左手的中指第三节、无名指第三节、小指第三节的长度加在一起，正好九寸。因此，魏汉津请求徽宗皇帝，将自己左手的这三个手指的第三节的长度赐予他，从而确定黄钟律管的长度，并以此制定标准音。

这种说法不但荒唐而且令人肉麻，可是徽宗皇帝听了却很受用。但是，皇帝的贴身太监却反对说：皇帝的手指头怎么能给外人看？就用我的手指量一量，大致差不多就行了。这可是国家机密，谁也不敢向外人透露，人们都以为是用徽宗皇帝手指三个指节的长度作为黄钟律的标准，没想到却是一名太监手指三个指节的长度。其实，无论是谁的手指指节长度都不可能作为黄钟律的标准。实际上，是在大司乐刘昺的督导下，专门负责乐器铸造的机构参照宋公成钟制作了标准音，最后由生产一线的工匠，通过反复校正，最终完成了编钟的制作。

为铸造编钟，北宋朝廷还设立了专门的机构，在汴京南郊建了规模宏大的铸造场。第二年八月，整个编钟全部完成。人们不禁要问，不就六枚编钟吗，至于这么大排场，花这么长时间？当然，这些新编钟不会只有6枚，而是28枚。其中标准音钟12枚，低音钟12枚，高音钟4枚。这组编钟从低音到高音一共28个半音，是最适合人声演唱的28个音节。这样的编钟一共制作了12组，总共336枚，真是盛况空前。

编钟制作完成的同时，新的乐曲创作也完成了。演奏之前，必须给这组编钟和这首新的乐曲起个名字。起名字的事，自然由徽宗皇帝完成。

那么，起什么名字好呢？徽宗皇帝心想，尧的音乐称"大章"，舜的音乐叫"大韶"，那我的音乐就叫"大晟"吧。"晟"就是光明旺盛的意思，当然也和"大宋"谐音。因此，这组编钟就叫"大晟钟"，寓意大宋王朝更加光明旺盛。

大晟钟制作完成之后，宋徽宗还颁布诏令，在京城建立大晟府，专门管理宫廷礼仪音乐，收集整理音乐作品，负责国家音乐出版、编辑和刊行。

北宋政和三年四月，大晟钟试演，盛况空前。宋徽宗专门写了一篇文章叫《大晟乐记》。徽宗皇帝在《大晟乐记》中描述说，大晟钟试演

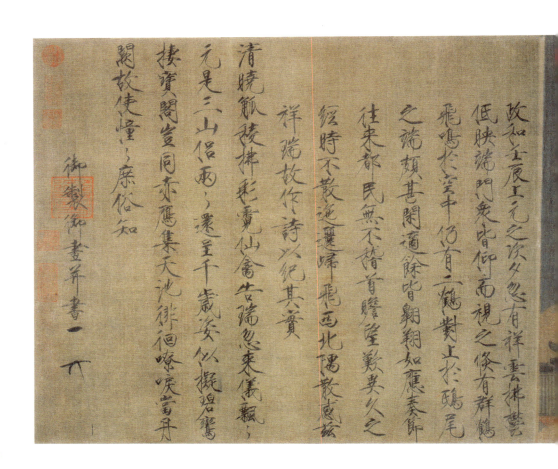

时，余音飞扬到天界，大晟府上空突然飞来九只仙鹤，仙鹤在空中翱翔，和着悠扬的乐声鸣叫着。此后，只要大晟钟演奏，就一定会有仙鹤飞来。人们都认为此事神奇，其实，这显然是有人事先准备好仙鹤，只要音乐一响就放飞，与吉祥无关。

笃信道教的宋徽宗确信无疑，为此还创作了《瑞鹤图》，画面中描绘着这样的场景：宫殿上方彩云缭绕，神态各异的丹顶鹤盘旋在天空。虽然，今天已经无法确切证实《瑞鹤图》的场景是否表现了大晟钟演奏的盛况，但是，无论是铸造大晟钟，还是绘制《瑞鹤图》，都表现了徽宗皇帝对大宋江山稳固与和平的渴望。虽然愿望十分美好，但是现实却

瑞鹤图

非常残酷。

北宋政和五年，也就是大晟钟初次演奏的第三年的正月，女真族首领完颜阿骨打建国称帝，国号大金，定都会宁（今黑龙江省哈尔滨市阿城区）。完颜阿骨打为了灭掉辽国，决定利用宋与辽的矛盾，与宋朝联合。宋金双方经过一番讨价还价之后，最终达成了联合夹击辽国的密约。这就是著名的"海上之盟"。其中重要的条件是，灭掉辽国之后，燕云十六州回归宋朝，宋朝把进贡辽国的物资和金银，改为进贡给金国。

可是，宋朝的统治者只贪图归还燕云十六州，却忘了"唇亡齿寒"的道理。宋朝本来对辽国就取守势，宋与辽之间自"澶渊之盟"签订以来，一百多年与辽国之间没有发生过战争。正是在这样的和平条件之下，才有宋徽宗时代的歌舞升平。宋金结盟之后，宋辽之间的和平被打破。长期的和平加上政治腐败，使得宋朝军队战斗力极差，先后两次发兵北伐，居然屡战屡败。不但没有履约与金国夹攻辽国，而且在金国人面前完全暴露了自己的实力。金国人从此不再把宋朝放在眼里。辽国灭亡之后，金国人不但不归还燕云十六州，而且发兵进攻宋朝。

金兵借灭辽的余威，兵分两路朝宋朝境内扑来。面对金兵凌厉的攻势和大宋王朝的危难局面，徽宗皇帝将皇位禅让给太子赵桓，史称宋钦宗，并且下令废掉大晟府。大晟编钟制作完成之后仅仅13年，演奏就停止了。钦宗皇帝继位第二年改年号为靖康元年。不久，东西两路金军先后抵达开封城下，并且立刻展开攻城，京城不久陷落。靖康二年二月，徽宗和钦宗做了金兵的俘虏，北宋灭亡了。

金兵占领北宋京城之后，进行毁灭性的破坏和掠夺，开封城中的大晟钟随同北宋宫廷的其他珍宝一起被金兵运往金国的上京会宁府。文化极其落后的金国人根本不懂音乐，因此，将掠夺的大晟钟带回上京之后，便存放在仓库中，不再有人理会。

直到金熙宗时，金朝逐渐强盛，宫廷乐舞也渐渐繁盛起来。金熙宗下令把从北宋运来的乐器取出，用于宫廷演奏。可是，当他看到大晟钟时，却勃然大怒。这是为什么呢？原来，这组编钟的铭文是"大晟"，金熙宗的父亲金太宗名叫完颜晟，恰恰犯了太宗皇帝之讳。金熙宗一怒之下，命令把大晟钟上的铭文刮掉，改成"大和"。

1149 年，完颜亮杀了族兄金熙宗，自己取而代之，当上了金国的第四任皇帝。完颜亮野心勃勃，他想一统天下。为了达到这个目的，完颜亮先将首都迁到了燕京，即今天的北京。然后，一方面加强金国的中央集权制，另一方面，加速女真族的汉化进程。因此，他将大晟钟也迁到了燕京。

刮掉重刻的"大和"铭文

金国被蒙古帝国灭了之后，大晟钟转入元朝宫廷。明朝建立后，蒙古人退回草原，大晟钟留在皇宫，因此，明朝皇室宗亲音律学家朱载堉在研究音律过程中还曾经"斟酌用之"（朱载堉：《乐律全书》），就是参照了大晟钟。

清朝建立之后，满族贵族的文化水平太低，根本不懂音律，因此，大晟钟一直无人问津。直到乾隆年间，几位大臣奉命整理宫中收藏的青铜器时，发现了四件刻有"大和"字样的古钟。当时人们不知道它们的来历，以为是周代的青铜器，就将其编入《西清古鉴》。其中两件在抗战爆发前随故宫文物南迁，后来被运往台湾，现在由台北故宫博物院收藏，另外两件下落不明。

可是，徽宗皇帝主持制作的大晟编钟，一共 336 枚，怎么会只剩下这么几枚了呢？有人说都被金兵掠走了，我觉得这不太可能。大晟编钟铸造完成之后，不可能将 336 枚编钟都集中存放在开封府。编钟一组 28 枚，一共制作了 12 组，它们完全一样。每一组显然是用来单独演奏的，不可能 12 组 336 枚编钟一起奏响，所以也就不可能一起存放，更不可能全部被金兵掠走。那么，这三百多枚编钟都到哪儿去了呢？

就目前为数不多的大晟钟的出土地或者发现地点看，它们分布于全国各地，河南、辽宁、北京、山东、陕西、湖南、上海、浙江等地都有发现。这种以开封为中心呈辐射状态的发现点表明，很有可能，这 12 组大晟编钟铸造好之后分配给了全国各府，而北宋时期正好 12 个府。这也许就是大晟编钟制作 12 组的原因。那么，被金兵抢走的就只能是留存开封府的那一组编钟，仅仅 28 枚。

迄今为止，336 枚大晟编钟，仅发现了 26 枚，而这 26 枚编钟并不属于一组。除了加拿大安大略博物馆收藏的一枚大晟钟之外，它们分别收藏于故宫博物院、河南博物院、辽宁省博物馆、河南开封市博物馆、台北故宫博物院、美国巴尔的摩瓦尔兹艺术馆以及日本私人藏家手中。至于安大略博物馆的这枚大晟钟，究竟怎么漂洋过海到了加拿大，就不得而知了。虽然 336 枚大晟编钟只剩下 26 枚，还不及十分之一，但它们依然是北宋王朝文化繁荣，音乐水平居于世界领先地位的历史见证。

第20讲

《事茗图》之谜

故宫博物院收藏着一幅明代画家唐伯虎（唐寅）的作品，名叫《事茗图》。此画纸本设色，纵 31.1 厘米，横 105.8 厘米，是唐伯虎极具代表性的一幅山水人物画。此画描绘了文人学士悠游于山水之间，于夏日里相邀品茗的情景。画面中青山环抱，林木苍翠，溪流潺潺；参天的古树旁有一座茅舍，舍内有一人正聚精会神地倚案读书，书案上摆放着茶具，靠墙的书架上摆满了书画；茅舍外间有一童子在烧火烹茶。茅屋外的小溪上一桥横跨，桥上一人缓步策杖而来，身后一书童抱琴相随。整个画面，清静优雅，在中国山水画中独树一帜，艺术价值非常高。不过，故宫博物院一共收藏了十几幅唐伯虎的作品，其中很多幅为国家一级文物，《事茗图》只是其中的一幅。人们不禁要问：唐伯虎究竟是什么样的人，他的作品为什么不但数量多，而且件件如此珍贵呢？这就得说说这位江南才子了。

说起《事茗图》的画家唐伯虎（唐寅），人们首先会想到"唐伯虎点秋香"的故事，尤其是 20 世纪 80 年代，一部香港电影《三笑》风靡大陆。华太师府上的丫鬟秋香美丽善良，唐伯虎对她一见钟情。为了追求秋香，唐伯虎改名换姓，卖身为奴，在华太师府上做书童。后来，经过重重考验，唐伯虎如愿以偿，赢得秋香的芳心，二人终成眷属。其实，这完全是胡编乱造的喜剧噱头，历史上根本没有此事。

当然，人们一提起唐伯虎，都知道他是一个大画家，他的绘画艺术水平非常高，他的作品价值连城。可是，大多数人都不知道，唐伯虎当画家完全是不得已的事。他成为画家并不是因为爱好，而是命运对他的捉弄。那么，唐伯虎究竟是怎么走上艺术创作的道路，成为一名著名的绘画艺术大师的呢？这还得从唐伯虎的家庭变故说起。

唐伯虎出生于苏州吴县的一户商贾之家，他自幼聪明伶俐，写得一手好文章，少年时期曾经有过当侠客、做英雄的理想。16 岁便以第一名的成绩考中了秀才。可是，在唐伯虎 25 岁的时候祸从天降，家里发生

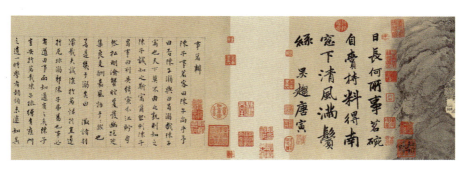

事茗图

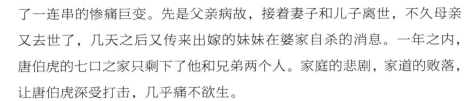

了一连串的惨痛巨变。先是父亲病故，接着妻子和儿子离世，不久母亲又去世了，几天之后又传来出嫁的妹妹在婆家自杀的消息。一年之内，唐伯虎的七口之家只剩下了他和兄弟两个人。家庭的悲剧，家道的败落，让唐伯虎深受打击，几乎痛不欲生。

接连的不幸使唐伯虎一度非常消沉，后来经过文徵明的父亲文林和好友祝允明的劝导，唐伯虎决心以潜心读书的方式，摆脱悲痛；以考取功名的途径，告慰亡灵。正所谓："忧思固逾度，荣卫岂及衰；夭寿不疑天，功名须壮时。"（《唐伯虎先生集》卷上）意思是，悲伤不能过度，否则会伤害身体，生命的长短天注定，获得功名要趁年轻。于是，唐伯虎振作起精神，参加科举考试，博取功名，以走出悲痛的心境。

29岁的时候，唐伯虎参加应天府的乡试，又考了个第一名，俗称"解元"，从此，唐伯虎被称为"江南第一才子"。第二年，唐伯虎进京参加会试，信心满满地要得会元，就是会试第一名，然后再得状元，就是殿试第一名，争取三元连中。可是，让唐伯虎万万没有料到的是，这次会试他不但名落孙山，而且，被锦衣卫押进镇抚司大牢，罪名是考场舞弊！中国古代科举考试是一件非常严肃的事，如果发现有人舞弊，将受到严厉的处罚。可是，"江南第一才子"唐伯虎，怎么会干出这种被士人不齿的勾当呢？

事情的起因是一位名叫华昶的户科给事中，就是专门弹劾百官不良行为的言官，向皇帝上疏说：今年的会试考题泄密，第一场考试，考生们还没进考场，人们就已经知道要考《论语》；第二场考试开始之前，考题已经在考场外传阅；第三场考试还没开始，考生们都已经知道了考试内容。之所以发生这种情况，原因是翰林院学士程敏政利用职务之便将他出的考题卖给了考生。

为了给自己上疏提供证据，华昶又将弹劾的目标指向唐伯虎和徐经两位考生，徐经是与唐伯虎一起进京参加考试的同乡好友。华昶说：这两个人太张狂了，买了考题之后，先是在人前炫耀，然后到处打听如何解答这些题。因此，华昶向皇帝建议：凡是经过程敏政批阅的考卷，一律由主考官会同在场其他考官重新批阅；凡是经过他审阅之后决定录取的考生，都要重新审查。这就是明弘治年间轰动一时的"科场舞弊案"。

可是，稍微认真地仔细分析一下华昶上疏的内容，就会发现此案有明显的疑点。

疑点一，华昶的弹劾没有证据。华昶在给皇帝的上疏中说："闻士大夫公议于朝，私议于巷。"（《明孝宗实录》卷一四七）意思是，我在朝廷上和巷子里，听人们在议论。显然，华昶弹劾科场舞弊的依据都是道听途说，根本没有确凿的证据。

疑点二，为什么仅指控程敏政一位考官？既然，华昶听说这次会试的三场考试都泄题了，为什么仅仅弹劾程敏政一个人呢？因为，这种分三场进行的国家级会试，每一场考试，每一道考题，都会由不同的人出题。既然三场考试都泄题，那就意味着所有出题的考官都有嫌疑，华昶为什么仅仅指控程敏政一位考官呢？

疑点三，为什么将买来的试题在考生中传播？如果唐伯虎和徐经果真从程敏政手里买了试题，一定价格不菲，一旦大部分考生知道了考题内容，这道考题将一文不值！因为参加会试的考生都是竞争关系，他们绝不可能将试题在参加考试的举子们中间传播。

疑点四，指控罪名混乱。华昶先指控程敏政卖考题牟取私利，又要求重新审阅程敏政批阅的卷子，并且重新审查程敏政决定录取的考生，以此来证明程敏政作弊。显然，华昶指控的罪名发生混乱。因为，出卖考题与阅卷作弊，这是两种完全不同的作案方式。既然出卖考题，就不会在阅卷的时候再作弊了。再说，明朝考试制度非常严格，不但考生的名字完全密封，而且用红笔重新抄录，就是所谓的"朱卷"，程敏政不可能知道哪份卷子是徐经和唐伯虎的。

综合以上疑点我认为，华昶的指控很难成立，他弹劾考场舞弊是"醉翁之意不在酒"，他针对的目标不是唐伯虎和徐经，而是程敏政。常识告诉我们，要抓考场作弊，必须抓现形，必须证据确凿。华昶是户部给事中，户部主要负责国家的财政和税收，科举考试不是他的监督范围，他没有参加监考，根本不了解考场情况，完全根据道听途说向皇帝举报

事茗图局部

程敏政考场舞弊，这显然不是为了维护考场的秩序和公平，更像是官场同僚之间的倾轧和争斗。后来的事实证明，实际上华昶是受人指使，有人想取代程敏政翰林院学士的位置，华昶被人当枪使了。

华昶手中虽然没有确凿的证据，但是，他的上疏却言之凿凿，孝宗皇帝朱祐樘当然不能不闻不问，他将华昶的上疏转给礼部，让礼部认真调查，严肃处理，并且汇报处理结果。

礼部经过一番调查之后，处理意见很明确，华昶根据道听途说对大臣和举子弹劾，未必真实，而且当时还没有发榜，并不知道徐经和唐伯虎是否被录取。因此，礼部令主考官会同在场所有考官将考场中的朱卷重新批阅。由于这样做要花很多时间，原定的考试结果的发榜日期需要向后推迟。孝宗皇帝表示同意，于是这一年的会试，发榜日期比规定的时间推迟了三天。

三天之后，礼部给皇帝上奏，汇报调查结果：经过重新批阅程敏政批阅过的朱卷，并没有发现问题。在最后决定录取的三百名考生中，也没有发现问题。最为关键的是，华昶指控买考题的徐经和唐伯虎二人的卷子，并没有在被录取的三百名考生之中。礼部的上奏意思很明确，华昶弹劾程敏政的罪名根本不成立，至少在会试的整个现场，找不到舞弊的证据。

可是皇帝觉得，考场舞弊是大案，必须查个水落石出。如果华昶是诬告，他将按同罪论处。因此，皇帝给锦衣卫下旨，将华昶、徐经、唐伯虎三人执送镇抚司讯问，必须将事情的原委搞清楚，不许隐瞒真相。就这样，徐经、唐伯虎和华昶被一起押解到锦衣卫的镇抚司。面对锦衣卫的审问，徐经和唐伯虎坚决否认对他们的指控。

可是，在严刑拷打之下，徐经交代程敏政曾经接受过他的金币。得到了徐经的口供之后，左都御史上奏皇帝，请求逮捕程敏政进行审问。就这样，程敏政被逮捕入狱。程敏政当然不服气，他向皇上提出申辩，坚决否认接受贿赂。此案的审理陷入僵局。

几个月之后，在控辩双方的要求之下，经过皇帝同意，各自拿出证据，在午门前进行对质。程敏政辩解说：华昶所指控的两个人徐经和唐伯虎并没有在被录取的名单中，这说明自己没有舞弊。可是，徐经被带到现场时却当面承认：我们刚到京城的时候，由于仰慕程敏政先生的学问，因此到他家花钱求学。在程先生讲学的过程中，涉及了三场会试可能会出的题目。我就和唐伯虎根据这些题目作了练习，并且在举子们之间传阅。可是，没想到程先生后来成了主考官，所出的题目中包括向他求学时谈论到的内容，因此人们就怀疑我在考试前通过程先生买了试题，其实，这是根本没有的事，我没有贿赂程先生，程先生也没有卖试题给我。我曾经交代说给程先生金币，是因为严刑逼供，屈打成招！

可是，面对程敏政的辩解和徐经的供词，人们不禁要问：号称"江南第一才子"的唐伯虎，本来想三元连中的，为什么会落选？当年考中进士的举子可是 300 名，唐伯虎的水平居然如此之差？他可是提前知道考题的啊？答案其实很简单，据知情人举报，这一切的确与程敏政有关。因为，程敏政负责批阅他出的考题，他出的题有些偏怪，回答上来的考生并不多，当他听说有人弹劾他出卖考题的时候，为了避嫌疑，立刻将能够回答他所出考题的考卷全部从被录取的卷子中剔除，唐伯虎和徐经因此落选。

至此，这桩科场舞弊案的真相终于大白。孝宗皇帝根据最后的审理结果做出了如下处理：程敏政用钱赎徒刑，就是花钱免于刑事处罚，然后提前退休，罪名是：面对金钱没有拒绝，考试出题不避嫌疑，影响了公平的标准，引起舆论的非议。可是，程敏政出狱之后仅四天，就因"痈毒不治而卒"（《国朝献征录》卷三十五），其实就是被气死了；华昶判的是花钱免杖责，罪名是"言事不察"，就是根据道听途说弹劾别人。

徐经和唐伯虎也是用钱赎徒刑，罪名是"夤缘求进"，意思是巴结高官以求晋升。然后，交到礼部做进一步的处理。礼部决定革除徐经和唐伯虎的举人功名，二人被贬为打理日常事务的衙门小吏，从此不能再参加科举考试，唐伯虎的仕途彻底中断了。

这种结局，必然使才华横溢的唐伯虎深以为耻，于是他满怀"士也可杀，不能再辱"（《唐伯虎先生集》卷下）的悲愤和绝望，纵情山水与风月之间。唐伯虎的归隐与避世，实际上是对现实社会的消极反抗，是因受到不公待遇之后的愤世嫉俗。一旦有机会可能重返官场，他会立刻唤醒内心被压抑的政治抱负。

比如，他曾经在诗中吟诵道："人言死后还三跳，我要生前做一场。名不显时心不朽，再挑灯火看文章。"（《唐伯虎先生集》卷七）由此可见，建功立业的渴望在唐伯虎内心并没有彻底磨灭。因此，他在 45 岁的时候，应宁王朱宸濠的邀请赴南昌半年多，原以为满腹才华终于有了施展的机会，却发现朱宸濠有图谋不轨之心，他只好装疯卖傻才得以脱身。后来，朱宸濠果真举兵造反，被王阳明只花了四十几天就平定了。

唐伯虎庆幸自己没有卷入其中，从此，彻底放弃了建功立业之心。一生的坎坷消磨了他的凌云之志，也让他终于觉悟，唯有在绘画艺术的创作中寄托理想，让灵魂得到暂时的平静。从此，唐伯虎纵情于田野山林之间，过着品茗聊天，挥毫作画的生活。

《事茗图》就是唐伯虎为友人陈事茗描写自己日常生活的作品。作

品完成之后，唐伯虎还自题五
言诗一首："日长何所事，茗碗
自赏持，料得南窗下，清风满
鬓丝。"唐伯虎巧妙地将友人的
名号"事茗"两个字嵌入诗中，
此画因此得名《事茗图》。这是
一幅水平极高且价值难以估量
的艺术珍品，被历代收藏家珍
藏而且流传有序。可是，这件
稀世珍宝却差一点被当柴火烧
了，那么究竟是什么人居然如
此愚昧无知呢？这还得从民国
建立之初说起。

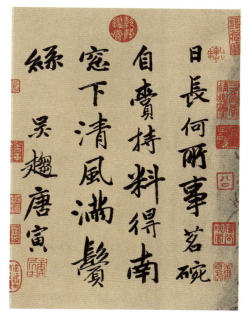

唐伯虎（唐寅）自题五言诗

　　辛亥革命是一次不彻底的
革命，建立的中华民国完全在北洋军阀的控制之下，这些军阀、政客
都曾经是清王朝豢养的旧臣，因此在北京紫禁城内还保留了一个小朝
廷，同时，还议定了《清室优待条件》，其中有一条重要内容是，每年
拨四百万两白银供给清皇室消费，从而使废帝溥仪在紫禁城内称孤道寡，
北洋政府的官员居然用对待外国君主的礼节和这个小朝廷打交道。

　　更让人无法理解的是，《清室优待条件》规定："大清皇帝辞位之后，
其原有私产由中华民国特别保护。"这样一来，紫禁城内的财物，包括
所有珍贵文物，都成了清皇室合法的私产。这就使废帝溥仪有恃无恐地
摆他所谓"主子"的派头，对宫中财物尤其是内府收藏的珍贵文物可以
随意处置。

　　北洋政府自建立以来，全国一直处在军阀割据与混战之中，内阁频
繁更迭，政客朝秦暮楚，时局动荡不稳。溥仪和他的父亲载沣及其身边
的遗老们感到小朝廷风雨飘摇，贵族日子朝不保夕，对《清室优待条件》
究竟能实行多久，心中疑虑，忐忑不安。所以，他们在与帝国主义在华势力、

国内各派军阀和政客之间周旋的同时，暗中为自己的出路做起了安排。

他们首先要做的是筹备经费，方法就是把宫里最值钱的字画和古籍带出紫禁城变卖。虽然有《清室优待条件》作后盾，但毕竟还是做贼心虚，所以溥仪不敢公然将紫禁城中的收藏品带出宫。于是，他就和身边的大臣们想出了一个诡计。此计分三步走：第一步，挑选出一大批比较容易随身携带的宫中收藏的精品，然后全部盖上宣统御览的钤印，宫中财产瞬间变成废帝溥仪的个人收藏；第二步，由溥仪的叔叔载涛在天津英租界为溥仪代买了一幢楼房；第三步，让溥仪的弟弟溥杰和溥佳每天进宫陪溥仪读书。而偷带出宫变卖的收藏品中就包括唐伯虎的《事茗图》。

当这些书籍、字画装满了七十个大木箱之后，就准备全部运往天津英租界事先买好的房子里。可是，木箱体积大，数目多，从北京运到天津距离虽然不远，却是一件相当麻烦的事。当时出入火车站不但要接受检查，而且还要上税。于是，溥佳就去找他的亲戚，时任全国税收督办的孙宝琦，谎称醇亲王府的东西要运往天津。孙宝琦很快就办好了一张免检、免税的护照交给溥佳。结果，这七十个大箱子的宫中收藏品，在光天化日之下，浩浩荡荡，一路通行无阻地运到了天津英租界，收藏在以溥仪名义购置的楼房中。

溥仪出宫之后，住进了他父亲的醇亲王府中，几天之后，溥仪逃往日本兵营要求避难，随后公然搬到日本公使馆的小楼里住下来，并且又恢复了他小朝廷的日常活动，接受旧日臣工的朝拜。1925 年 2 月 23 日，在日本警察的保卫之下，溥仪偷偷潜逃到天津，在日本租界张彪的私宅里安顿下来，成立了"清宫驻津办事处"，继续使用宣统年号。显然，溥仪做梦都想复辟大清王朝。后来，溥仪当上了"伪满洲国"的傀儡皇帝，在日本人的帮助下将存放在天津那七十个大箱子的宫中收藏品全部运到了长春，存放在伪皇宫中的小白楼内。日本投降后，伪皇宫的卫兵发现他们的傀儡皇帝溥仪也已潜逃，便开始抢劫伪皇宫内的财物。小白楼中存放的宫中收藏品终于被卫兵们发现，他们破窗而入，开始是暗偷，后来是明抢，最后竟然彼此争夺。几个卫兵为了争夺一幅画卷，谁也不肯让步，最后一撕两半了事；有时争夺激烈，一幅画卷撕成三份甚至四份，国宝因此被毁。比如北宋画家李公麟的《三马图》，那可是稀世珍品，竟然被撕为三截。

在这些抢夺国宝的伪皇宫的卫兵中，有一位名叫金香蕙的人，他的家乡在辽东半岛的盖县，在当兵之前上过学，而且还担任过小学美术教员，对国画有一定的了解。因此，他在小白楼中抢夺的宝物比别人多而且价值高，其中就包括唐伯虎的《事茗图》。当时长春的局面很混乱，金香蕙将抢来的宫中收藏品都悄悄地带回到老家盖县。

几年之后，东北全境解放，金香蕙的家乡盖县开始进行土地改革，金家的成分被划成地主，金香蕙的老婆也是地主子女，由于对土改运动不理解，担心查出从伪皇宫中抢出来的文物会加重罪名，于是，趁丈夫到外地打工不在家的时候，她竟然将这些宫中收藏品，像柴火一样，一卷一卷地塞进做饭烧火的灶坑，不一会儿的工夫，这些珍贵的国宝，就都化成了灰烬，这真是暴殄天物啊！

据文物鉴定专家杨仁恺先生粗略地估计，金香蕙老婆烧毁的宫中收藏品中，最珍贵的是王羲之的《二谢帖》，岳飞和文天祥的《书法作品合卷》。文天祥的真迹如今尚有数卷传世，都属于国宝级的文物，可是岳飞的真迹早已无存，现在能够看到的，都是后人的临摹本。还有南宋画家陈容的《六龙图》，以及明朝画家沈周和文徵明的绘画作品各一卷。当然，金香蕙老婆烧掉的宫中收藏品远不止以上几件，由于金香蕙不可能留下所抢宝物的清单，因此，被金香蕙老婆烧毁的国宝就永远是一笔糊涂账！

不幸中的万幸是，金香蕙在出门到外地打工之前将他从伪皇宫中抢来的国宝卖出了两卷，其中之一就是唐伯虎的《事茗图》。据金香蕙自己说，这幅画卖给了营口县的一位古董商人。此图虽然没有被他老婆烧毁，却从此流失民间，不知所踪。此图最终失而复得，还得感谢一位名叫张伯驹的人，他是民国时期的一位大鉴赏家、收藏家。

抗战胜利之后，伪皇宫被哄抢的消息很快就传开了，东北各地尤其

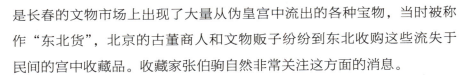

是长春的文物市场上出现了大量从伪皇宫中流出的各种宝物，当时被称作"东北货"，北京的古董商人和文物贩子纷纷到东北收购这些流失于民间的宫中收藏品。收藏家张伯驹自然非常关注这方面的消息。

有一天，张伯驹从一位朋友处得知有人要出手《事茗图》，这个消息立刻引起了张伯驹的注意，马上想方设法找到了卖家，要求看货。当卖家将《事茗图》打开给张伯驹看时，张伯驹被画面上的山水和人物形象深深地吸引了。以张伯驹的鉴赏力，一眼就认出此图是唐伯虎的真迹，正是从清宫流失出去的国宝。因此，张伯驹几乎没有讨价还价，就买下了这幅《事茗图》。

1956 年，张伯驹将《事茗图》连同他收藏的其他珍贵书画一起无偿捐献给了国家。如今唐伯虎的《事茗图》收藏于故宫博物院内。

第**21**讲

《熹平石经》之谜

　　1931年的谷雨时分，正值牡丹花盛开的时节，著名书法家于右任来到了古城洛阳，人们都以为他是来观赏牡丹花的。可是，于先生下了火车之后，却直奔洛阳的古董市场而来。原来，于先生酷爱金石，喜欢搜集各年代的碑刻。当他听说洛阳最近出土了一批《熹平石经》的残碑时，便以赏花为名前来搜寻。当于先生走进一家古董店时，立刻被一块残碑吸引住了。于先生用手帕拂去残碑上的浮土，几行工整而古朴的隶书显现出来："女正位乎内，男正位乎外。"这是《周易·家人卦》中的文字，说明此残碑是《熹平石经》的一部分，于先生立刻决定购买，古董店老板却要价4000大洋！人们不禁要问，《熹平石经》究竟是什么宝贝，不过是其中的一块残碑，古董店老板居然开出如此天价？这就得说说《熹平石经》的来龙去脉了。

　　东汉光和六年，即183年，在首都洛阳（今河南省洛阳市）的太学（相当于今天的全国最高学府）的门前，每天都是车水马龙，街道拥堵，最多的时候，居然有1000多辆马车停在太学门前的广场上和附近的街道上，场面十分壮观。人们不禁要问，这些人都挤在这儿来干什么呢？原来，他们是全国各地的学者或学生，虔诚地走进太学，在一排排高大的石碑前，摹写或诵读。

　　这些石碑，每座"高一丈，广四尺"（《洛阳记》），换算成现在的尺寸，碑高大约196厘米，加上35厘米的底座，石碑总体高度在2.3米左右；石碑的宽度大约94厘米。每块石碑分两面镌刻，每面刻2600多字，一共46块，总计20多万字。如此规模的石碑排列在一起，是何等的气派和壮观。那么，石碑上究竟刻了些什么内容，令这些学子们从四面八方蜂拥而来，热情而虔诚地观赏和诵读呢？

　　这些石碑上镌刻着《周易》《鲁诗》《尚书》《仪礼》《春秋》《公羊传》和《论语》等七部儒家经典，因此被称为"石经"。这些石经于东

熹平石经残碑

汉熹平四年，即175年开始镌刻，直到东汉光和六年，即183年最终完成，一共花了8年多的时间。为了区别于西晋、唐朝时镌刻的石经，人们称这部石经为"熹平石经"。掐指一算，《熹平石经》距今已经有将近2000年的历史了。

在这漫长的历史过程中，由于王朝更迭，社会动乱以及战争摧残，《熹平石经》不但大部分丢失，而且剩下的部分都被损坏成大小不一的碎块。这些残碑的碎块流失到全国各地，甚至海外。于右任先生在洛阳的古董商店里看到的，就是《熹平石经》残碑中的一块，而且规格比较大，字数也比较多。

仅从这块残碑上的字，人们完全可以想象出镌刻着全部儒家经典的《熹平石经》是何等的规模！可是，面对这块残碑，人们不禁产生了一个疑问：熹平是东汉灵帝的年号，无论文功还是武治，汉灵帝并不是一个有作为的皇帝，那么，他为什么要花这么大的功夫，制作如此规模的《熹平石经》呢？他的目的究竟是什么呢？这就得从汉代开始兴起的经学说起了。

所谓"经学"是指专门研究儒家经典的学问，主要研究方法是对儒

277

家经典进行"注"与"疏"。"注",就是对经书中的每一个字,每一句话,都详加研究,包括正音、训诂、定义和考证典故出处等,希望人们能够准确地了解和把握经典的内容。可是,由于时代渐渐久远,生活不断变化,语言随之更新,人们对经典的"注"看不懂了,于是学者们再对"注"进行解释,这就是"疏"。它们共同构成源远流长的经学传统,是中国古代学术的主体。比如,《四库全书》由经、史、子、集四部分构成,其中"经学"部分占居首位。

说起儒家经典,最多的时候有十三部,也就是所谓的"十三经"。它们是:《周易》《尚书》《诗经》《周礼》《仪礼》《礼记》《春秋左传》《春秋公羊传》《春秋穀梁传》《论语》《孝经》《尔雅》和《孟子》。但是,在春秋时期,儒家经典只有六部,它们是《诗》《书》《礼》《乐》《易》《春秋》,当时并没有被称作"经",因为,它们只是孔子教学时使用的教材。

可是,秦始皇三十四年,即公元前 213 年,丞相李斯为了维护秦朝的统治,奏请秦始皇"焚书"以统一思想。秦始皇随即颁布法律规定,除了博士也就是主管学术研究的政府官员能保有《诗》《书》和诸子百家著作之外,社会上的一般人只能阅读卜筮、医药、农业等生产技术性的书籍,其他书籍一律上交官府加以焚毁,法令下达之后 30 天不上交者,判处四年修筑城墙的苦役。

秦始皇为了进一步控制人们的思想,又将不在焚烧之列的全国各地的图书都集中到咸阳统一管理。可是,秦朝灭亡之后,项羽放火焚烧咸阳城,大火整整烧了三个多月,无论是从全国各地征缴的图书,还是秦朝法令允许博士官保存的先秦典籍,统统化作灰烬。这是一场中华文化的浩劫!因此,项羽根本不是什么英雄,而实际上是千古罪人!

秦朝灭亡,楚汉相争;战争之后,人口锐减;经济凋敝,民不聊生。为了恢复战后经济,医治战争创伤,高祖刘邦采取道家"清静无为"的治国理念,与民休养生息,政府减政放权,部分恢复了分封制。因此,西汉初年不兴儒学,儒家的学术源流几乎断绝。清静无为的黄帝和老子的思想在汉初统治者的倡导之下,逐渐居于支配地位。

经过汉初的"文景之治"，社会经济得到很大的发展，中央政府的经济实力增强，统治者开始由无为向有为转变，意识形态也逐渐从道家转向儒家。从汉文帝时期开始，统治者就鼓励民间献书和收集整理先秦古籍。一些躲过秦始皇"坑儒"之灾的秦代儒生用口述或默诵的方式，将被秦始皇焚毁的儒家经典复述并记录下来，从而使儒家经典重新开始流传。可是《乐经》无法恢复，彻底失传，儒家的"六经"成了"五经"。

到了汉武帝时期，为了进一步加强中央集权制，巩固汉朝的一统天下，汉武帝接受了董仲舒的建议，"罢黜百家、独尊儒术"。于是，在思想领域，儒家思想终于取代了道家思想的统治地位，成为官方意识形态。

朝廷为了尊崇儒学，设立"五经博士"，当时的"博士"不是学位，而是一种官职，一部经典设置一个或者若干个博士，可以招收弟子，专门从事儒家经典研究，从此经学诞生了。当然，从严格意义上讲，汉武帝罢黜的并不是百家，而只是道家；独尊的也不是儒术，而是周朝几百年形成的学术传统和思想精华。它们是儒家教学时使用的教材，因此被视为儒家经典。

由于"罢黜百家，独尊儒术"之后，儒家思想成了官方意识形态，其他各家各派根本无法与儒家抗衡，于是，汉朝学术观点争论的重心就转移到儒家的内部。这种争论，主要表现为经学内部的门派之争。因为，每一部经典设置一个或者若干个博士，博士招收弟子，形成师承关系，从而使经学内部根据研究的经典不同，分成若干门派。门派之间互不沟通，互相攻击，都认为自己根据记忆恢复的经典是最正确的，当然也是最重要的。可是，这种固步自封的局面，很快就遇到强劲的挑战。而这种挑战，却来自于民间。

汉景帝前元三年，爆发七国之乱。叛乱被平定之后，汉景帝将儿子刘余改封为鲁王，封地就在曲阜。刘余这个人特别喜欢建造宫殿园林，并且在园林中饲养狗马等宠物。因此，刘余被封到曲阜之后，便开始在曲阜城扩建他的王宫，在扩建过程中，刘余拆除孔府的故宅，在被拆除的墙壁的夹层中，发现了当年为躲避秦始皇焚书令而藏匿的儒家经典。汉武帝时，河间（今河北省河间市）的献王刘德从民间收集了大批的古典文献，其中包括一些儒家经典。汉宣帝时又有河内（今河南省沁阳市）的一位女子，在拆她家的老房子的时候，在墙壁的夹层中，同样发现了几部儒家经典。

以上这些在夹壁墙中发现的儒家典籍，被称为"壁中书"，都是战国时期制作的。它们与汉朝通行的根据儒生记忆恢复的五经相比，不仅篇数、字数不同，而且内容上也有相当的差异。由于这些"壁中书"用周朝大篆书写，因此被称为"古文经学"。而秦朝儒生靠记忆恢复的儒家经典是用汉朝隶书书写，因此被称作"今文经学"。

从此，经学内部开始了"古文经学"与"今文经学"之间的争论。争论的问题有三：其一，今文经学认为，五经是儒家的经典，是孔子所作；古文经学认为，五经是周朝的典籍，孔子不过是一位整理者；其二，今文经学注重微言大义，就是为了政治目的，对经典进行随意性的解释，古文经学则从文本出发，尽可能准确地解读文本；其三，今文经学是得到统治者大力支持和资助的官方意识形态，而古文经学是在民间的学术研究。由此看来，古文经学更具有学术性，今文经学更具有政治性。

西汉末年，王莽乱政，礼乐崩坏，典籍散落，无论是今文经学还是古文经学都受到巨大的冲击。汉光武帝刘秀即位之初，立刻延请经学大师，整理儒家典籍，恢复和倡导经学研究。他的目的无非是借助经学的影响力使他的政权具有合法性，同时也能够帮助他尽快重建社会秩序。东汉开国皇帝的这种做法，为其继任者做了一个很好的表率。在统治者的支持下，经学很快恢复和繁荣起来，并且开始走向统一。

经学统一的前提是，学术水平比较高的经学大师，具备兼通儒家各部经典的功力，因此观点开始超越门派的界限，从而使今文经学内部在兼通各家经说的基础上，进行归纳和比较的研究之后走向统一。今文经学内部基本统一之后，也逐渐开始接受古文经学的研究方法，追求文本的统一和正确的解读，今文经学与古文经学逐渐走向整合。

正是在这样的大背景之下，熹平四年，蔡邕等人向汉灵帝提出建议：儒家的经典距离儒家圣人太久远了，文字出现许多错误，俗儒对经典穿凿附会，随意歪曲，误导后学。因此奏请陛下，"正定六经文字"（《后汉书》卷六十下）。意思是，要对儒家经典的文字进行校勘、正误，以达到文本的统一。这显然是古文经学的方式。因为，当时儒家经典只有"五经"，但是蔡邕却提"六经"，无非是强调，要以孔子时代的经典为标准。

与此同时，一位名叫李巡的宦官也向皇帝上奏说：儒家各经的博士们设置级别考试，排名次，争高下。可是，在考试过程中却没有客观标准，甚至考试前考生行贿考官，购买答案，并且将考试答案写在大腿上，而这些答案完全是考官的标准。因此，李巡奏请皇帝"与诸儒共刻五经文字于石"（《后汉书·艺文志》卷二）意思是，责成各位儒生，将五经镌刻在石碑之上，形成一种统一而且客观的标准。

皇帝接受了蔡邕规范儒家经典文本的请求，同时也批准了李巡将规范之后的儒家经典镌刻在石碑之上的建议。于是，经过八年多的努力，这部恢宏的巨著《熹平石经》问世了。让倡议者没有料到的是，《熹平石经》的制作成为了中华文化史中的一件盛事，其意义大致可以概括为以下三点：

第一，教育史上的一大创举。《熹平石经》的镌刻，使儒家经典的文本趋于统一，为当时太学生和社会上研究经学提供了标准，深受他们的欢迎。这种由政府出资统一教科书的做法，是中国教育史上的一大创举，在世界教育史中也是极为罕见的。

第二，印刷史上的重要地位。自从《熹平石经》刻成之后，每天都有很多人在石碑上制作拓本，这种拓制的方法开启了我国印刷术的先河。日后出现的雕版印刷术，正是源于石经的拓本制作。

第三，书法史上的重要意义。石经上的文字是蔡邕等人用当时通用的隶书手写而成，其文字遒劲，风格典雅，为后世学习书法提供了典范。历代研究书法的人都将《熹平石经》的拓本作为书法艺术的瑰宝，直到今天，人们还在临摹《熹平石经》。

然而，令人感到不解的是，就一般情况而言，文化盛事的背后一定是政治清明，经济繁荣，社会安定。可是，当时的东汉已经到了灭亡之际，社会矛盾尖锐，政治非常腐败，自然灾害频繁，百姓生活困苦。那么，东汉的统治者为什么在这样的情况下，还要花巨大的人力、物力和财力打造如此规模的石经呢？

其实，东汉统治者制作《熹平石经》，根本不是什么盛世之作，完全是为挽救东汉王朝的危亡所做的最后的挣扎，是东汉王朝行将灭亡，汉代经学走向终结的象征。理由如下：

第一，经学已经走向衰亡。无论是西汉还是东汉的统治者，都是为了给自己的统治提供合法性辩护，用功名利禄为手段刺激人们对经学的研究。可是，当人们为了功名利禄从事学术研究的时候，必然失去对学术本身的兴趣，儒家经典成了博取官职和利益的敲门砖，从而在形成经学表面繁荣的同时，促进了经学走向衰亡。

第二，经学变成谶纬迷信。所谓"谶"是一种诡异而隐秘的语言，假托神明，预知吉凶，比如，"亡秦者胡也"，便是一句典型的谶语；"纬"是用神学的观点解释儒家的著作，使得今文经学变得荒诞不经。他们一方面编造神话，为汉朝统治者的合法性辩护；另一方面，将孔子奉为教主，并且将他塑造成半人半神的怪物。这种神秘性与荒诞性进一步导致汉代经学的衰亡。

第三，引起统治者的反感。与今文经学走向神秘并存的是另外一种倾向，即所谓的"微言大义"，就是过度甚至随意解读儒家经典，其目的是为汉朝统治者提供合法性辩护，同时成为汉朝政治的指导思想。儒生的政治地位越来越高，他们已经不满意于随意解读经典，要进一步以清议的方式干预甚至控制朝廷的政治权力，这必然引来统治者的反感和压制。

第四，党锢之祸的残酷打击。儒生干预政治的这种倾向，果然引起统治者的打击，最终导致"党锢之祸"。所谓"党锢之祸"，是汉灵帝时期腐败黑暗的宦官集团对正直儒生的禁锢、削官等残酷打击。然而，这种作为在打击儒生的同时，却进一步加速了东汉王朝的灭亡。

人们一定会有疑问：既然禁锢甚至镇压儒生，为什么还要制作《熹平石经》呢？何不像秦始皇那样，坑儒和焚书一块进行呢？我们再看一下宦官李巡给皇帝的上奏就明白了。他奏请皇帝："与诸儒共刻五经文字于石。"意思是，责成各位儒生，将五经镌刻在石碑之上。李巡为什么提出这样的建议呢？因为，文字一旦刻在石碑上就形成一种统一、客观和永久性的标准，这实际上是用不可变更的石经，宣布今文经学所谓"微言大义"的终止。同时，也就终止了儒生对政治的议论和干预。

可是，无论是制造党锢之祸，还是厘定和镌刻《熹平石经》，都无法挽救东汉王朝的灭亡。《熹平石经》完成七年之后，就发生了董卓之乱。董卓率大军控制了都城洛阳，废汉少帝，立汉献帝，引起各地方诸侯的不满，他们联合起来讨伐董卓。董卓决定放弃洛阳，将首都迁往长安（今陕西西安）。当董卓离开洛阳城的时候，一把火焚毁了洛阳宫殿，洛阳城也被烧成了一片废墟，洛阳的太学与洛阳城一起被毁。战乱中再也没人光顾太学，更没人诵读《熹平石经》了。

到了南北朝时期，东魏的丞相高澄为了夺取东魏皇帝的大权，为自己寻找合法性依据，他要振兴儒学，看中了洛阳城中废弃的《熹平石经》。于是，派人将《熹平石经》从洛阳城迁往邺都（今河南省安阳市）。当高澄夺取东魏皇帝的准备工作就绪的时候，却突然被人刺杀了。从洛阳运往邺都的《熹平石经》在半路上掉到水里，运到邺都的时候，已经不到一半了。

隋朝一统天下之后，隋文帝杨坚的开皇年间，社会稳定，经济繁荣，文化和教育事业也有所发展，尤其是创立了科举制度。但是，当时的科举考试并不考儒家经典，所以对儒家经典根本不重视。正是在这样的背景之下，存放在邺城残余的《熹平石经》被运往长安，被负责修建宫廷的营造司截成小块，做础石用了。

到了唐贞观年间，统治者开始重视儒家经典，宰相魏征去收集残存的《熹平石经》，发现石经几乎已经毁坏殆尽，所剩无几。自宋朝以来，民间偶尔会有石经的残块出土。直到 20 世纪 30 年代的一天，河南省洛阳市朱家圪垱村忽然热闹起来，当地农民拿着锄头和铁锹，蜂拥到村头的一块荒地上拼命挖掘。因为，这里正是东汉时期太学的旧址，《熹平石经》最初建成的地方。

消息很快被各地的古董商获得，他们从四面八方赶到朱家圪垱村，睁大眼睛紧盯着现场，每当农民们挖出一块石碑残块，古董商就拥上去，拂去石碑上的泥土，仔细辨认上面的字迹，凡是字迹较多的，便争相加价向农民收购。于右任先生正是听说了这个消息之后，才赶到洛阳来的。他在古董商店看到的，就是其中的一块。

在于先生看到的这块残碑的阳面，镌刻着《周易》"家人卦"和"小过"中的部分文字；残碑的阴面，镌刻着《周易》的"系辞下传""文言"和"说卦"的部分文字，两面加在一起，共计可识别的文字 437 个。与已经发现的其他《熹平石经》的残碑相比，这块残碑规格较大，存字较多，的确非常珍贵。

见到如此珍贵的石刻，于右任欣喜若狂，根本不可能放手，当即决定将这块残碑买下来。可是，古董店老板竟开出 4000 大洋的天价。当时，于右任根本没还价，他尽其所有，只凑了 2000 大洋，还差一半肯定是拿不走这块残碑的。没办法，于先生只好和古董店老板商量，定下君子协议："这 2000 大洋先作为订金，这块残碑你先保留，等到另外 2000 大洋付清之后，再把残碑交给我。"

可是，于先生离开洛阳返回南京之后，就再也没有在洛阳出现。时间一晃就是两年多，是于右任先生凑不足另外 2000 大洋呢，还是于先生把这事彻底忘记了呢？这当然都不可能，实在是于先生太忙了。

直到 1933 年的一天，洛阳火车站戒备森严，杨虎城将军的专列缓缓驶进车站，随从副官从车上跳下来，在站台上焦急地等着什么人。不一会儿，洛阳城那位古董店老板现身了。杨将军一见这位老板，立刻交给他 2000 大洋，然后就向他要《熹平石经》的残碑，要求一手交线，一手交货。

人们不禁感到奇怪，不是于先生购买《熹平石经》残碑吗？怎么半路杀出来个杨将军呢？原来于右任在洛阳预付给古董商一半订金，买下了《熹平石经》残碑之后，就一直没时间再来洛阳，一拖就是两年多。当他听说杨虎城要到南京公干，于是就委托他路过洛阳的时候，将余款补足，代他取回残碑，然后带到南京来。杨虎城和于右任是陕西同乡，又是挚友，对此事自然认真办理。

于右任

可是，这位古董商却并没有把《熹平石经》残碑随身带来，坚持要先拿到钱，才能交出残碑。杨将军十分生气，却又没办法，只好将狡猾的古董商带上专列，一同抵达河南开封。杨将军一行人在开封留宿一夜，派随从副官与古董商一起，返回洛阳取残碑。经过一番周折之后，杨将军终于将《熹平石经》残碑交到了于右任先生手上。

就这样，于右任先生终于如愿以偿地得到了这块《熹平石经》的残碑，并于1936年4月，正式把《熹平石经》残碑与他收藏的其他一些碑刻一起运到西安，捐献给了陕西省政府，希望在西安碑林修复之后，一并向公众展出。当时，陕西省政府把《熹平石经》残碑的保管工作交给了张鹏一。张鹏一和于右任是故交，又是陕西省考古会负责人，西安碑林委员会主任委员，保护好于先生捐献的石碑是他义不容辞的责任。

西安碑林的整修工程竣工之后，于右任捐献的《鸳鸯七志斋藏石》嵌置于第八陈列室，但是，《熹平石经》残碑却不见了踪影。目录中标明"另放"，也就是说《熹平石经》的残碑不在西安碑林。那么，《熹平石经》残碑究竟被另放到什么地方了呢？这除了张鹏一之外没人知道。那么，张鹏一为什么要将《熹平石经》残碑另放呢？

鸳鸯七志斋藏印

因为，张鹏一接手西安碑林委员会的主任之后，抗日战争的形势越来越严峻，他先把《熹平石经》残碑埋藏在碑林的东院。可是，1938年日本人轰炸西安，张鹏一怕这些宝贵的石碑毁于日本人的轰炸，于是亲自赶着一辆大车，将《熹平石经》残碑运回老家。张鹏一和家人用大绳将残碑捆牢，吊挂在自家的一口枯井中。临回西安时，张鹏一吩咐家人，不准随便开启井盖，不准走漏消息。

可是，还没等抗战胜利，张鹏一却病逝了。临终前，他一再嘱咐家人，一定要保护好《熹平石经》残碑将来完璧归还给于右任。残碑在枯井里熬到了抗战胜利，可不久又爆发了内战。张鹏一的儿子几经转折，最终将《熹平石经》残碑交给于右任的侄子保管。1952年这块残碑才终于放置在西安碑林博物馆的第三室展出，实现了于先生的意愿。

参考文献

陈佩芬：《吴王夫差盉》，《上海博物集刊》1999 年 9 月 30 日。

李家浩：《吴王夫差盉铭文》，《中国文物报》1997 年 8 月 31 日。

王艺霏：《〈簪花仕女图〉年代考》，《美与时代（城市版）》2015 年 1 月 25 日。

杨新林：《论唐代仕女画的审美特征及成因》，《美与时代》2015 年 7 月 15 日。

刘九庵：《祝允明草书自诗与伪书辨析》，《收藏》1999 年 12 月 6 日。

谢小铨：《子龙鼎归国始末》，《中国历史文物》2006 年 10 日 30 日。

朱凤瀚：《子龙鼎的年代与铭文之内涵》，《中国历史文物》2006 年 10 月 30 日。

左　晨：《〈步辇图〉考辨》，《美与时代》2016 年 9 月 15 日。

华田子：《步辇图研究》，《大众文艺》2013 年 2 月 28 日。

孙寿岭：《我制印新版泥活字西夏文"维摩诘所说经"下集的由来及意义》，《中国印刷》
　　　2003 年 4 月 15 日。

马萧林：《莲鹤方壶的南渡北归》，《协商论坛》2018 年 9 月 5 日。

唐善普：《追踪莲鹤方壶》，《中州今古》2003 年 3 月 30 日。

袁有根：《溪山行旅图、雪景寒林图绝非伪作》，《天津美术学院学报》2007 年 9 月 25 日。

张一之：《黄州苏轼思想嬗变论略》，《江西财经大学学报》2001 年 7 月 25 日。

虞　敏：《苏轼黄州"二帖"新探》，《南昌大学学报（人文社会科学版）》2018 年 4
　　　月 20 日。

杨伟微：《虢季子白盘与刘铭传》，《文物鉴定与鉴赏》2011 年 6 月 10 日。

田　率：《祸福跌宕的宝盘》，《大众考古》2013 年 8 月 1 日。

谭新红、米昊阳：《十咏图陈振孙跋考略》，《深圳大学学报（人文社会科学版）
　　　2018 年 3 月 15 日。

王照宇：《从鉴定张先"十咏图"看古书画鉴定中的文献与文本》，《荣宝斋》2011
　　　年 11 月 15 日。

张超逸：《安史之乱与正定古城》，《河北经贸大学学报》2011 年 3 月 30 日。

张颖昌：《走向神坛的"祭侄文稿"》，《山东省农业管理干部学院学报》2011 年 1 月
　　　15 日。

张绍祖：《德国人杨宁史献宝故宫的往事》，《文史月刊》2017 年 4 月 1 日。

樊　珂：《青铜器"水陆攻战纹"研究》，《洛阳师范学院学报》2014 年 4 月 10 日。

高　婧：《白居易与"重屏会棋图"》，《文博》2007 年 6 月 15 日。

黄惠运：《论文天祥精神内涵与历史意义》，《地方文化研究》2016 年 12 月 15 日。

温海清：《文天祥之死与元对故宋问题处置之相关史事释证》，《文史》2015 年 2 月 1 日。

明　泰：《国宝全金编钟劫难记》，《湖北档案》2003 年 8 月 15 日。

闫　慧：《李公麟"临韦偃牧放图"印款辨伪》，《荣宝斋》2017 年 5 月 15 日。

樊　波：《宋代文人画思潮和李公麟人物画的审美取向》，《荣宝斋》2006 年 7 月 30 日。

孙迎庆：《时困犹存劫后书——日本侵华时期苏州私家藏书大劫难》，《东方收藏》
　　　2015 年 8 月 15 日。

李　彤：《"曹全碑"历史成因及艺术特征》，《美与时代》（下）2018 年 11 月 25 日。

李幼平：《北宋大晟律初探》，《黄钟（武汉音乐学院学报）》2002 年 6 月 30 日。

杨秀丽：《徽宗朝音乐文化特产——大晟乐的形成及影响》，《赤峰学院学报》2014
　　　年 6 月 10 日。

杨仁恺：《国宝沉浮录》，上海古籍出版社，1991 年。

黄　洁：《熹平石经与汉末的政治文化规范》，《中国文化研究》2005 年 8 月 28 日。

赵立伟：《汉熹平石经历代著录考述》，《图书馆理论与实践》2010 年 7 月 30 日。